亲爱的，这世界上本没有对的人

潘幸知 著

海峡出版发行集团 | 鹭江出版社
2015年·厦门

图书在版编目（CIP）数据

 亲爱的，这世界上本没有对的人 / 潘幸知著.
—厦门：鹭江出版社，2015.10
 ISBN 978-7-5459-0982-1

 Ⅰ.①亲… Ⅱ.①潘… Ⅲ.①女性—恋爱—通俗读物
②女性—婚姻—通俗读物 Ⅳ.①C913.1-49

中国版本图书馆CIP数据核字（2015）第217890号

QIN'AIDE ZHE SHIJIESHANG BEN MEIYOU DUI DE REN
亲爱的，这世界上本没有对的人

潘幸知　著

出版发行：	海峡出版发行集团	
	鹭江出版社	
地　　址：	厦门市湖明路22号	邮政编码：361004
印　　刷：	北京睿特印刷厂大兴一分厂	
地　　址：	北京市大兴区星光工业开发区西红门福伟路四条十号	邮政编码：102600
开　　本：	880mm×1230mm　1/32	
插　　页：	2	
印　　张：	10	
字　　数：	215千字	
版　　次：	2015年10月第1版　2015年10月第1次印刷	
书　　号：	ISBN 978-7-5459-0982-1	
定　　价：	39.80元	

如有发现印装质量问题请寄承印厂调换

为何会有情感医生潘幸知?

一切"无意"都是"有意"造成的结果。

我曾以为,我的第一本书,会是诗歌。我出生以后看的第一本书,是《田地诗选》,至今还记得里面"老鼠嫁新娘"的段子。有很多年少时的练习本,里面写满了我的诗。从这个意义上讲,那确实是我的第一本书,写给自己看。

我曾以为,我会因为写小说而成为年度人物。2004 年,《海峡》的吴晨骏刊发了我的《三生》,那诗化的小说,是我黯淡生命里唯一的光亮。而世界又是那么的巧合,2008 年时,因为一场诗歌盛宴,我与他重逢。挨着《三生》的一篇小说,内容关于同性恋,印象颇深。2009 年,我与这个小说的作者成为同事。

我最终没能成为作家,但已不会嘲笑年少时自己"井底之蛙"的梦想。我不是一个写作高手,因为不擅长故事的起承转合,但是我懂自己最深处的特质，于是陆陆续续学了六年社会学，那是我感兴趣的学科。我喜欢一切调研，唯一的本能是"洞察力"。因为没放弃这个天赋，所以，才有你们今天看到的情感医生潘幸知。

2013年，我注册了一个微信公众号Sharpshow。关于Sharpshow的故事，很长。简单说，我曾想把它做成一档黑色幽默三分钟新闻脱口秀。我相信，如果不是因为生活在极其复杂的体制内，Sharpshow会成为一档在小圈子内风靡的脱口秀节目品牌。不过Sharpshow最终没能成为脱口秀节目品牌，它成了情感医生潘幸知的衍生符号。

很多人佩服我的能耐，在2014年上半年，个人公众号能做到拥有十万粉丝用户的毕竟是少数。明星除外，别拿我跟杨幂比。

也有很多人觉得，我能做成Sharpshow，是一种巧合。从新闻人到情感医生的角色蜕变，不过是一年时间。但是他们忽略了，从博客到微博再到微信公众号，我稳稳地做了8年，我对用户需求的感知已经内化为一种直觉。我有六年社会学背景，写过好几年女性情感专栏，只是换了个名字出现在各个媒体。我曾在医院心理科工作，也曾在自杀干预中心，我相信我的体验与共鸣。我还有与生俱来的洞察力，能够从一封邮件、一个角色的自说自话中，研判出夫妻矛盾的根本所在，在咨询者的来电中找到上下词语的逻辑，从而理顺家庭问题，就像我在采写新闻时，从来无须录音而能飞速写出文章。

很多人更忽略了，做Sharpshow的一年时间里，我接受上万个咨询案例。那些Excel文档罗列在我的文件夹里，每一段咨询笔记，都是成长历史。

我是一个很好的情感医生，但一定不是最优秀的。中国转型人群面临的情感困境，比我们所想象的要多很多。中国有很多心理咨询师，他们在建立各种各样的疗伤方式，也有很多以情感达人身份存在的网络红人，他们也建立威望，树立个人品牌，开着自己的淘宝店，过着富足的小日子。但是没有一个人能像我一样，把"情感社群"做到极致。因为，这确实是一种很苦逼的活。我感谢我的助理们，在这本书里，你也会看到他们的踪迹。

我所能做的，不仅仅在此。拜移动互联网所赐，通过微信公众号，我圆满地完成了一场与社群有关的初级调研。而这本书，将为各位展现中国当代纷繁复杂的情感乱象一隅。最重要的，是给有情感困惑的年轻人，打开一扇窗户。如果你20岁，看这本书，也许可以避免30岁时犯下错；如果你30岁，看这本书，可能可以避免40岁时犯下错。她们今天所面对的困惑，或许你明天就有可能遇到。所以，现在看它，为时不晚。有这样一本枕边毒言，时刻提醒你在情感中少犯错，提醒你，做女人，要终身成长。这不是我的妄言，这本书对你的价值，是终生的。这，也是微信公众号Sharpshow的宗旨。

这是我的第二本书。感谢我的助理咨询师，感谢信任我的用户们，感谢与我合作的出版社。这本书，不同于一般意义上的情感类图书。它不是好看的口述实录，只满足你简单的窥私欲；它也不是一本名人的心灵鸡汤，供你意淫那看得见摸不着的成功；它更不是四处抄袭、七拼八凑的恋爱约会指导书。它不只是一本书，它是见证中国移动互联网历史的产物。是移动互联网，催生了情感医生潘幸知，产生了我与各位，包括正在阅读这段文字的你的链接。

　　这本书耗时一年，在断断续续的写作过程中，我到达了人生的新阶段，完成了一次又一次新的自我圆满。我们的一生，其实就是不断完善、不断规划并进入新阶段的过程。

　　现在的潘幸知，不是一个人，而是一个硕大的平台——"幸知在线"，现在有百位，未来还会有千千万万位咨询师入驻这里。你们在这本书里看到的助理咨询师对于个案的发言讨论，就是目前幸知在线独家品牌"情感私董会"的雏形。

　　这是连接你我情感关系的纽带。真正的小我，永远是你们的好朋友，一个在未来世界搭台唱戏的幕后工作人员。

你的私人情感医生　幸知
2015 年 3 月 31 日

CHAPTER 1

20岁,纯恋,懵懂爱 / 008

我引以为傲的,原来只不过是曾经 / 011

21岁的我,需不需要扮演好"妻子"? / 023

我能否把"第一次"给陌生男人? / 032

医学博士与美甲师的爱情,靠谱吗? / 043

为什么女人会情不自禁爱上坏男人? / 049

CHAPTER 2

婚姻抉择期：母亲，爱人，准婆婆 / 060

成为大龄剩女不是我一个人的错 / 063

年轻 A 男成熟 B 男，我该如何抉择？ / 078

5 年了，这个男人我到底要不要嫁？ / 089

有的人，注定只是你生命中的过往 / 097

缺乏安全感又渴望结婚的我，怎么办？ / 109

爱上富家子弟，准婆婆极力反对终分手 / 121

32 岁的我要求情感独立，却屡遭男友父母挑剔 / 132

CHAPTER 3

七年之痒，无处可逃的忧伤 / 146

闪婚七年，虚假幸福无以为继 / 150

精神出轨，他还会回来爱我吗？ / 162

饱暖之后，一定会思淫欲吗？ / 178

老公嫖娼，我该离开还是继续？ / 194

我是佛吗？他真的爱我吗？ / 218

我如此本分，为何在婚姻中受伤害？ / 230

CHAPTER 4

生活，在爱与痛的边缘游走 / 242

与家暴男的婚姻让我人财两空 / 245

当凤凰男的霸占欲肆意疯长 / 260

性不和谐，20 年婚姻走到尽头 / 279

同性爱：45 岁的我爱上 60 岁的他 / 289

小三的爱情，就这么容易崩塌吗？ / 299

母亲出轨，作为女儿的我该如何规劝？ / 309

后记：亲爱的，这世界上本没有对的人 / 316

CHAPTER 1

20岁，纯恋，懵懂爱

夏天的飞鸟,

飞到我的窗前唱歌,

又飞去了。

秋天的黄叶,

它们没有什么可唱,

只叹息一声,

飞落在那里。

——泰戈尔《飞鸟集》

我不知道你们20岁时在做什么。我20岁时，在憧憬爱情，生活于幽闭。开始逐渐"承认"自己的长相，并勇敢地在大学里开启找寻社团的第一步。因为不太成功的恋爱经历，以及暂时解不开的人生结点，我第一次将自己作为个案主角供社会学研究使用。

接纳我这个个案的，是香港理工大学应用社会学系的一位老师。原谅我突然想不起她的名字。我的专业是社会学分支学科"社会工作"，作为应用社会学部分，这个学科教会我的第一课，就是正确面对过去，剖析自我。

在家庭中我受过伤害，不过，跟这本书里我们所能看到的个案相比，也许疼痛小了太多。但是对于他们的爱恨，我感同身受。当然几年之后，我全面战胜了属于自身的不解，并将挫折转化为现实动力。

20岁时，我们遇到的困惑，也许是爱上一个社会上的大叔，却因为年龄差距，不想把他带到同学面前。我们用我们的方式去爱他，他却无法接受和理解；也许是爱上一个同龄人，以为能从初恋走到永恒，却被现实无情地打压，毕业面临分手，他爱上另一个她；也许是不知道何时才是发生"第一次"最好的时间，面对性和爱第一次有了困惑。

如果你也有情感困惑，相信我，你不是一个人在战斗。

我引以为傲的,原来只不过是曾经

> 这是一个关于失恋的故事。我们常常说,没有失恋的人生是不完美的。可是相爱的时候,谁都希望天长地久。我们都曾经历失恋,然后活过来了,成长了。"我过早地扮演了妻子的角色,让他觉得我对他这么好是理所应当,我活该,付出太多最后被扫地出门。"女主人公的痛,也许会让你感同身受。

潘姐姐:

我想说说我的故事。

我的爱情,我曾那么引以为傲

那是 2009 年,我还是懵懂的高二女生,中等家庭,学习优秀,在游戏 QQ 群里结识了他。当时觉得他很幽默,互相调侃后,加为好友,发现我俩竟然同一天生日,只不过他比我大四岁。他家境不好,但很努力,因此在我心里的形象渐渐高大起来。那一年,他大三。

没几个月,我俩开始每天联系。那时候,我只觉得自己是幸福的,傻傻的。他在毕业实习，每天虽忙碌，仍不忘打电话关心问候，教我学习方法，让高三备考的我充满信心。我也在电话中鼓励他。

我在中国的最北端，他在遥远的南京。2010年高考前，父母为我咨询了出国念书事宜，被我拒绝。我想考到他的城市或者离他近点的城市。最后，尊重父母意见，我去了T城，距他1000公里。

他找工作并不顺利。学校一般，销售专业，在这个拼爹的时代，他毫不占优势。靠着一股拼劲，他最终去了一个小城市曲阜，进了一家民营企业做销售，没有周末，月工资不足千元，根本不够开销。

那年圣诞节后，我不知哪来的勇气，买了从T城到曲阜的动车票，直奔他而去。幻想过无数次与他相见的场景，终于在车站见到他。我觉得，他就是我要找的、那个能给我幸福的人。两天后，我抱着他送的大毛绒熊，坐上返程的动车。我知道他过得不好，趁他不注意，翻了他的钱包，发现他只留了50元作为生活费，其余的都给我买了东西。走之前，我偷偷往他衣服口袋塞了500元。

回去的动车上，我不知流了多少泪水，开心、担忧、不舍、感动……当晚回到学校，到凌晨依然无法入睡。拨通熟悉的号码，听到他在哭泣，我们一起哭了一个多小时。他说，他要辞职，重新在长沙找工作。他是湖南人，他喜欢长沙。他说想进外企，这样收入多一些就能补贴家里，也能给我一个好的未来。

于是，分别不到48小时，他辞职来到我的城市。2011年1月1日，我们一起迎来新年的第一缕阳光，却开启了命中注定的异地恋。

后来他如愿以偿进了外企,只不过工作地点被分到武汉。我为他高兴,1000公里的距离阻挠不了两人的爱情。我学着帮他打点生活,买衣服、买护肤品,做好后勤工作。他舍不得在外面买饭吃,我每次去看他,都尽量买一些干粮帮他备着。作为北方姑娘,我根本适应不了南方冬天没有暖气的寒冷,但还是会在零下几度的房间里和面包饺子,放满冰箱的冷冻室,只为他能吃得好一些。在家里,我虽算不上娇生惯养,但也确实不需要做这些活。我爱他,我愿意为他改变;我宁愿自己节省,也要让他过得好。

他拼命工作,只为证明他是可以的。也许因为他从小在农村长大,比较朴实,我就喜欢他憨憨的样子。每次有假期,无论大假小假,我俩都会见面。他工作比较忙,我会帮他买好往返的票,不让他分心。我的朋友们都说,他对我真好,我俩肯定会在一起,我连伴娘团都组织好了。

2011年,我跟他去了他的老家,见了他的父母和妹妹,更加深刻地感受到他生活的艰辛,也更加觉得这个男人值得我倾注所有!他父母很喜欢我,妹妹虽然比我大一岁,却以嫂嫂称呼我,真的很开心。

2012年,他见了我的父母。爸妈很喜欢他,虽说他家庭条件很差,但是因为我喜欢他,看他工作也很努力,就同意我俩恋爱了。一切都在幸福着。我时刻惦记着他的父母,每当逛街看到适合他爸妈的东西都会买下,却舍不得给自己买稍微贵点的东西。我也会帮他置办好一切,只因我爱他,他也爱我……

2013年6月,他调回长沙工作。我来年就毕业了,他的意愿是留在长沙,而我爸妈希望我们回去工作,论环境论人脉,都是老家比较有优势。

生活是很现实的,在长沙我俩无依无靠,双方父母也照顾不了,不如离一头近一些。我的想法一直是婚后把他爸妈接过来一起住,当成我亲爸亲妈看待。所以,我在老家买了房子,一个美丽的二线省会城市,工作压力小,舒适安逸。买房时妈妈承担了首付,为了给他留面子,他象征性地出了两万。我们一起计划着,到了 2014 年 6 月就一同回去工作,和四位老人在一起,享受家庭的温暖和幸福,开心地过日子。

2014 年正月,我父母正式去了他家,带了满满一后备箱的东西以表尊重。看得出来,他爸妈非常开心,爸妈的到来也使村里人很羡慕。妈妈在他的小房间里流下了眼泪,她说:"女儿啊,以后嫁到他们家委屈你了,妈妈没想到条件这么差,真怕你受委屈。"我说:"以后都会好的,他对我那么好,他爸妈也喜欢我,把我当女儿看待。"爸妈不是嫌贫爱富之人,只是担心我会受委屈。我见了他家的亲戚,两家父母商议着明年办喜事,聊得非常开心。他妈妈给我包了一个大红包,9800 元,这是他家一年种地的收成,我感动得稀里哗啦,心里默默地想:我一定要对他好,对他家人好!

摇摆不定,只因她比我更脆弱?

三月份开学,身边的同学都在找工作,我是打算回老家找的,所以在学校比较清闲。按理说,我有充裕的时间去长沙看他,他却不让我去。女人的第六感真的很强,从三月开始,我就隐约感到不对劲。

他告诉我,有个女孩在追他,去年 11 月认识的,是他同事的朋友。她在上海,很执着地追他。他还说,和她在一起,未来会比和我在一起好,可他还是选择了我。

初听这话，我很感动，紧接着他又说："我伤害了她，她有抑郁症，如果她出意外，我会恨自己一辈子的。"

我知道，我已然被踢出局。我没说什么，只说："好，我相信你。"

临近清明假期，我们计划着回家看他爸妈。我买了3日的票，像以前一样，把他的票也买好了，计划在武汉会合然后一起回家。1日，他打电话说："万一她出事怎么办，我原谅不了我自己……"我说："老公，我相信你！"2日晚上，我辗转反侧，总觉得要发生什么事情，凌晨一点，收到他的短信："她犯病了，有可能会自杀，你明天等我消息，我去看她，搞定她咱明天一起回家，搞不定她我就把一切留给你，我什么都不要。"

我哭了，我知道，我已经输了，输得那么卑微。我说："好，等你消息。"把一切都留给我？房子他在付月供，加上第一笔钱，总共不超过四万。我要是在乎钱，绝不会选择他。我对着天花板发呆，一整晚。

3日上午11点，他打电话给我："去不了武汉了，她在医院，我要照顾她。"他让我退票，我说："好，你爸妈那边你自己交代。"他说："就说你上学回不去，说我在T城陪你。"我的心疼了，像刀刺入那般。我说："你还是说你工作比较忙吧！"

退票后，我哭得喘不上气来，手机响了，是未来婆婆的电话，我哽咽着根本没法接。

两分钟后他打来电话："爸妈催着回家，你现在买票，你去武汉等我，我尽量赶到。"

我:"你会来吗?"

他:"我要是这边走不开,你就在武汉住一晚等我。"

我:"你混蛋,我一个人在陌生的城市你就放心?"

他:"你赶紧买票。"

我查了,根本没票。我说:"我哪里也不去,我在宿舍等你,无论如何,希望你给我个答复!"

两点、三点、八点……我在宿舍哭得要死要活,一直等他的消息。打电话给他,他说:"还没解决好,她特别脆弱,特别不坚强,不像你那么坚强,她身体也不好……"我说:"嗯,我等到什么时候?"他说:"最迟明早。"

我又开始了一夜的等待,睡不着,一天没吃任何东西。我早早准备的一大包东西,都是给他和他爸妈妹妹的。半夜,哭累了,打电话给他,他没接也没挂,直到听筒那边传来"对不起,您所拨打的电话没有应答"。我发了一条短信:"我知道,你已选择了她,我尊重你的任何决定,因为我爱你,我不想看到你难过,只要你幸福就好。我只希望见你一面,把话说清楚,把我给你们准备的东西拿走,结束就行。"他立刻回复:"在学校乖乖等我,我需要时间!"当时,我只有用泪水来表达想法。又哭了一夜!

天终于亮了,我也哭累了,我最好的朋友买来早点给我。我哭成泪人,面无血色。想了很久,我终于明白,我过早地扮演了妻子的角色,让他觉得我对他这么好是理所应当,我活该,付出太多最后被扫地出门。

又傻等一天,哭了一天,心碎一地。下午四点,我终于受不了了,我要崩溃,打他电话,他让我别逼他,说他需要时间。我笑了,发了短信:"明晚我会离开这个城市，不会让你找到我，我累了！"他回了一条："我在去火车站的路上，明早到你宿舍楼下。"我哭了，若不是我这么绝情，他怎肯来看我一眼？我说，我连续好几天没合眼了，累。他说他也是。

付出那么多，他却把责任都推到我身上

我的姐妹们说："等他来了，我们帮你修理他。"我说："不用，我没告诉我爸妈，我不想让任何人担心，我会把我在同城市念书的妹妹叫来陪我。"那会儿，朋友都在忙，有的已经订好出行计划，却因为我而取消，她们日夜盯着我，怕我寻短见，因为她们知道，我是那么爱他，爱到骨子里！

第二天，他来了。在阳台望见他的一瞬间，我哭了，不知眼泪是什么滋味。抱着宿舍的同学，我哭得死去活来。洗漱好，化了妆，穿上新买的衣服，下楼，从未觉得自己那么美，那么坦然！我让他足足等了一个小时。我痛，我无法表达。我妹来了，我让她不要说话，陪着我就好，扶着我。几天未进食，我是那么虚弱。

他连说分手的勇气也没有。我看不起他，他怕承担责任，怕我爸妈责骂他，他想把一切推到我身上，让所有人认为是我甩了他，天哪，我是真的受不了！我就说："算了吧，你去陪她吧！你爸妈那边你去说，我爸妈这边我来说，我不会让他们为难你的！"他哭了，哭得那么撕心裂肺，他请求我原谅他，说他要和我结婚，我把他赶走了，我怕自己会后悔，其实说出来就已经后悔了。可是，我已心碎，我不可能让自己纯洁神圣的爱情有污点。

我以我妹来了为借口赶他走，他哭着说不走，他要跟我过一辈子。我心软了，说："那她咋办？"如果他当时能告诉我"我在乎的只有你"，我立马和他在一起。可是，我等来的还是那句："她身体不好，不能受刺激，她会自杀的，给我时间好吗？"

我哭得伤心欲绝时，他陪在她身边，他已经在她家里过过夜，他已经把她以女朋友的身份介绍给他的朋友。我只有让他走……在他转身离开的一刹那，我哭了，哭得站不起来。我输了，我引以为傲的五年的爱情，没了。

接下来，我每天痛不欲生，以泪洗面，难以进食。还好，有好朋友在身边，我才挺了过来。我心里对他已经没有了爱，只有恨！我不知道自己如何走过来的，真的不知道。

之后的情况更让我觉得难过。他竟然告诉他的朋友，我甩了他，害得他身无分文；他对他的现女友说，是他甩了我，而我一直缠着他！

我的付出暂且不谈，我爸妈对他是那么好，他变起来却那么快。如果不爱我，正月里就不该让我爸妈去。我觉得我对不起爸妈，让他们为我担心、为我难过。我对不起我的好姐妹，没有她们每天的陪伴，我活不下去。我只恨自己，爱错了人。

现在，平静地写下来，为了记载一下我自己觉得骄傲的爱情，也许此生不会再爱，因为伤得太深。分享给亲爱的潘姐姐。写下来，疼痛会好得快一些吧。

——你忠实的 Susan

失恋，也许是我们踏入成人之门的第一课

亲爱的 Susan：

失恋，也许是我们踏入成人之门的第一课。

我们都曾奋不顾身地爱过。都曾爱里带着笑，笑里含着泪。爱过，却错身，其实未尝不是一种让你骄傲的成长。

有时候太痛，自己都不忍回忆。因为回忆，就像自揭伤疤。不过，即使这场爱情那么长那么痛，你却能坦然接受，并且活过来。这就是成长。

人的一生当中，能够有一场全心付出，无论是爱情，还是事业，都值得赞许。只看暂时的结果，仿佛"输得很惨"，但从过程来看，却在赢得整个青春。终有一天，你会得到真正值得你托付终身的爱。而曾经的付出无果，不过是一道错身而过的风景。

在这段爱情里，你可以有个大大的家庭梦想，可以偷偷为心爱的他准备生活费，在零下几摄氏度的房间里和面包饺子，可以尝试着扮演妻子的角色，你用你认为值得的表达方式，进行着一场人生历练。付出，即幸福。

你和他分道扬镳，有很多原因。一方面，两个异地的年轻人，面临诱惑是常态。认识三十年爱了二十年的男女，青梅竹马，也有可能因为诱惑而断了夫妻情分。不过不要因此害怕爱情,两个人在一起,是为了彼此过得更好,分开,其实也是为了更好的生活。学会祝福他,更要祝福自己。我们对待爱情,就像对待生死,坦然些,才会过得更美。也许你这个年纪,还不能完全明白,但是我想我应该告诉你。

马拉松爱情如能走入婚姻,它经历情感历练、金钱考验、价值观的合拍、家庭关系的完美处理,包括夫妻同步成长,等等。就像十月怀胎,胎儿在母亲腹中经历重重考验,有的三月未尽已无胎心,有的最后关头反而缺氧离世。爱情每走一步,都有小心翼翼的幸福,最后才得到瓜熟蒂落的美好,从此携手跨入婚姻。

初恋就像童话世界,我们很爱,我们也很脆弱。

另一方面,我注意到你在邮件中提到一句话"他还说,和她在一起,未来会比和我在一起好,可他还是选择了我"。这时候,他已经在犹豫你们的爱情是否值得,已经在考量"未来"。你的坚强,她的脆弱,看起来成了他说服自己放弃你的理由,实际上,摇摆不定、连说分手勇气都没有的他,已经在内心做了选择。他"把一切责任推到你身上",只是为了说服自己牺牲你,为了获得周围人情感上的支持,帮助他来做出这个决定,而不至于充满负疚感。他的爱不强大,他的爱很卑微。你的放弃,虽然背后满是眼泪,但是侧身离去的时候,更要懂得战胜自己。适时离开、好聚好散,比起勉强去求得不对等的爱,更有自尊。

另外,还要提一句你的大家庭梦想。虽然你和他之间很难再有组成家庭的可能,但是下一次遇到爱情时,可能还会遇到家庭关系的纠葛。

他的父母很满意你,你的父母很满意他,这样的爱很难得。你提到婚后把他父母接过来住,当亲爸妈一样看待,想法很好,但是并不现实。且不说南北方生活差异和饮食差异,让他的父母离开熟悉的环境,和他一起迁徙到北方你的城市,即使他们愿意,未来生活中,也许会出现种种你想不到的问题需要解决。我们每个人都是好人,但是两个家庭不同价值观、不同生活背景、不同地域习惯的好人们生活在一起,没有你想的那么简单。在下一次爱情里,记得,选择一个城市,或者买一个房子,或者跟哪方父母一起生活,都需要两个人共同去决定和决策。记得多听听他的想法,也试着站在他的角度去考虑问题。因为未来是两个人的未来,不仅仅是一个人的梦想。

千万不要觉得自己活该,这场爱情教你懂得,帮你成长,但不要因此不敢再爱。我们在爱情里跌跌撞撞,只是为了更加成熟而美好。

——你的私人情感医生 幸知

你总要历练一场奋不顾身、全心全意的爱情,无论结局如何,人生才算完美。爱情的挫折,也许发生在你20岁,也许30岁甚至更晚,但是记得越挫越勇,战胜自己最重要。

Sharpshow2014年3月3日推送文章《结婚是件很不容易的事》,可以订阅微信公众号Sharpshow,回复liaoshang1即可查看。

 幸知后援团

英子：他家在湖南，你家在"中国的最北端"，之间相隔数千公里的距离。他的父母会心甘情愿离开祖祖辈辈生活的地方，去一个完全陌生、人文地理条件有着天壤之别的地方吗？他是家里的长子，也是农村出来的大学生，他只有一个妹妹，他就是传说中的"凤凰男"。若非极其开明的家庭，没有哪个父母愿意唯一的儿子去遥远的儿媳家安家落户，更别说自己也跟去"倒插门"。是不是你提出的这个超前"婚后计划"，让他有了找"备胎"的念头？

何小纯：你付出太多了！我也有过类似的一段初恋，不过幸好我已经走出来了！祝你幸福！我只能说，付出太不对等，爱不会长久！虽然你是心甘情愿的。

21岁的我,需不需要扮演好"妻子"?

> 21岁,在古时候,早就已经承担了妻子甚至母亲的角色。而如今,21岁才是青春年华最好的时候。年轻的女孩子啊,抛开爱情的美好,是否真能承担妻子、儿媳妇的角色?而妻子这个角色,却是我们进入婚姻的预演。

幸知老师:

你好,我是困境中的玛娜。今年21岁,长春人。我的男友28岁,是广西桂林人。

2013年,我和他在北京相识。转眼已经一年。今年2月2日,我从长春飞到广西见他家人,然后一起去长白山滑雪,他不小心扭伤了腿。2月14日,我们各回各家,他检查出是韧带断裂需要手术,我3月5日坐飞机过去看他。3月10日他出院,本来我订的3月12日的飞机,他继母和我说,她现在大肚子(7个多月)顾不上他,希望我能留下来照顾他。我后来想了想,看他生活真的很不方便,就留下来了。

未曾想到,这会是矛盾的开始。

一只西红柿引发的家庭矛盾

他继母嫌我小、什么都不会,所以一直是她在家做饭。3月30日,我们发生了冲突。男友让我做个西红柿鸡蛋面,结果他三姨妈过来了,看我切西红柿,说:"怎么这么切?"然后就切了一个给我看。我没有说话,后来他继母路过时又说"你让她做饭3点钟都吃不上",当时是下午1点钟。后来他说他做吧,他三姨妈又过来说她做吧,看到这情况,我就说我来吧,然后他三姨妈说:"你来我们家敏敏得饿死!"我火一下就上来了,把菜刀和辣椒放下转头就回了房间。要知道,我们家吃的都是酸甜西红柿,为了他,我已经开始在学习用辣椒的桂林式做法了。

出来后,继母对我说:"也没说你什么,我的意思是我们做饭快,你做饭慢,小小年纪脾气这么大?你这样是不对的。"我说:"阿姨我出去散散心。"然后我就出门了。

我想回家。我打电话给我妈,我妈又打给我男友。后来我和男友谈了谈,我说得很直接,当时他同父异母的妹妹在外面写作业。我说:"我长这么大都没受过这委屈,那俩老娘们可以让你私下和我说,当我面那么说我,她们算什么?"他让我消消气,说他三姨妈巴结他继母,一定是他继母说我什么了她才敢的,让我不要去理会她们,说没必要跟一个产前抑郁症和一个老娘们较劲。我说我可不是软柿子,她想捏就捏。后来我提箱子要走,他拦着不让。因为他拄拐行动不便,我拽着箱子就走了,准备在酒店住一宿第二天回家。后来他到酒店找我,我们聊了很多。晚上10点,我跟他回家了，因为我对他没有意见，他说的对，我是为他来的，何必管她们。

继母挑拨离间，我在这个家很辛苦

凌晨 4 点，他爸爸回来了，找他谈话。他们有口音我听不清，但提到了我。我穿上衣服就去客厅，正好也谈谈。他爸爸只听他继母的耳边风。他爸爸说，这个家他儿子腿坏了，阿姨肚子大，妹妹年纪小，没有保姆家务谁来做？阿姨大肚子煮饭很辛苦，碗谁来刷？他接话说都是我在刷，他爸也没说什么。然后，他爸爸又说，谁都有脾气，我有，阿姨有，他儿子也有，说他尊重他儿子、尊重我们，毕竟是缘分。我说，等他过一个月腿好了，让我们出去住吧，这么大应该独立了。男主外女主内，像打扫卫生、煮饭、洗衣服都是生活的一部分，我说我知道，我自己在外面也有两年了。

他爸爸说自己很忙，要经营十几个公司，因为阿姨对他很好，他没有其他顾虑。然后我说，我这次来是因为他腿坏了，我觉得于情于理我都应该来看看他，他爸笑了笑说那再麻烦你照顾一下他，然后就让我回屋，我起身就走了。回房后，我听到他爸爸对他说了很多，我不知道听得准不准确，叔叔好像说了一句"我觉得你们两个还是分开比较好，你好好想想我对你说过的话"。睡觉的时候我问他，叔叔是不是这么说的，他说他爸爸喝多了，不理他，就是听了他继母的枕边风（我跟他爸爸接触少，叔叔很忙，对我有意见也是他继母说的）。我问他是怎么对他爸爸说的，他告诉我，"人家远道而来，让她做这么多不好"，然后他爸爸就没说什么。我对他说，这样的情况我留下不好，我不想让他为难。但他不让我走，说他继母就那样，很讨厌，不用理她，过段时间我们出去住。我们俩一宿都没有睡。

幸知，我不知道该如何处理这样的情况。我现在还在他家里，他早起上班去了，临走时让我不要擅作主张离开。我觉得，这样的情况下，我离开比较好，可他又不同意。我妈妈本来就不看好这样的家庭，但我一直告诉她"他对我挺好的"，我妈妈就没再说什么，让我自己看着办。

——困境中的玛娜

21岁的你，在预演"妻子"角色

困境中的玛娜：

您好。

之所以发生这些问题，第一是因为你年纪确实还小，第二是对方家庭稍显复杂。你本身还是个21岁的孩子，但在对方父母那里，却在担当一个"儿媳妇"的"重任"。对角色期待的冲突，让双方感受都不太舒服。不过，这也是成长必经的历程，只有经历了你才会慢慢成熟。这也是对你的考验。

南北方的地域差异一直存在，尤其还是靠近最北的长春和几近最南的桂林。你男友的继母和三姨妈，也许都是土生土长的广西人，她们只是沿袭了过去的经验心得和生活方式，比如切西红柿的方式、做饭的方法，包括吃辣椒，包括对准媳妇的要求，所以会对你有下意识的纠正。

站在你的立场，你可能觉得委屈。首先，你到他家，尚不是儿媳妇，理应是客，却承担了照顾男友的责任；其次，你已经在顺应他们家的习惯，去做符合他们家口味的菜肴，但显然不能让对方那么快满意，并且他们还滋生抱怨，所以你觉得很委屈。这是地域造成的分歧，并非他们真的对你有意见，可以试着宽容一下，你看男友都在帮你说话，站在你的角度，这就很好。如果你发脾气，那他们确实会更有意见。不过无论如何，对你来说，在这个家庭里，目的不是为了争口气，而是为了让男友不至于太辛苦。毕竟他有病在身，不要让他太为难。另外，这个事情你可以向母亲诉苦，但尽量不要让母亲介入其中，本来两家的风俗习惯就不同，母亲打电话给你男友，虽然能帮你出点主意让他多体谅你，但解决不了根本问题，只会让两个爱你的人徒增担心。你觉得对吗？

再次是关于继母的问题。我不知道她多大，也许比你大不了太多，因为现在正怀有身孕。在你看来，可能觉得这个继母这不好那不好，还总挑拨离间，很讨厌。但是呢，聪敏的你要记得，不要有正面交锋。对男友，你可以使劲耍耍小脾气，但对他的家人，要保持冷静。在这个家里，从目前来说，你是外来人。你男友的老爸还等着抱孩子呢，你说对吗？无论她有多少错，他都不会觉得有错，因为毕竟是一家人，而且即将有新的孩子诞生。如果你现在就开始有小脾气，他爸爸会觉得，那将来成一家人了怎么办？这日子现在就充满矛盾，以后还怎么过呢？他们会觉得你还小，不够稳重。

潜意识里，他爸爸把你当成了儿媳妇，这是好事也是不事。好事是，你一直是被他们家承认的，他们对你是满意的，至少在此前是满意的。坏事是，因为把你当成儿媳妇，所以对你的要求和标准也超过了你的年纪。他爸爸说的对，在这个家，儿子腿坏了，阿姨肚子大，妹妹年纪小，没有保姆家务谁来做——他没有把你当外人，但是你毕竟还没有嫁到他家，还是客人，但生活呢，恰恰把你推到了这样的位置。

站在他爸爸的立场，他也没有时间去操持家庭，所以家里的事情一定是继母做主。他爸爸说得很对也很委婉，他尊重儿子也尊重你们，毕竟是缘分。婆媳矛盾本来就很难调和，即使是亲妈都会有很多冲突，更别说是一个待产的继母。

无论他继母的枕边风有多么让你讨厌，如果你是以结婚为目的的相处，一定记得，不要在闹脾气的时候离开。可以在这段时间试着多和他家人相处，让他们觉得舒心一些，不要和在自己家一样带着孩子气。好好的，客客气气的，然后礼貌地离开。以后尽量避免缠绕在一起的相处模式。对于未来，不知道你的打算如何，想在哪里发展，我感觉他爸爸的意思，也许是希望你在这个城市留下来？你要记得对未来做好打算，两个人两地分居一定很难维系感情。也许你留在这里，也许你们一起回到北京发展，记得对未来做一个清晰的规划和展望。因为属于你的正在长大的人生，才刚刚开始。

希望你幸福快乐，安然长大。

——你的私人情感医生　幸知

幸知点评

爱情不仅仅是两个人的欢愉,有对方家庭的"许可证"和祝福,会让爱情升温。而与对方家庭的相处,尤其涉及南北方差异与复杂家庭环境的纠葛,更需要通过很好的方式去处理。

Sharpshow2014年5月19日推送幸知专栏《我们的爱情穿越南北方,好累》,可以订阅微信公众号Sharpshow,回复liaoshang2即可查看。

采桑子: 在男方的家庭里,玛娜看起来似乎不为他们提供经济来源,这样的情况下,无论是否结婚了,除非是男人特别护着她,否则她很容易受到家庭中其他成员的指手画脚。西红柿事件中,玛娜放下菜刀回房间的举动,固然不够大方,但事件的起因是三姨妈和继母故意找茬,不排除她们想给新媳妇下马威的可能。

当然了,玛娜对男友称呼她们为"老娘们""算什么"有东北妹子的豪爽在里面,但也很不礼貌,对待长辈,首先应尽量礼貌,不管是不是男友或老公的家人。

还有一个细节。往往令我们不开心的,并非事件本身,而是我们对事件的解读。在西红柿事件里,继母和三姨分别说了貌似挑衅的话,"你让她做饭3点钟都吃不上"、"你来我们家敏敏得饿死"。这个是不是挑衅和轻视，得看当时说话人的语气。如果是笑着轻松地说"你让她做饭呀，哈哈哈，3点钟都吃不上哦"，"你来我们家哦，敏敏要饿死的咧"，这个样子，就是开玩笑的话。继母她们自己没有当作是攻击玛娜，所以后来会解释说她们就是说她做饭慢而已，责怪她不该脾气这么大。这件事情玛娜自己是当事人，可以反思一下当时情境和自己一贯的脾气，是不是自己敏感了。

另外，"他爸爸说自己很忙，要经营十几个公司"，说明男友的爸爸很有钱；第二，继母正大着肚子。从这来看，男友的家庭经济条件很好，不排除男方的长辈认为玛娜为了钱跟他家儿子在一起的可能，想在开始的时候故意考察玛娜。

其实，玛娜可以平时嘴甜一点儿，一些累不着人的小活儿勤快帮着干点儿，对长辈在明面上敬重一点儿，他们也是人，不会随随便便去挑起家庭不和的。

目前这个家庭里面，期望说话最顶事的男友爸爸为玛娜主持公道，几乎是不可能的，因为他自己还有三个孩子（男友，妹妹，继母肚子里的宝宝）和自己的妻子。玛娜对于他而言，是一个相对边缘化的人物，甚至比三姨的地位还低。玛娜要么就不要在意男友爸爸对她什么态度，要么就主动争取他的支持。

八尾猫儿：虽然是继母，但女人有个毛病，我辈分比你高，我样样比你强，我就有优越感，所以不排除找茬的可能。

方园：我觉得她脾气稍微大了一点，毕竟当时有两个长辈在，她不应该摔下刀就进房间的。其实在一个家庭中，谁不会受点委屈，玛娜说："我长这么大都没受过这委屈，那俩老娘们可以让你私下和我说 当我面那么说我，她们算什么？"我觉得玛妞可能还太年轻，有时候为了另一半受点委屈是必不可少的。

我爸妈常教我，你回去看你婆婆比你老公回去要强得多，你老公可以不回，但是你一定要回，刚开始我非常不理解，但是现在慢慢理解了，并不是要你去讨好他们，要想一个家庭和睦，靠强势是没有用的，还是要智取的。

我能否把"第一次"给陌生男人?

> 在每个女生心目中,迈出"第一次"都会慎之又慎。可是,到底谁才会是你值得付出的、最爱的那个他?出于好奇和寂寞,和一个没有感情但条件优秀的路人甲做爱,是不是真的不可以?

幸知老师:

你好!

我刚满 21 岁,在广州一所普通大学读大三。我给人的感觉很外向很阳光,在同龄人中气质偏成熟,对很多事情的想法也比较理智,虽然自身并不太优秀,但跟同学比较还可以吧。

微信漂流瓶里捡来的缘分

我的故事开始于寒假期间。因为微信漂流瓶的缘分,认识了 30 岁的子俊。他是北方人,身高一米八,毕业于国内某知名大学,在北京一家外资银行上班,去过很多国家出差。

因为寂寞,我们在微信上用文字暧昧,也互相发过个人照片。我们都很直接,那一周天天联系,我很清楚自己是因为无聊。我是处女,之前没有正式交往过男朋友。初中时,我曾和一个大我四岁的男生在 QQ 上网恋,当时聊了一两个月,不过那时候还小,对性的认识不深。后来我用另外一个账号去试探他有无女友,他说没有,我瞬间觉得和他这样网恋没意思,也发现这段感情可以如此轻易被舍弃,这甚至都谈不上是感情。后来因为学习紧张的缘故,我和他就不再联系。现在看来,这是一段十分幼稚的青春经历,但好像从那时起,我就觉得男人不可靠。

回到我微信上认识的这个男人。我认为微信上通过玩漂流瓶、搜索附近的人认识的人很多都不靠谱,大多都是无聊,玩微信暧昧的有很多猥琐男,所以我的微信里极少有现实中不认识的人。但是,也许是因为子俊给我的感觉与别人有些不同,他的外在条件、职业等让我觉得他算是所谓的中高端人士,我和他聊了很多,并一直保持着微信联系。我们彼此对聊天记录都不保存,所以我说的有些话他都不太记得,聊过就算了,比如我在哪里读书之类的。也许我比较上心,他的情况聊过的我都能记得。

期待一次生命中最坦诚的相遇

最开始的时候,我们聊天没啥忌讳,互相聊性。他说真想来广州找我,我坦白自己是处女,他就说那不敢要我了,因为负不了责。我说处女那么重要吗,我只是一直没遇到合适的人,没遇到让我喜欢的人当男朋友罢了。他说有机会来和我见见面,聊聊天做个朋友也好,我说这样聊天文字暧昧没意思，他觉得我很坦诚，说他其实也觉得没意思。

春节期间，我还是每天和他保持联系。后来他工作忙了，我开学后事也增多，慢慢变成三四天聊一次，再后来一周聊一次。每次也没什么话，觉得没话了，我们很自然地就不聊了，也没说再见，有点心照不宣。不过，开学前他一直问我五一有没有空，他有三天假想来找我。他也是蛮寂寞的，我心想到时候一定会开房。三月份，我说还不知道到时候有什么安排，等四月中旬再告诉他。这几天，也许因为大姨妈将到，总觉得很有冲动，于是我告诉他让他五一来。不出所料，他没有丝毫犹豫。当然这些都是微信上文字打出来的，我们只语音过一次。

我生在广东一个很保守的小城，就算是我们这一代，还是有很多女生认为第一次要留到婚后，但我认为这种观点太落后了。其实我自己的恋爱经验少之又少，但我的性格属于比较开朗外向型的，也期待能到外面多看看，希望将来能留在大城市工作。和子俊聊天的时候，我甚至设想过，如果我们相恋了怎么办，我会不会跟着他去北京。当然这都只是无意义的设想，我自信自己看待这种事是比较理智的，相信他也不会在我身上动真情，并且我们差距那么大，甚至可以说根本互不了解，顶多算无聊时可以聊天的朋友。由于很多原因，我还是不知道自己约他五一相见的决定是否正确，我觉得我应该多和男人接触，毕竟也这么大了，恋爱经验却那么少。虽然说和他不是恋爱，但是现在的社会，对我们来说什么又算是恋爱呢。我感觉自己很难对一个人动心，但是可以喜欢、欣赏很多人。

想把宝贵的"第一次"给这个路人甲

我现在的纠结一部分在于自己是个处女,性知识虽然都知道,但是没有发生过实质性的性关系,不知到时自己会如何反应。有时候想想,那么多女人的第一次,应该很少有人给一个相互不了解、从异地过来,甚至可能以后都不会再联系的人,出于好奇和寂寞,和一个没有感情但条件优秀的路人甲做爱。

大二的时候,有个男人希望我能成为他的情人,说要包养我,我拒绝了。那男人的外在很不吸引我,他也没什么能力,还离婚有小孩。但是子俊给我的感觉就不一样了,尽管我们见面后可能就不会再联系,但我是心甘情愿去见他的。虽然我对自己身材和样貌都不自信,觉得自己并没有什么地方优秀到足以吸引他,但他说就是想见我,来了以后如果我不喜欢他,他不会强迫我,他在广州有大学同学,到时候可以去找他们,或者自己逛两天。他跟我说他交往过两个女朋友(一中一外但都不合适),有过一次一夜情,平时周末不上班的时候就去学泛语,他爱好汽车。

在没有现实相处的情况下,他给我的感觉还算不错。我不奢望以后他能对我怎样好,能给我带来多少好处和个人提升。如果只是为了性爱,他可以去找任何人,没有必要从北方大老远飞到南方,去找一个不了解的小女生。于他而言我只是年轻有活力,也许处女这点很能吸引他,大家都是成年人了,完事后可以不用相互负担责任。两个人所在的城市又一南一北,相隔这么远还能发生什么后续呢。我现在既期待又疑虑地等着五一的到来。

我在地方论坛上发帖，很简单地说要把第一次给异地的男朋友了，有网友回复"第一次别轻易给了""注意卫生保护好自己"等等，也有的说现在女孩子都堕落了，没有结果的感情不要给，说我一定会后悔的。也许吧，或许五年十年后我会后悔，又或许五一过后就会后悔。我和他之间有所谓的感情么？我们是为了什么？我不知道。身在大学这座象牙塔，即将踏入社会的我实在是有压力，对未来、对自己、对工作等都迷茫，我想或许他能让我释放压力，让我体验真正的性爱，又或许其他。

思路混乱地打下这么多字，说了这些我还是有些迷糊，希望幸知老师能帮我分析下，虽然也许只有我自己才最清楚，但还是希望您能对我有所帮助。谢谢。

——月无痕

处女膜，一场心态的革命

亲爱的月无痕：

听名字，就知道你是个对生活怀有美好期待的女生。虽然周边环境带着当地人的保守价值观，但是受新思潮影响、渴望开放、希望能够掌握身体主动权的你，正面临保守世界观与内心冲动的矛盾纠葛。

每个女生都会对自己的第一次感到担忧，也许心态上觉得，为什么要那么在乎呢,但生理上还是会在乎。或者做好了很多准备,但是事到临头还是隐约会有些害怕,会觉得有些什么正在改变。与其说处女膜是一层通往成人世界的大门,不如说,这是一场心态的革命。

我和我的小朋友们讨论过第一次性关系的问题。几个小朋友无一例外,都表示"家教甚严",即使有过婚前同居,也坚决瞒着父母。她们的母亲总是会吹耳边风,希望"从一而终","第一次"如果给了一个不负责任的男人就亏待了自己。当然这是老一辈的价值观。婚前到底应不应该同居?或者说,我能否在婚前把第一次给男朋友,即使冒着他不负责任的风险?这些甚至都不是你的问题,你的问题是:能否把信任和"第一次"交给一个陌生人。

找我咨询的男女中,有很大一部分是因为性的问题。从广义上说,出轨也是一种性问题。在婚姻或约定俗成的男女朋友关系中,两个人发生性关系,是没有道德异议的,但是其中一方突然与他人发生了关系,而另一方觉得"契约"被毁环,于是有了情感问题。从狭义上说,则是性爱不和谐。两个没有经过婚前性生活的男女,结婚后赫然发现一方性冷淡,或者因为性需求不同而导致家庭矛盾,这样的例子不在少数。为什么过去不显见,现在这样的矛盾却越来越多呢?因为随着时代的开放和进步,旧有的道德束缚感越来越少,因为过去选择的机会和诱惑没有现在多;因为现在的人越来越追求生活质量,包括性生活的质量。在过去,你的父母辈也许只认识周边的邻里、单位的同事;而现在,社会流动性增强,社区关系不再紧密,人们会更加放松。如今,地域也不再是框束情爱的理由,微信漂流瓶、陌陌等基于陌生人关系的社交软件,还有各类花前月下的婚介软件,便捷的交通工具，让跨地域的情爱成为可能。

女生随着年龄增长，会发现自己的性需求。每个人的性需求不同，这是天生的。有的人可能就是性冷淡，或者她因为有顽强的控制力，可以压抑自己的性需求。性需求旺盛期的男女生，在现实中没有得到充分排解，就会诉诸网络，比如性聊。你所说的"一段十分幼稚的青春经历"，聊的是寂寞，也许并没想过会走入现实。一个男生也许同时跟好几个女生聊天，但是千万别因此觉得男人不可靠。你确实还不是人家现实的女朋友嘛。有时候，网络上"老公老婆"的称谓，不过是性寂寞时的虚拟游戏。只是，你终于在聊天中爱上了对方，被他的"高大上"折服，这种被包装过的好感，佐以朦胧的情感假想，会觉得他与众不同。这是不是恋爱？我觉得是。只要是你真的对他动了心。

再来说说你的疑惑。一方面，你仍对世俗观念有所顾忌，包括自身是否会因"第一次"而受到伤害，所以你会去地方论坛上求助，听听大多数人的意见；另一方面，即将步入社会的你有着来自各方面的压力，包括学业、工作和感情，你内心希望通过一次放纵来释放压力，但是你不确定，恋爱经验很少的自己，能否把信任和第一次交给一个陌生人。

第一次是否会受到伤害，取决于"你准备好了吗"。把第一次给一个爱的人，还是留给自己的丈夫？这个问题没有定论，没有人能肯定地说出怎样做一定会幸福，怎样做必然会后悔。这个问题，不过是一个合适的时间、一个愿意为自己未来承担的成年人，所作出的一次选择。但是无论如何，一定要注意保护好自己。比如，记得使用安全套保护性安全，记得看清对方，在见面的时候通过你敏锐的洞察力,判断他到底是一个无爱的泡良族,还是一个适合托付第一次的男人。大部分时候,多数人的意见,都是基于自身价值观来参考的,但决断者是你自己。另外要记得,多数时候,男人可以将性和爱分开,女人却因性而更爱对方,结局也许不是你想象的那样:分开如此容易,只存美好瞬时。

在二十几岁的年纪,即将面临学业、工作和感情三重压力的你,所经历的过程,是每个女生成长过程中所必须经历的。有时候可以允许自己适当地放纵一下,但是要记得收心,记得什么才是最重要的事情。因为只有你自己才能对自己的未来负责。所以,幸知对你的建议,是顺其自然。

也许事实的走向未必像你想的那样。也许,他来了,但是你突然发现现实中的他不是你喜爱的那个男生,你不愿意为他付出第一次;也许,你们进了宾馆开了房,却什么都没有发生;也许,他就是你未来的那个他;也许这段美好的记忆会存留心间……我们正因为对未来有期待,有憧憬,才会觉得生活如此美好。但是,无论如何,记得保护好自己。

在这个地球村,南和北,其实真的不遥远。另外要记得,在网络如此发达的今天,一定不要忘记关注"身边人"。也许同龄同学未必适合你对另一半的要求,但是走出校园,发展属于你的工作同事圈、你的爱好圈,那个可以被信赖的男人,可能就在身边等你。

如果还有什么问题,欢迎后续跟我联系。我会慢慢陪着你度过20岁的成长期。祝你幸福!

——你的私人情感医生　幸知

有人总比同龄人要成熟得快思虑得多,也许她们不适合在同龄人中寻找爱情,那么就应该学会尽快进入能和自己对话的场域。渴望性爱无可厚非,但是它不能成为对未来、对自己、对工作迷茫的唯一支点。

Sharpshow 2014 年 1 月 16 日推送一篇文章《爱情十九课,用好你的性》,可以订阅微信公众号 Sharpshow,回复 liaoshang3 即可查看。

采桑子: 婚前性问题,正如幸知所说,能接受就做,不能接受就不做。至于怀孕风险、注意卫生,是技术问题。月无痕的观念中,并不将它看得和婚姻有多大关系,而是在意自己的"第一次",想让"第一次"有重要的意义、值得怀念,所以比较纠结。

如果是为了享受,就去吧。只是要注意安全。如果为了以后婚姻生活顺利,我还是建议留到婚后。或者她是为虚荣心去做:"终于破处了,对象还是个高富帅!"

我觉得月无痕很难无怨无悔,发生性行为之后,女生的心态会迅速转变,空前地依赖那个男人。而这种依赖,对男人来说无疑是相处的压力。即使原本有心与她长远发展的男人,或许被这种压力吓跑,而身心的伤害,落在了女孩一个人头上。在事发前，女孩心理处于摇摆不定的状态最危险。男人只要花耐心花精力哄她，女孩很容易上当，所以一定要慎重选择。

冷月公子：她还没有找到真正让自己心动的恋情，无论是之前可以轻易放弃的网恋男友，还是这个有好感的子俊。在这之前没有真正的感情作为润滑剂，无论见面之后会不会有美好的性体验，它充其量都只是一次性经历而已。

她一方面"理性"分析，有多么不可能，并不抱期望 或者是多么冷静客观地思考过这件事，但是不能掩盖她骨子里的寂寞、好奇，以及想要改变现状的渴望。于是，这段有可能发生的性经历就成了大胆的探索，是一次觉得可能改变的机会。并且，她在论坛发帖，称他为男朋友，还说想知道以后会有什么样的发展，潜意识里很希望这件事继续发展。

男人比她想的要自我，万一对方一走了之没有她想要的后续，她也许会很痛苦。

海鸥：我觉得异地三十岁男不太可靠，按正常逻辑，这个年龄的男人大部分已婚，未婚的应着急相亲准备结婚，只是"暧昧"开聊，并未确立男女朋友关系，大概是"偷食"的吧，对一个收入尚可的人，打个飞的开房应该没什么。

我觉得这女孩好像交的男朋友都不是正常状态的，也许对"性"的向往蒙蔽了她的眼睛，在这个时候，任何闯入的男性都会成为可能的对象。

如果她能承担可能发生的结果，比如男方只是约炮、意外怀孕、以后男朋友介意等，就把这次经历当青春的代价，因为这个时候似乎是劝不住的，而她潜意识里也许是希望发生。我不是宣扬第一次一定要留到婚后，或者说处女重要，但是要慎重对待吧。因为对方显然不是要发展长期关系的。

小雯：女孩太年轻了，对很多事情的看法过于简单。她很难通过这样的网络交流对这个男人有足够的了解。也许，现实中的这个男人并不是她说的那样优秀，不能排除有可能存在一些欺骗因素。万一，女孩发现这一切不是真实的，她是否能做到无怨无悔呢？

医学博士与美甲师的爱情，靠谱吗？

> 阅读了月无痕的故事，我们再来看看蒙蒙的经历。月无痕是个即将走出大学的女生，而蒙蒙则是一个年轻的美甲师。若说相通之处，她们的爱情都因互联网而生。激情之后，蒙蒙和故事中的男主角相爱了。只是这样的爱情，左看右看，仿佛都是不对等的。

幸知，你好：

我现在非常乱，不知道何去何从。耽误你宝贵的时间，说说我的故事。

我和他是通过微信认识的，当时我们都不了解对方，他只是来这个城市出差，于是我就很随意地见了。没想到，见面相处的第一天非常开心。那天我们吃火锅，看电影，然后去了一个安静的咖啡馆聊天。他为了不让气氛尴尬就提议玩真心话大冒险，问了我许多关于人生观、爱情观的问题，包括我之前与男朋友的相处方式等。因为游戏输了必须作答，我就非常老实地说了我的事情。他是一个陌生人，所以我觉得说实话也无所谓，不用顾忌什么。晚饭过后，我们又去了酒吧，感觉玩得不够 high，接着去了 KTV。

看到这里，是不是觉得我们一天的节目实在太多了？凌晨 4 点，我才回到自己的家，他回他的酒店。要分离的时候，他是不愿意的，他当时非常想和我有性……最终没有。第二天醒来，他来接我，然后他说带我去个地方坐坐，莫名其妙我就去了他的房间。在他的诱惑之下，我们有了性。再之后，他就离开了我所在的城市。

当时我以为他只是想玩一次激情的骗子。我很懊恼，以为自己被骗了身体。在后来的交谈中，我发现，他非常愿意和我开始以结婚为目的的交往。再后来，我越来越发现我们之间的差距有多么大：他是医学博士，毕业于上海同济大学，在德国留学，现在主要做新药研发。这是经过证实的确切事实。而我，只是一个在美容院上班的化妆美甲师，初中学历。我压力非常大，虽然和他的交谈让我非常快乐，有时甚至期待能和他多说上几句话。

我们经常煲电话粥两三个小时。现在，我们已经聊了一个多月。这期间，他没有来过我所在的城市。他只是告诉我，他愿意放弃他目前的事业，来到我所在的城市和我一起生活，但条件是我必须马上与他同居。我不愿意和他同居，因为我觉得对他的了解还不彻底，不知道自己能否接受他的缺点，我更不清楚我的缺点他能不能接受。但是，我也不想失去他。我告诉他，我想慢慢来，我希望我们可以有深厚的感情基础，然后再看看要不要住一起，或者等到结婚以后再住一起。他却说："你和你前男友就可以，为什么我不行？我真的比他差很多吗？气死我了！你难道还没玩够吗？一个像我这样的男人，能为你这样的女人抛下一切，去你的城市和你一起生活，有哪个男人为你这样做过？！"

这是他的原话，我听到这些话的时候，真的后悔告诉了他我以前的事情。他说的或许有道理，可我就非要用同居来回报吗？他怎么能这样比较呢？我根本就没有要把他和之前的某某比较。我反问他："如果我不和你同居你是不是就不来了，是不是就不要我了？"他只是犹豫，并没有回答我。

因为这个问题，我们现在闹得很不愉快，更可气的是，他已经挂过我两次电话了，他一生气就挂我电话。他让我好好考虑这个问题。我现在真的不知道该怎么样处理这个事情，我茫然极了，我们已经两天没有联系了。我不知道像他那样的男人，是不是会真心选择我这样一个女人，或者潜意识里，他会选择一个同他一样受过高等教育的女人。

时至今日我都不确定，他是不是真的爱我，他这样还有其他目的吗？我的条件对他来是没什么可图的。请幸知为我解答，我现在该怎么办？

——您的忠实读者　蒙蒙

因性而爱，若不能久，不如相忘于江湖

蒙蒙你好！

在看到你的困惑之前，我一直有冲动想写一篇《因为约炮，所以爱情》。也许你未必承认，微信加他的初衷是"约炮"，但一夜情确实发生了。一夜情之后，男女主人公会有很多情愫的变化。比如说，女人因此爱上男人，想与他结婚，男人视之为负累；比如说，女人突然发现男人已有妻女，于是退而求其次，"心甘情愿"地做了小三。这都是真实发生过的故事。无论是

冲动也好，寂寞也罢，很多一夜情并未终止于一夜。

男人也许是性和爱可以剥离的物种，大多数女性却是"因性而爱"的感性动物。所以种种纠葛爱恨因此产生。性的满意度高，滋生对对方了解和爱的需求，从而产生更多次的性，这叫回床率。

在你身上，那个男人有着对回床率的迫切需求。你比他更谨慎，你疼爱对方，希望因性而爱，得到以结婚为目的的性。这个时候，你对他的性要求，反而变得不那么自然地矜持起来。

因性而爱，本身没什么错。既然夫妻离婚，性生活不和谐是主要诱因，那反过来，先上床试一把，性和谐再来谈恋爱，岂不是更好吗？事实却未必如此。

一夜情往往跨越阶层、年纪、收入甚至婚姻状态，双方坦诚地"赤膊相见"。明知两人不过是玩票，所以隐瞒婚史性史甚至身体健康状况也是常有的事。另一方面，既然是玩票，两个城市距离那么远，说点彼此无伤的掏心话，仿佛也未尝不可。

然后呢，真到了因性而爱的阶段，面对现实婚姻，我们会发现问题来临。

第一，阶层藩篱。回到你的问题上，医学博士与初中学历美甲师的爱情，靠谱吗？这里有两种可能。一种是，医学博士的身份有可能是假的。我不知道你为何要强调"经过证实的确切事实"，是查过他的身份证？还是在国家教育部指定的学信网上查证过他的毕业证、学位证信息？另一种是，爱情在一开始就带有阶层烙印。"一个像我这样的男人，居然能为你这样的女人抛下一切"，这句话本身，带有深刻的优越感。潜台词是，我一个博士为你美甲师折腰，看中你宠幸你，你还不感恩戴德，反而挑三拣四？这句话，注定了你们的爱情一开始是不平等的。所以你的深思熟虑是极其认真而睿智的。你不是他的附属品，不能因为他的高学历及其自我标榜的"牺牲"，就理所当然地用同居去回报。否则，跟性宠又有何区别？

第二，医学博士与初中学历美甲师，最终能否走到一起？这是让你感受到压力的原因。过去说出的话、上过的床，已成事实，后悔无用。理智地对待这份爱情，你是这样做的，他也应该这样。他需要学会尊重你的选择，这跟职业无关。他是否真的会为了你来到你所在的城市，去试着了解你，你也去接受他，你们彼此接受对方的工作、对方的优缺点，生活圈又能否相容，他是否愿意带你去见他的朋友和父母？他离开他的城市，背后有没有其他隐情，比如逃避家室？这一切的一切，才是一段感情开始的真正基础。唯有这样，经住时间的考验，并在尊重你的基础上与你发生性关系，这才能证明他是认真的。

你不需要茫然，也无须接受他"苛刻"的要求，记得遵循自己内心的想法。两个人的交往一定是以尊重和平等为前提的，无论双方职业差距多大，既然考虑到爱情和婚姻，这样的差距就不能成为"我都能如何如何"的借口。这样的高高在上，对你是一种轻蔑。不要认为他对你无所图，就让自己的底线一降再降。换句话说，什么叫无所图？他所图的，至少包括满足自身的欲望，还有对你的把控权。

如果他坚持他的想法，他不尊重你，记得别犹豫，选择挥手告别吧。因性而爱，若不能久，不如相忘于江湖。

——你的私人情感医生　幸知

无论学历、贫富、相貌、家境有多大差距,在爱情中,我们就是两个对等的个体,我们不为爱屈尊,降低自己的身价。如果爱情在一开始就存在贵贱施予,或者像是一场交易,注定不会有太好的结果。

Sharpshow2014年5月11日推送一篇文章《我为何得不到一份平等的爱情》,可以订阅微信公众号Sharpshow,回复liaoshang4即可查看。

LS小孩: 看完蒙蒙的故事,我想起我自己刚经历的男人,也是这样。"如果不上床就是不爱",这种偏激性语言,我认为是男人的谬论。他要跟你谈婚论嫁,为什么不先知根知底再去谈,他除了对和你同居有兴趣,似乎对其他都不太介意。如果没有平等的对话,没有尊重,这样的开头注定没有很好的结局,因为你已经把你的底牌亮出来了。

咖啡不是茶: 撇开上床这件事情不谈,他们几乎没有什么人生经历的共同点。情侣或者夫妻是要有共同成长空间的,先不说他们之间不存在这个空间,但是至少起跑线差距太远,趋同性非常弱,估计以后无法融入彼此的生活圈,很容易有矛盾。

为什么女人会情不自禁爱上坏男人?

> 20岁的我们,不仅仅纠结自己"是否爱对了人",有的已经开始品尝性的禁果。还有一些爱情,可能没在自己身上发生,却不得不遭遇困扰。因为情同手足的好闺蜜,正在陷入一场恋情危机,而自己的拯救,显得心有余而力不足。
>
> 和其他故事不同,这是女生替自己闺蜜发来的一封求助邮件。在青春期有这样的友情,真的是一件很值得也很难得的事。

爱问幸知

Dear,幸知:

你好,我又给你写信了。不过这次不是我自己的事情,我是替我这辈子最要好的女朋友来写这封信,希望你来"骂醒她"。

我那个哀其不幸怒其不争的女朋友

我这个女朋友,我真是哀其不幸,怒其不争,好好的一个女孩子,非要卷入二女争一男的桥段中去。男生叫方,我的女朋友,姑且称为琳吧,另一个女生是珊。

琳和方的爱情前后持续了三年。他们是在朋友聚会时认识的,而后方迅速展开恋爱攻势。琳是个很有亲和力的女生，大大咧咧，长得也算可爱。刚开始，她跟我说，有个刚认识的男生总是约她吃饭，各种关心，是不是对她有意思。当时我没太当回事，等到我再次听琳说的时候，他俩已经上过床，并且经常黏在一起。

他们相处不到四个月，方就开始和公司的另一个女同事搞暧昧。公司组织出游，那个旅行团都以为方和这个女生是一对。当琳在微博上看到这个消息时，整个人都傻了。方回来的第一天，琳就去他家质问。方可能是吓到了，哭得稀里哗啦哀求琳不要走不要分手，琳心软了。可这一心软，后面的事情发展到了我不能理解也劝无可劝的地步。

琳和方在一起两年后，出现了珊。

其实在出现珊之前，琳和方真的很好很好。方经常生病，琳比她自己生病还紧张；每天早上，琳都会发消息给方问"早安"。琳的一个笑容就能让方忘记加班的累和工作中的不愉快。琳爱吃的东西，无论多晚，一个电话打给方，方都会去买来送到琳的楼下。方甚至管琳叫老佛爷，意思是"琳你怎么样都是对的，怎么样我都会听你的，会爱护你守护你"。方的甜言蜜语还有："琳，不管你以后和谁结婚，或者我和谁结婚，我会跟我的老婆说，我心里永远只爱琳，只要琳哪天召唤我，我必定到。"

琳陪着方经历过很多事情，方卖房子、换工作、买新车、再买新房子，琳都有参与。甚至琳自己跑了很多新楼盘，就是为了让方能够买到称心如意的房子。琳被这种宠爱浸泡了两年后，她开始思考该不该把结婚提上议程。这个时候，方遇到了珊。

珊是方跳槽新公司后的直接上司，与方同岁，已婚五年。琳发现，方去新公司不到三个月，就和珊上了床。很难说清谁勾引谁，方只是说他的老板加班加到胃出血，挺可怜的，就常常给加班的老板买些外卖和咖啡。琳理解，方刚换了工作，业务上的事情要重新学，需要讨好老板也正常，就没多想。只是过了两个月，琳发现不对劲。方虽然依旧对琳很好，但琳的第六感告诉她，珊一直在盯着自己。琳总自我安慰："没事没事，不会有事的，方说老板可能对他有好感，他又不方便拒绝。"方一直宣扬的理论是，多交个朋友总没坏处，干吗要拒绝别人的好意。

他爱她，却同时爱着另一个姑娘

他们越走越近。珊搬家，方会去帮忙采购家具，甚至把自家床上的四件套送去救急；珊生病，方也陪着，等等。而且珊离婚了，据说虽然夫妻感情本就不好，但方的存在也是一部分原因。这是一年前的事。当时我和琳说："你得小心了，一个女人为了方离婚，还是他上司，你要么看紧了方，要么不要和方继续了。"人是无法控制自己感情的，不论我怎么用道理去劝琳，她还是一股脑儿冲进了这场混战。

半年前，琳生了一场大病，等病好后去方家里找他，却发现屋子里多了女人的物品（琳有方家里的钥匙）。琳本来是一个理智的姑娘，发现这些情况后，毅然决然地和方分了手，并且采取了"杳无音讯"的方式对待方。方就疯了，他不能接受自己的世界没有琳，没有这个"老佛爷"。方又施展了他的"哭功"，软磨硬泡，诚恳地认错，说对珊只是工作需要，写微博检讨，想尽一切办法把琳拉回自己身边。

　　琳回头了。我也能理解琳，因为我知道，不和方联系的一个月里，琳不仅身体不舒服，工作也被领导挤兑，她更放不下对方的爱。她知道，过去的两年，她已深深爱上了方，习惯了他的温柔和甜蜜。突然的分手让琳几近崩溃，甚至出现了轻微抑郁。

　　这一年，琳过的日子，我实在是看不下去。说白了，就是方脚踏两条船。在琳面前说没有琳就活不下去，刚和琳复合的那个长假，他转头就和珊去东南亚旅游。给琳的理由是，之前就已订好机票酒店，答应人家的就一定要去。琳又崩溃了。在方和珊旅游期间，琳给方打电话，哀求他尽快回来，方说："我可能对珊也有爱。"琳沉默了。她在我面前流尽了眼泪，发誓不再相信方的任何话。可是，这个时候珊主动给琳发消息，说她虽然看上去和方在一起，但方每天都不开心，方甚至对珊说他要回去找琳。

　　自从和珊联系上之后，琳知道了更多珊和方之间的事。原来，方带珊回过老家见父母，是在琳不理方的时候，美其名曰"珊离婚后反正也没什么事情，就带她出去散散心"。甚至方新买的房子，也跟珊说"我这么辛苦赚钱买房，还不是想让你有个窝"。可我是知道，同样的话，方也对琳说过，说等那个新房交房的时候，房产证写琳的名字。琳当时很开心。所以，当听到珊告诉她这些时，琳崩溃了。她无法接受那么爱她的方居然同时爱着别人，无法接受来自爱人的欺骗。

　　到这里，故事还没完。所谓爱情就是一个人挣脱，另一个人去捡。只不过，琳成了去捡的那个人。琳放下她所有的身段和理智，在珊跟她说了这些事情之后,还是一次又一次地原谅方的背叛。甚至到后来,只要琳不在,方就会把珊叫到家里来过夜。

不要以为珊不介意琳的存在,珊也深深地受着煎熬。这两个女人,都觉得自己是方的女朋友,都在明着暗着跟对方抢方。而方呢,给琳的理由是"珊很可怜,离婚了又没有亲人,珊很爱我,我不能推开一个对我这么好的人,何况工作上她还能帮我";给珊的理由是"我爱琳,我不能没有琳,我怎么样都要跟琳在一起,陪着她,她什么时候有需要,我都会第一时间去她那里"。所以,在这场感情的争夺中,琳和珊都耗尽了力气。珊的胃病一再发作,每一个方和琳在一起的夜晚,她都吃不下、睡不着。最极端的时候,方陪琳看完病,再陪珊去看病。有时候,方说想自己一个人待着,结果被琳发现,他去找珊了。这样来来回回,折腾了半年之久。

明明是一个男人的错,最后两个女人打得溃不成军

我很努力地想把琳拽回现实。挺好的一姑娘,为什么要活得跟怨妇一样,为什么要一而再再而三地去原谅方、去相信他的谎言、去给自己找不痛快?琳现在也时好时坏,理智的时候可以不再联系方,而方也开始受够了琳时不时地"杳无音讯"。

我语重心长地告诉琳:"你是不是该想想这件事情的前前后后,能不能不要再为了争一口气而不舍得放手?方,已经不爱你了;方的恋爱观从一开始和你就是不一样的,他爱在不同的女人之间周旋,而你要的是一个只爱你只宠你的男朋友,他做不到,所以他才会觉得压抑。可是,谈恋爱,本来就

是两个人谈,而不是三个人谈啊!你们三个这样下去正常吗?有意思吗?方已经不值得你再爱了,他自己都不知道自己在干吗。他分得清什么是爱、爱谁、应该怎么和其他女人保持距离吗?即使赢了这场争夺,以方的这种癖好,你们结婚后能保证他不再拈花惹草?你醒醒吧醒醒吧醒醒吧……"

最近,琳貌似好些了,不再去找方了。虽然琳跟我说,她还是会去看珊的微博,看到他们整天都在一起。有时也会偷偷跑去方的楼下,看他家的灯亮没亮。

我不知道该怎么劝这个傻姑娘了,也不知道这姑娘哪根筋搭错了,这么明显的事情还看不开放不下。我怕她过几天想不开又去找方,然后又回到那个死循环里。幸知,你说我劝琳的这些话对不对?我还需要怎么样劝她才会醒悟?还是我不去管她了,就让她这样爱下去,继续折磨自己?

方太贱了,曾经他也是我的朋友,但我现在直接将他定义为"渣男"。方的行为,对两个真心爱他的女人都不公平。他根本就是只爱自己,自私,也分不清是非和做人的基本道理。

幸知,请帮我一起骂醒琳吧。

——Super

远离那些爱造梦的坏男人吧!

Super:

看完你的来信,觉得你说得挺好,这样的男人,不值得去为他伤心。

其实你的朋友已经醒悟，不再去找方，只是隔三岔五看看微博，只是看看他家的灯光有没有亮而已。她在逐渐走出这段畸形的恋情。而那个方，可能也会承受两个女人都离去的结果。没有了琳，他和珊是否一定能过上幸福的生活？答案也许是否定的 可能他们的恋情里会出现第二第三个琳。当然，我还是希望他们真能过得好。作为朋友的你，帮助她，一定不要让她"想不开去找方"，想办法帮助她多做一些她喜欢的快乐的事情，让她真正走出来。也许过去的她确实曾陷入"为争一口气而舍不得放手"的阶段，可是退一步，也海阔天空，你说对吧。总会有新的爱情，重新进来。把他当成生命的过客吧。

明明是一个男人的错，最后总是有陷入爱情的两个女生打得你死我活，像抢夺猎物一般抢夺他。男人总是袖手旁观高高挂起。爱情就是这样，它之所以神秘美好，恰恰因为两个人的爱总是不对等；恰恰因为它有一定的时间属性和保鲜期；恰恰因为所谓的爱，让人失去理智，步步后退，最后连平等和尊严的外衣都要褪去，就像犯了毒瘾，一旦中招，涕泪横流，欲罢不能，最后，只剩下哀求。虽然明知哀求来的爱情短暂得可怕，但还是希望，能够还有那么一点点也好。这种可怕的惯性，让女人溃不成军。

诚如你所说，方是渣男。也许行为上，他想好好爱，但是思想上不由自主地在两个女人生命里周旋。他在"享受"这份周旋，他的"渣"，或者跟他的童年经历、原生家庭有密不可分的联系。作为旁观者的我们，无法去靠近更多真相。

在这里，我想说的是，为什么很多女人会情不自禁爱上坏男人？当然坏有很多种表现方式，未必是进监狱蹲大牢才叫坏。女人最抵抗不住聪明而又甜言蜜语的坏男人。说到这，不得不提那些吃哑巴亏的好男人呐，什么都好，实在，就是嘴巴不够甜，别说抹了蜜吧，好歹抹点糖，但他们没有，现实中还眼巴巴干等着爱情。这也说明，女人都是傻乎乎的听觉动物。你看坏男人（比如方），可以光用嘴巴画饼，就能把女人俘虏。你看你什么都是对的，我这辈子就守着你（其实所谓这辈子也就一天而已，第二天上了别人的床再来一句深情款款的"这辈子"），你就是我的老佛爷，你召唤我我一定到，就像都敏俊熙好吧。我跟别人好了，对不起我错了，以后不了，老婆你是最好的我什么都是你的，房子是你的，车子是你的（也许还没有，但至少画了个饼），人也是你的。

  为何女人总是心甘情愿遁入坏男人的怀抱？女人都喜欢造梦，不仅自己喜欢造梦，最好身边人能够来一起造梦，要是故事里的男主角还主动造梦，这就完美了。现实中呢，所有坏男人最擅长干的事情，就是造梦。在梦里，女人是公主，男人对女人千依百顺，太美了！包括所有从女人口袋里"骗"走的钱，都是为造梦而生的。

  但是，梦归梦，无论如何，甜言蜜语一时，却换不来一世。为什么好多女孩子跟男人上过床后，发现男人性情大变？为什么穿好水晶鞋坐上南瓜车结完婚了却发现现实远跟梦境不同？其实什么都没变，只是他失去了造梦的兴趣。因为都在一起了，再造梦就没有意思了（当然好男人也造梦，造的是现实努力奋斗的目标）。而女主角也逐渐意识到，现实中柴米油盐婆媳相处，都不是一个"梦"字可以完美解决的。

没有经历风浪和现实的爱情，一定不能那么快进入婚姻。与其被梦冲昏了头脑，不如冷静下来拨开梦的迷雾，仔细揣度，两个人是否真的契合，比如婚姻观、价值观等等。保持爱情热度可以，但是拒绝昏度。尤其明知犯昏还犯贱，最后自尊没了，爱情没了，生活也跟着没了。甜言蜜语总有尽头，能成为优秀伴侣的，一定是灵肉契合的两个人，而不只是抹了蜜的唇。所以，劝琳，也劝你，包括所有女孩子，思考未来要不要和这个男人结婚的时候，一定记得，把他剥开来，看清楚，对未来展开预期，再下结论。

——你的私人情感医生 幸知

我们也许爱这个男人，也爱争这口气，所以才会在一个男人多个女人的战争中斗得遍体鳞伤。我们爱他，拜倒在他的石榴裤下 其实是拜倒在自己的软弱和爱情的迷雾里。爱迷离的时候，记得拨开迷障，重见天日。

Sharpshow2014年2月15日推送一篇文章《爱上坏情人也是一种幸福》，可以订阅微信公众号 Sharpshow，回复 liaoshang5 即可查看。

冷月公子：看完了 Super 的苦恼，我也想讲两件事。

有一个姑娘，非常文艺浪漫，认识了一个从事国际工作的、有魅力的、离过婚的大叔，于是一发不可收拾。大叔爱她宠她，给她庇护和帮助，包容和呵护她，但大叔身边还有一个愿意守着他给他洗衣做饭生孩子的女人。姑娘和大叔相爱，直到有一天，大叔和那个女人结婚了，两个女人之间长达几年的明争暗斗才算结束，姑娘彻底沦为第三者。

姑娘震惊、受伤、痛苦之余，却逐渐习惯。我问，你打算和他分开吗？姑娘摇头："已成定局，现在再分开又有什么意义？何况他对我真的很好。"

有一个男人，我跟他不熟，但是因为我擅长倾听和包容，他以为我是一个柔弱的女人，于是跟我说了他内心真实的想法。他说，他喜欢美貌的女人，不只是因为性，而是面子。所以即使得到最漂亮的女人，腻了之后一样会去寻找其他人。他说他没什么本事，那些美女太势利看不上他，所以就用其他的方式打动那些一般的女人。他不但花心，还要把她们玩弄于股掌之上，让她们光明正大地共存。

所以有那么一类男人，他们所说所做无关乎爱，都是内心的扭曲和占有欲在作祟；即使是真的有感情，真心地付出了，那也是极其自私的，估计 Super 的朋友碰到了这一类男人。

琳之所以走不出来，一是因为对那个叫方的男人摸不透，以为他是爱着自己的；二是因为还没看到终点，所以对结局抱有期待。

劝慰朋友很难，毕竟每个人的道路都要自己走，当一个人还在伤痛中苦苦挣扎的时候，往往是因为伤痛还未触及底线。你可以帮她，但不能代替她去体验，别人苦口婆心的劝慰，有时候对于那些"心里已经知道自己错了，但不想承认或者接受现实"的人来说，是一种变相的压力，会让她更加努力地去证明自己错得没那么离谱。

分享这些故事，就是想告诉 Super，让每个当局者可以自己去思考是十分必要的，作为朋友，应当给她一些空间。

Cherry：看完他们的故事，我不知道说什么。说方是渣男吗？还是说琳或者责备珊呢？只是感叹，女人何必为难女人？方花言巧语，对感情不忠贞，固然可憎，可这两个女子在知道有对方存在的情况下，依然故我，依然投入。这难道不是对自己的伤害吗？第一次，不知道，可知道了之后，琳还是回头，到此境地，琳自己也有不可推卸的责任。方没有责任感，完全没有意识到自己的行为伤害了两个女人。珊又何尝不是受害者？琳的女朋友希望幸知姐帮忙骂醒她，我觉得很难。因为感情的事，外人真的不好说什么。当事人都了解清楚，可依然放不下。能帮到她的，只有自己而已。有时候，我们很难叫醒一个自欺欺人的人。

CHAPTER 2

婚姻抉择期：母亲，爱人，准婆婆

如果我对你说

"不要离去!"

这也许是出言不祥。

如果我对你说

"走吧!"

我的爱将会把我抛弃。

如果我对你说

"在我身旁吧!"

你也许会觉得我自私自利。

如果我对你说

"请自便吧!"

也许你会把我看成薄情无义。

我不敢说

"没有你,我无法生活。"

担心由此招来灾祸。

求求你,告诉我,

究竟我该怎样对你说。

——诗通灵《困惑》

28岁，这个年纪是继高考之后的又一个人生转折点。在中国，这才算开启真正意义上的成人之门。尤其是对女孩子来说，大部分人在28岁面临结婚。都说"婚姻是第二次投胎"，这在一定程度上成立。你嫁的，不只是一个男人，还包括他的家庭，甚至他的家庭背景和他直系亲属的人际脉络。

该信任一个什么样的男人？A男和B男，选谁婚姻成功概率更高？

和一个男人谈了多年恋爱，突然发现他似乎不是一个好的结婚对象，怎么办？

我们很相爱，但在"考验"面前，对方先变卦了，我该如何应对？

跨越年龄与国籍的爱情，可靠吗？我们很爱，但是一方父母反对，我们又该如何走下去？

这时候的女孩子是焦虑的，不仅仅面临结婚，还会面临职业生涯的转折点。职业生涯遇到瓶颈，是骑驴找马还是迅速脱离"不那么舒适"的舒适区？这看起来很简单，但是在充满隐形职业歧视的当下社会，在未婚待育这样的年纪，在家长们随大流的催促下，好多事情，看起来很难从头再来。

如何抉择婚姻？浪漫下放，现实至上。大部分与浪漫、青春、校园有关的想象与虚荣，在这个年纪，应该放下了。努力、担当、责任、脚踏实地但不放弃梦想，面对挫折学会很好的"求生"，才是属于这个年龄的词汇。

成为大龄剩女不是我一个人的错

> 关于母亲这个词汇,有太多的话题可以聊,我会不停地讲下去。你会发现,每一段婚姻里,都有一个母亲的影子。直到我们也成了母亲,把影子传承下去。这是人类摆脱不掉的天性。

潘老师:

您好!很荣幸能给您写这封信。从微信里收到您的消息,就做了这个决定。只是这段时间的疲乏与不间断的不顺,令我忧心忡忡。希望尽可能把事情的原貌详细描述给您,仿佛还是怀抱一线曙光。感谢您能与我一同分享,以旁观者的眼光提炼精髓。这两年来的压力与种种慢性折磨,熬夜、神经衰弱、失眠一直困扰着我,我也一直在尝试调节好自己,深感这前半生的艰辛与不易,恳请指点。

从小得不到母爱,父爱成了唯一的企盼

先讲一讲我的原生家庭吧。我出生于一个山清水秀的小城,父亲是一名建筑师,是那种智商高但是情商很低的人。印象里我从来都得不到母爱,

母亲比父亲小七岁，穷苦人家出生又在家排行老大，所以从小就自食其力。据说外公外婆对孩子冷淡，常常不管不顾。母亲嫁给父亲后，经常在外婆那边的家庭里受到颐指气使。

在我五岁的时候，父母又生了个小孩，不过又是个女儿。父母当时就决定托亲戚送人，无奈亲戚没舍得就自己养了下来。妹妹长到上初中的年龄，被我父母接了回来。他们也试图对她进行一番调教，无果。用我父亲的话说，妹妹跟我的性格差异太大，我从小很乖，但是妹妹很像母亲，喜欢逃学疯玩，还总是说谎。由于妹妹什么都学不进去，还学坏，后来父母果断放弃了她，从此不承认妹妹为他们所生。

我自小懵懂无知，学习谈不上优秀，非常偏科，语文、外语学得很好，但无论如何努力，成绩总被理科拖后腿。高考之后再复读的我，勉强进了一所本科院校。这期间，我跟父亲一直有着很深的交集，也感谢他养育我长大。我一直觉得父亲是个心思细腻但过于自我保护的人，不想说他自私，更不想埋怨他什么。

在父爱还存在的时光里，我心里一直有母亲带给我的深刻伤痕。她总是那么高高在上，她说东任何人都别想说西，尤其是在对待我的态度上。家里的菜母亲总是将好的留给父亲，而父亲又将好的推给我。我上大学时，性格比较孤僻，虽然不至于四面楚歌，但倾向于单独行动，可以跟人正常交往，却总是保有自己的私密空间。那个时候，我的信念就是我要为父亲而活，我觉得是他给了我生命，给了我一切。我一心一意想着以后参加工作成家立业了，要好好报答他。他有时会说久病床前无孝子，可我觉得为他做什么我都会愿意。但另一方面，我在父亲面前的表现又是顽固的，可能我潜意识里埋怨他纵容了母亲，因为母亲老在他面前说我坏话，我不知道母亲为什么总是要跟我争夺这份情感。从内心来讲，我觉得父亲母亲和我都是一家人，不存在谁胜谁负，但母亲总是在父亲面前数落我的一切。我的母亲恰恰又是那种巧言令色的人，多少会让父亲内心的天平发生倾斜，甚至也认为我不懂事，对此我一直都极度委屈。那个时候，我依然没有领会母亲的意图，我对母亲还有感情有依赖。从每次回家之后的泪水涟涟到伤心，总是一件小事都能刺到她的神经，然后她就让我滚。我小时虽然乖，可越长大越喜欢坚持真正的自己，无论她如何打骂我，我都不会认输也不会低头，甚至发展到最后，她真的动手撕扯我的头发，那是记忆里最恐怖的一次经历，是父亲赶回来把我救了出来。我承认我总是打不过她，我也压根没有想到她会拼了那么大的力气发了疯着了魔似的打我。母亲也打过妹妹，据说更严重，屁股流了很多血，全身疤痕。

弟弟出生，父爱也消失不见

2011年，四十多岁的母亲生了一个小弟弟。她生这个孩子，也许跟父亲出轨有关。一个离异女人与父亲有过一段关系，于是我母亲发短信诅咒她，他们一度闹得不可开交。听家族内部说，当初母亲如果生的不是儿子，父亲是坚定地要跟她离婚的，只是没有想到她真的生了儿子。孩子出生前，母亲就跟父亲订了协议，说如果是女娃就送人，是男孩就归父亲养，她不负担任何责任，父亲全部答应了，而这份协议是一个没有公开的秘密。

我真不知道父亲究竟是从何时开始变的,还是我一直没有看清楚他。有了儿子之后,他对我的态度转变非常巨大,但也还没像母亲那样总是冷言冷语。母亲在能利用我的时候,还是很会哄人,我稍微心软一下就能被她套住。大学时候父亲劝我回老家上班,当时我在省城读大学,回到老家后,因为跟母亲关系紧张,就被迫搬到了父亲单位分配的老房子里一个人住。那段时间过得灰暗,但现在想起也有开心的时候,因为是自己一个人独自面对,去承受。长这么大,我一直规矩地上学念书,总归没有露宿街头,而且还和父亲的兄弟姐妹那边保持着良好的亲戚关系。他们都是公务员,在当地属于中上阶层。在省城时,我也跟某个亲戚见了一些领导,不是完全的孤陋寡闻。我自知自己的家庭的问题不是钱,是情感干涸畸形造成的。一个亲戚的孩子曾隐晦地告诉我:大家认为我很好,但是我家里的那个母亲人人怕,都担心以后出大麻烦。

母亲给的伤痛,我也一直在自愈,我自认为我的深层次自省能力还比较强,这些年我都一一扛过来了。然而,就在我以为母亲给的伤痕快要治愈的时候,父亲又捅来一刀。后来我明白,他们给我的伤痕,尽管我一度认为可以努力痊愈,但这些疤痕终究还是抹不掉。

再来讲讲婚嫁。女性的婚姻,对从正常家庭里出来的孩子来说,都已经非常不易。在我身上,我也不想夸大它的不易,我认为仁者心安,我想找的未来的那个归宿在哪里?依照我现在的处境,依然不得进展。我曾经经历过一次刻骨铭心,却是错误的恋情。他比我年长七岁,学历高,又是个心思谨慎细密的人,极尽体贴又懂得如何打动我。尽管我自认为不是一个容易动心的人，但在那样的攻势下，我很快爱上了他。当时父亲还没有儿子，我的很多情感里的压力都在这段感情里得到了安慰与释放。然而，这段恋情持续的时间并不长，一年多后，因对方有家室而告终。在我最痛最爱的时候，尽管渴望一个男人完全属于自己，但最终选择了放弃，此后再也没有联系过他。

在感情里，我会忽略那些自己未曾动过心的，也还没有来得及爱上的人。一路走来，我也见识过各种不同的异性，也遭遇过感情诈骗，其中有两次是近两年发生的。在一个征婚网站里，我曾遇到过泡良族，其中一个未曾谋面的外地骗婚男，甚至还有其老母出场，电话对白等等，这是一个团伙作案，我被骗了一千多元。至于为什么没被骗得更多，是因为到后面他们想骗取大金额的时候已经被我识破并报警，可惜对方的银行卡不是本人，很难查证作案者。我觉得自己之所以上当受骗，很大一部分是来自家庭的因素，我极力想逃脱，希望有一个人能带我走。当然，在这段感情诈骗中，我也没再跟对方提自己的家庭，所以最后只是损失了一点金钱。

父亲总是埋怨我，认为我对追求者很冷淡，但其实我只是慢热，我从来没有无理取闹，我只是没有那么快产生好感，也或许是我遇到的人并没那么喜欢我，他们却总说我不主动。在这样的压力下，我会绷着神经故意讨好对方，就算不喜欢也不会给他脸色看。后来我明白：我已经无亲无故，亲人对我都如此，我又何必指望陌生人要对我好！我什么都没有，什么都不是，更应该让对方看到我好的一面，才会觉得我真的是对方能够认真考虑的对象。我渴望一颗相知的心，但我也不想太委屈勉强自己；自认为没有资本要求太多，但也不想跟自己的期望落差太大。我依然想努力找一个对自己真正有好感的男人，然后好好回报这份平凡之爱。我不认为是家庭把我侵蚀，哪怕我遇到泡良族也好，被骗了也好，所幸都被我及时认清、刹车，我一直还在保留感情里最质朴的一面。如果不这样，我怕自己会更没有希望。可即便撑到今天，刚刚过了三十一岁的生日，我依然看不到未来，开始绝望。这两年的压力与神经衰弱就是最好的证明，我觉得我不能再忽视这个问题了。

找个结婚的人为什么这么难？

两年前我还在老家的国企上班，没有在外面更大的圈子打拼，我绝不是那种偷懒虚荣的女性，我认为我本来是可以的。父母虽然有了儿子，可是这个儿子来得太晚了，他们也老了，我再怎么也还是他们的第一个孩子，他们怎么会轻易看着果实走掉？他们现在给我的感觉就是连哄带骗的，我很心酸。在国企里待久了，我也开始觉得自己越来越拖不起了，越来越怕自己没有自信心了。

就在两周前，我在征婚网站上遇到一个小我四岁的男士要求联系我。他言辞恳切，在我们正式见面前几乎天天找我聊天，慢慢有了深度聊天，身份证军官证各种证都发给我看过，后来正式见面时我也确认是他本人。他明确表示以结婚为目的，我原本以为他靠谱，哪晓得见面第一天他就不够安分，晚上在我强烈要求下才送我回家。后来，他以太晚为由在附近住下，第二天白天让我到他住的宾馆找他，一切看起来顺其自然却总是防不胜防，我也担心自己太刻板会错过缘分，但我实在没有那么快就接受一个人到同床共枕的地步。最终在我坚决的短信声明下，他没再继续骚扰。

一年前，我曾遇到过一个对我很好的男人，他身高1米83，是我喜欢的类型。我们交往的那段时间，他天天找我但从来没有过分之举。他不是本地人，只是来这个城市跑业务。在知晓我家里情况后，也明确表示我可以随他嫁到他的家乡。但当时的我还是不够成熟，有些任性，觉得放弃现在的工作非常不靠谱，我还曾当着他手下人的面在言语上得罪过他，这些致命的错误至今想起，都让我觉得自己跟"爱"实在是太没有缘分了。我的不成熟，导致我迅速失去了他。

我自知性格不太讨人喜欢：我内敛端庄，却不够活泼；内心细腻温存，但给人距离感。我总是掩藏自己，也曾选择信任，无奈又遇到泡良族！同事曾给我介绍过一个对象，我虽然对他的身高不满意，好歹年龄、工作合适，通过电话短信交流，彼此感觉聊得来，自觉也不敢有过多的要求，能找个爱自己的就好。可是，男人在婚姻面前太过理性，他们可以随意等待选择性价比最高的，而我却只能一降再降，甚至连对方的心都不敢把握。和我交往过的那些对象都说我要求并不高，并非像外人以为的那样。尽管如此，我仍然觉得他们总是在试探我，并不愿意付出他们的真心。尽管我内心认为自己是良玉，但我已不再挑剔，我压抑着自己的本来需求，谨小慎微地试着讨好他们，但一旦稍微发现端倪，我也就做好放弃的准备。我始终无法做到主动去追一个人，无法做到在对方不够热心体恤的情况下就倒贴。也许有的人认为我心高气傲，可是我走到今天靠的不是任何自以为是的优势。我不需要一个光鲜亮丽的人，哪怕对方再普通不过，但如果真的对我不错，我都会去考虑，何况我又如此容易被感动。我过去可能也遇到过，但总是不能接受他们男权的方式，因为在这方面我是敏锐的，不然也不会刻骨铭心爱过。泡良族里也是条件参差不齐，我发觉男人并不傻，很聪明甚至精明！我只想找个结婚的人，为什么就这么难？

曾与母亲争夺父爱的我，想换个方式自由生活

我看不到本来的自己，甚至看不到最基本的平等互爱。在男权社会里，我越来越感受到男性在婚姻里的便利。而我，似乎正沦为社会观念里越来越不值钱、不被大众认可的剩女。而我的原生家庭，只能成为一个隐痛，默默承担。我曾经告诉过亲戚，嫁人我永远都会慎重，我并不想因为自己的家庭问题，就把这个希望寄托给一个还未出现的男人。我内心希望能正常相识相爱，携手走进婚姻殿堂，很多需要自己想清楚解决的问题，我也愿意独自承担。我渴望自己可以成为一个好妻子，我也相信要是真的遇到了他，我能够做得更好。可是感情也许真有命定，天数？

父亲总是说我不结婚让他在单位很没面子，不过，我认为他真正的压力应该来自这个小男孩，而不是我，我不敢再那么轻易相信他的心。和母亲的关系，我也一直保持明面上过得去，我不想跟她闹腾，哪怕是需要我多担负一些，我也认了，我可以原谅她，但我却不能原谅自己。有时我也恨自己，为什么上天偏偏让我选择了善良，独自受伤，而母亲却可以过得悠然自得，没有负担。我的人生究竟还要走多远，要到哪个阶段才能结束？

我非本心迟钝之人，还能撑多久？虽然也在给自己充电，佢自觉优势不大，唯一的优点恐怕就剩坚持。希望人生能够找到少而精可以实现的目标，如此才能慰藉困乏疲惫的心吧。大龄剩女的我也不敢对感情再奢望。

如果我是个男的，我的父母是不是就不会这样对我，我的领导是否也能摆脱阶级、男权意识。我从来都不傻啊，看得越清楚越悲凉，只是没有能力解决。如果离开，年龄处于劣势我还能依靠什么？这个社会，年龄不一直就是衡量女性价值的重要指标吗？况且，没有了双亲的保护伞，未来一切还有很多未知的考验。如果我是个男的，就不会如这般痛苦，找个善良的女生，好好爱她一辈子，就足够了，起码男找善良专一女，永远都比女找善良专一男容易得多。如果我是个男的，我是否可以坦然追求成功？女人即使成功，也不会得到太多的认可，我凭什么不为自己而活？既然过去的种种让我知道求之不得，那为什么不能换一种方式，珍惜另一种生活？

潘老师，恳请您能给我指点迷津，我希望能有一个专业人士可以痛点我的死穴，能复活就好。我很努力，但写的过程中忘记述说，我前半辈子的人生，真的都是独自在泪水中煎熬。很多人看不到，也许自己也不想被看到，我觉得那样会更加被看不起，我不希望自己内心的一座小城被肆意砍伐，我希望内心里住着静悄悄的森林，有阳光，有小动物奔跑，我看得到的希望。我还是一个四肢健全之人，只是神经太脆弱敏感，很多情怀无法找到突破口，无法述说，只能默默逃遁，守候黎明吧。

——坠落凡间的天使

不要在自怨自艾中失去自我

坠落凡间的天使:

你是一个敏感而文采斐然的女子。

你和母亲之间,是一种"罕见"的母女关系。你们的关系,就像带刺却又不得不连理的玫瑰,甚至充满对一个男人的"争宠"。你没有享受到母爱,她,同样没有。

她作为穷苦人家出生的老大,没有受到很好的照顾,从小自食其力。没有享受过父母之爱的她,希望有个男人可以全心全意对她。你的出现,让她觉得你剥夺了丈夫对她的爱,而你,觉得她剥夺了一个父亲对你的爱。同一血脉,不见硝烟的家庭厮杀场。

你们都是传统宗族观念下的牺牲品。在这种观念中,出轨的父亲不会受到太多道德约束,而没能生下儿子的女人,甚至会被迫接受一份半公开的离婚协议。你母亲曾经多么希望,至少有一个可以独自拥有的男人,但现实撕裂了她的伤口。虽然一个儿子的诞生,看起来挽救了她,却逃不过现实宿命的悲情。

你的痛,我懂。细腻的情怀镌刻在文字里。那成长记忆里流淌的一点一滴的痛,一个又一个寒冷的形容词,串成你生命的全部记忆。你用"果断放弃""从此不承认"这样的语言来形容妹妹被送人。你用"捅刀"来形容父母给你的伤害。你又何尝不是你母亲的再版？同样希望完整拥有一个男人，来弥补家庭带来的伤痕。你那么独立那么坚强，让伤口结痂，自食其力，甚至在爱情面前充满警惕，沦陷时却一览无余。因为所有坚强的伪装，也会有渴求奔泻的那天，像一摊水留在温暖的地板上，虽然满心撕裂，却能得到拥有的快乐，而不用独自板脸装成冷硬的冰块。只是希望，有个人能带你走。这个人，成了你生命的支柱与全部寄托。仿佛生命中那么多痛苦的年份，只为遇到他而绚烂地盛开。

这些年，你学会了坚强，却不懂得去如何爱人，因为你没被爱过。甚至你理解爱表达爱的方式，都可能不够符合主流价值观。"绷着神经故意讨好对方，就算不喜欢也不会给他脸色看。"亲爱的，讨好对方，有时候是一种正常的交往方式，而无须"绷着神经"。讨好对方，换一种方式说，是真正发自内心地去理解他。因为他总有充满魅力的地方，即使不是男女朋友，如果出于某种原因需要相处，你也要学会欣赏他。只要你出自真心，就一定不会"绷着神经"。而不喜欢的人，如果你还需要相处，也必然是不该给脸色的。工作圈、生活圈都如此，我们内心真正喜欢的志同道合的可能只有很小一部分人，但不妨碍我们社交。我知道你对很多人好，也许他们不习惯你的直接。讲话太直确实容易得罪人，但是我们每个人都有自尊，都希望别人能够以温婉的方式、以自己可以接纳的方式去提醒自己的错误，然后小心翼翼地改好。

你一次又一次地在交友中栽跟头，一方面是你迫切地不想错过一个好男人,而给自己形成压力,迫切地把要求一降再降,希望可以有个好男人带你进入新生活;另一方面,你的僵硬和警惕,已经把爱情变成了一种生活任务。你谨小慎微,害怕伤害,让别人不敢靠近,一旦接近,发现稍有差池迅速收手,更不愿意"倒贴"(其实在感情的世界无所谓倒贴一说,你爱他,就会因为爱而为他做各种事情,并为此感到幸福)。在这一任务感召下,加上你不够高的情商,更容易引起泡良族的乘虚而入。因为,这些情场高手"坏男人",最懂"看起来毫无条件地付出",并迅速走进女人的心。

原生家庭是你的隐痛,但不是你的过错。你不需要一辈子去承担它。所有过去的生命足迹,你要相信,一切的一切,都是为了你未来有一天能够更加绚丽地开放。我们无法拒绝男权社会,但是我们一直在进步,一直在成为生活中更好的女性。不要盯着男人的权利,不要因此而辱没了自己,不要自怨自艾地想象这个世界对我们不公平,你在经历蜕变之美,而此刻,不过是黎明前的最黑暗刹那。天赐姻缘给你,一定会是个最棒的男人,他配得上你的孤独,他能洞察你的敏锐,也许他与你有着相似的经历;也许不是,但他一定会欣赏你,他会很优秀,很温暖。所以,记得坚持自己,但同时学会适应这个社会的社交游戏规则。只有这样,你才不会发现自己"与世界运行的方式格格不入,就像真空里的人,难以自保而又依然存在"。

不知道有多少女生想过,如果这辈子是个男生会有多好。你想过,也许男性的角色,会让你得到家庭所有的爱与包容,得到可以好好爱一辈子的女性而不出轨半点，可以大大方方地追求成功。其实，你想的幸知姐也想过。在我的 16 岁，我也曾经想过逃离学校去远方流浪。我畏缩在火车站的那一年，好希望自己是个男生，这样就可以大大方方地去露宿街头。可是我不能，因为我是女生。最终，我们谁都无法拒绝命运的安排。但是我们生为女性，我们可以用自己的力量，改变男权时代对女性的定义。相信我，逆境、不服输的倔劲、对成功的渴望，会让你成为很优秀很自强的女性。但是，请记得社交时代，学会爱别人，学会与这个时代妥协。

不要觉得上天让你选择善良和受伤，你的母亲却悠然自得、没有负担。不要觉得父母把你当成了摇钱树。不要总陷入对过去的回忆无法自拔而沉浸于"享受悲情"当中。与社会妥协的第一步，就是要学会去宽恕他们。三年前，父亲也许确实因为对你的弟弟的爱，而收走了对你的好，可是那个时候的你，早已成年。他们老了，相信会逐渐收敛你想象中的锋芒，因为只有你才会是他们未来的保护伞。只有爱他们，包容他们，满足他们，他们有一天老去后恩请你原谅的眼神，也许会真正让你感觉到，什么叫作自由。自由不是背负负罪和痛恨的枷锁，自由不是逃离，在这个人情牵绊的社会，其实我们无处可逃。等你有了孩子，你会发现，你会为了他心甘情愿地失去自由。

世界之大，我们能够相遇。这是命运，也是天意。相信我，所有你经历的痛和爱，有一天会以一种破茧成蝶的方式重新书写。

祝你幸福。

——你的私人情感医生　幸知

 **幸知点评**

我们无法背弃原生家庭带来的成长经历。无论你多么想拒绝它,它就杵在那儿,在你心上,帮你成为现在的你。无论多少责怪,成年之后必须学会放下。过去无法拒绝,但"更好的自己"由当下掌控。陷入对回忆的追溯或者始终处于表达愤怒的状态,无助于我们的未来。

Sharpshow2014 年 6 月 15 日推送幸知咨询笔记《母亲总想控制我的人生,有解决办法吗?》,可以订阅微信公众号 Sharpshow,回复 liaoshang8 即可查看。

 **幸知后援团**

小若尘: 老实说,我觉得天使是个挺矛盾的人,一方面她觉得自己受到家庭的巨大影响生活不易,非常需要温暖的港湾。只要是个温暖善良的男人即可。另外一方面她又有诸多要求,长相、身高,等等,由于比较敏感细腻的个性,在意爱的收放,也导致了她迟迟未能找到如意郎君。她如果寻求帮助,首先得从谅解开始。谅解自己的父母,谅解自己的敏感。

简拙: 非常深的自怨自艾的情绪在困扰着天使,她一再强调原生家庭对她的伤害和影响,特别是母亲,她觉得母亲不爱她,只是在利用她而已。她对母亲是有恨意的,但她又不敢过度暴露这种情绪。积压的这种情绪放大了伤害。正是由于她的敏感细腻，才在很多关键时刻赫然止步，没有被强烈的被爱需求冲昏头脑，但却因此对自己造成更大的伤害。

外界怎么看待她，让她感到压力很大。很多时候，她既不能顺从自己，也无法正视外界对她的那些看法，从而纠结其中。她想自强，又强不起来；如果说她不强，她又在坚持自己的追求。当她不能面对这些的时候，就拿原生家庭说事。她需要处理自己的那些"垃圾情绪"。

仰望在别处：我们的父辈，尤其是生活在县市、乡村的，他们当中很多人存在重男轻女的观念，这种观念很深蒂固，往往很难改变，在某种程度上自然会给家里的女孩造成一些心理上的伤害，至少是一种不平衡感。

比起妹妹，天使要幸运得多，至少她没有被家庭所抛弃，享受到的爱也比妹妹多很多，尽管这种爱比正常的家庭要少。不管天使承不承认，母爱的缺失让她某种程度上也有些自私，起码在爱的分享上，是自私的，她希望得到更多的爱，从她对父亲有了儿子之后的叙述中多少可以看出些。她对弟弟是有排斥感的。

家庭的问题不会因为结婚而自行消失，把爱完全寄托在结婚的对象上，也是不现实的。天使应该想办法放下心结。

年轻A男成熟B男,我该如何抉择?

> 我们没有办法选择自己的出身,但是我们有办法去选择努力奋斗,摆脱出身带来的伤害。更多时候,我们也会面临A男还是B男的现实选择。因为对很多姑娘来说,选择一个男人,不啻二次投胎。

潘姐姐您好!

这半年来,我陷入了深深的自责和纠结中无法自拔,并且,在公司体检中得知自己得了乳腺增生,我深知自己需要找到出口,希望您能帮助我。

与A男聚少离多,遇见特别照顾我的B男

我今年28岁,有一个谈了三年的男朋友A,以前我们俩在不同的城市,但相隔不是特别远,每周末可以见一次面。自从我来到现在的公司后,聚少离多,我就提出了分手。不过A一直也没有答应,我其实也没有那么大的决心与他分手,因为他对我特别好,特别细心,内心里我还是很爱他的。

我到了现在的公司后,受到了B的特别照顾。他是公司一个部门经理,比我大七岁,但从外表上根本看不出来。他从毕业到现在,喜欢过两三个女

的，也对她们特别好，但后来都没有结果。他是一个非常非常正直、固执和传统的男人，属于典型的天秤座。对所有人都特别好，也特别大方，跟谁吃饭他都抢着去埋单，在公司的人缘特别好。但是不了解女孩子的心思，不会哄女孩子开心，在女孩子面前比较腼腆和刻板。也因为他身高矮，所以到现在都没有女朋友。跟他相处后，觉得他这个人特别好，比较实在，不会花言巧语，给我一种安全感。渐渐地，他就喜欢上我，对我特别好，也从来不掩饰对我的好，同事们渐渐看出端倪，于是劝我跟他在一起，说他是一个多么好的人，跟他在一起一定很幸福。其实我没有同意，一是因为 A，二是与这个大我七岁的人在一起我还是有些顾虑，因为毕竟性格差异还是挺大的。

我是个性格开朗、待人和善的女孩。四年前研究生还没毕业的时候，我妈妈因病去世，这给我很大的打击，从此我对母爱的需求特别强烈，因为我太爱我妈妈了。从那以后，我基本上不敢回家，怕回忆的伤害。所以我才选择了离家特别远的这个城市，也特别渴望有一个自己的家，有个很疼爱我的老公。

计划与 A 结婚，却对 B 很不舍

去年 A 外派来到我现在工作的地方，于是我们就住到一起。A 依旧细心，但是他有个缺点，就是特别小心眼，很敏感。好几次他偷看我的手机，让我很生气，但他有个理由，都是因为太爱我了。他特别黏我，好像全世界的中心就是我，以前感到很幸福，但跟他住一起后，我就觉得完全没有了自由呼吸的空间。上次跟他提出分手其实很大程度上也因为这个，提出分手后，他曾经用烟头烫伤自己的手臂自虐给我看。我因为他太爱我而不忍伤害他，也

就不了了之。来到现在的公司后，我的薪水是他的好多倍，他也经常有意无意地打听我的真实薪水，但我只告诉比他多一倍的数字，一是怕伤他自尊心，二是我想给自己较多的自由。去年他搬到我这边来后，他爸妈来住过一段时间，他爸妈都是很老实的人，对我也特别好，经常跟 A 说我比他工资高，要对我好一些。我跟他们相处特别愉快的时候，我就想起了我的妈妈，那时我就想干脆和 A 结婚好了，这样我也能找到久违的有妈妈的感觉。

于是，今年过年，我与 A 及他爸妈去看楼盘准备买房结婚，毕竟我已 28 岁了，该考虑结婚了。但慢慢地，我感到特别大的压力。因为这边的房子普通的也要 200 万，虽然首付我掏一半他掏一半，但随后二十年房贷是个特别大的压力。这个压力无疑是放在我这边的，因为我的薪水比他高，自然大部分是由我的工资来出。

其实我并不喜欢现在的工作，因为完全不符合我的性格，我一直想寻找机会跳出去，但我深知，我只要出去，不可能再找到薪水这么高的工作，因为我是未婚大龄女性了，要面临结婚生子，一般公司都不会要。我一直都想以后能做个贤惠的妻子，好好照顾老公和孩子，营造一个幸福的家庭，而不是为工作奔波劳累，且一直承受着内心的折磨，只是为了拿那份高薪水。但是只要买了房子，就注定我要这样劳累地工作，因为家里的主要收入就靠我自己了。而 B 去年因为想给我个家，已经买了房子，说随时待我想通去和他共同组建家庭，而且他说如果我同意，他可以在公司附近再以我的名义买一套房，方便我上下班。我知道跟 B 在一起，未来的生活是完全不用发愁的，但是我又害怕从此就嫁给了孤独，因为怕与他有代沟。我已经无数次拒绝过 B 了，但每次拒绝后他都要很长时间才调整过来，然后由于工作上有交接，我很多地方都需要他的帮助，所以渐渐两人又会和好。我内心里非常清楚，公司领导正是因为 B 喜欢我，才这么器重我。如果有一天我与别人结婚，我想我在公司是待不下去的，你不知道 B 在公司所有人的心中威望有多高，他们会认为是我伤害了 B，是我劈腿，那时我自己都不好意思再在公司干下去（这不是我夸张，真的会这样，他已经靠自己的人格魅力俘虏了所有同事的心）。这样我就只能辞职，但因为年龄肯定找不到好的工作了。每当想起这些，我就非常痛苦，不知道该如何抉择。

我不想伤害任何一个人

我就这样摇摇摆摆，犹豫不定，又不忍心伤害任何一个。选择 A，我与他共同语言比较多，而且他非常细心，非常了解我的心思，会让我感到开心。但那样就注定我要失业或找一个一般的工作，但我想因为婚姻一定是建立在一定的经济基础上，如果没有经济基础，我们的幸福何来？未来的婚姻生活也可能因为时间的磨砺失去了现在的激情，那时他还会像现在这样对我吗？我不敢保证。而且我也不敢保证，他是不是因为我现在工资比他高，才这么甘愿我像个傲气的公主一样对他。选择 B 他会给我很好的物质生活，他非常爱干净，会把家里整理得干干净净，而且我知道这辈子他不可能再对其他女人好。但是那样我就得让 A 再伤心一次，让他的父母伤心一次，而且对于与 B 的婚姻我不敢去想象，因为与他的共同语言还是少了一些，他大我七岁，我们之间毕竟还是有些代沟的。

可能写得比较乱,因为我的思绪比较乱,想到哪就写到哪。我现在非常想逃离现在的状态,每当决定与 A 就这样去领结婚证吧,一到公司看到 B,看到他为我做的任何事,给我买的任何东西,我又开始心软。就这样不断地纠结,我都快疯了。反正我今年决定必须要结婚了,但跟谁,我真的下不了决心。潘姐姐,您能帮帮我吗?谢谢!

——琪琪

职场情场,关键还在内心场

琪琪:

每个人都有一个迷茫期。对很多女孩子来说,28 岁是一道关卡。我在 28 岁时也有过短暂的痛苦,不过可能比你稍微好一些。我那时候已经结婚了,但是工作上处于瓶颈期,有过和你一样的担心,一是我该换工作了,我的职业生涯在停滞,上不去。但是作为一个已婚大龄未育女性,即使有其他公司愿意要我,我也得考虑安定,我想在 29 岁左右必须得有一个孩子。另外,几乎所有人都劝我生完孩子再走,因为我所在的公司可以给我一份很稳定并且还不错的薪水。

最后,我选择了离开。至今回想起来,我满怀感谢。在离开之后,我成长得特别迅速,毕业那么多年带来的积淀,在几年间全力释放。

每个人都有每个人的机缘,这机缘包括职业生涯,也包括姻缘。现在,谈谈你的事情。

你的问题如下:

选 A 还是选 B?

选 A,合得来,婆婆让自己感觉很温暖。但是对方薪水低,买了房子后自己会受累多一些。梦想的生活也许是相夫教子,但是选 A 意味着走上一条坎坷的负重路。而且 A 对自己不放心,不能让自己自由,不惜自虐。

选 B,有性格差异,但是对方经济条件不错,未来无压力。

根据你的描述,我觉得你内心比较倾向于选择 A。但是 A 是个不够成熟的男子,另外你还需要考虑,这个外派是永久的吗?未来是否依然面对两地分居的可能?我不太赞成长期两地分居,建议你和 A 统一战线,选择安定在一个城市生活。关于自虐、偷看手机等问题,若不是太过分,比如发展到你跟男生说话打电话都要阻止的程度,还是可以跟他好好谈一谈,因为以后成为夫妻,最重要的是信任,对对方的绝对信任,包括不要去看对方的日记、手机等隐私。包括工资等等也要坦承,不要认为打击他的自信,藏着掖着,有朝一日被他知道,则更会打击他的自信。婚前坦承好,若他受不起,若他感觉到压力,自然通过相处而断了结婚的可能。这反而是一种筛选方式。你要慢慢等候他长大。

另外,对你自己和他的潜能做个判断。从邮件中可以感觉到你不够自信,你认为这份薪水能满足你的期待,但是却害怕离开这个公司找不到这样的工作待遇,甚至在不喜欢这份工作的情况下还勉为其难。这确实是个男权社会，找工作的过程中确实有这样的问题，但是只要你足够自信和坚强，其他公司依然不会拒绝聪敏而优秀的女性。不要自己预先给自己设置了门槛。其实产假不过四个月，很多公司愿意承受四个月的带薪假。我以前有两个同事，我很为她们自豪，为什么？她们俩都是挺着肚子被猎头公司挖到了其他公司！

如果你觉得自己还不够优秀，要努力使自己更优秀，别无选择。假如有一天你换了一份工作，也许你会觉得，当时自己的忧虑不过是坐井观天。

包括他也是，他对自己未来的职业生涯规划如何？他的潜质如何？因为结婚后，你们的职业生涯都已经捆绑了这个家庭。对他和你的未来做一个预判。每个人不一定非要赚多少大钱，合理地配置财产就好。如果你觉得二十年的房贷让每个月开支变得有点负荷过多，可以选择三十年。因为十年之后，一方面你们收入都在增加，另一方面，通货膨胀，会让未来的你并没有过多的压力感。那时候还房贷，也许是一件很轻松的事情。所以，你要对未来有期许，不要把未来的压力背负到现在的自己身上。

另外就是关于 B。你对 B 的爱情捆绑了职业。职场恋情是个很可怕的东西，不是说不可以，但是有风险。尤其是男上司。在你们的感情里，有时候夹杂着很多其他的东西让你并没能那么透彻地看清他。有时候女下属爱上男上司，其实是爱着他的权威。

无论你最终选择 A 还是 B，还是哪个都不选，一定要记得两点，第一，看清楚自己的内心；第二，拨开现实的烟雾，再做出明智的选择。不要着急说我一定要在多长时间内下一个结论，非要 A 还是 B，这只会徒增压力。

要用时间去证明。

你的第二个问题，工作还是离开？

你犹豫的地方有两点，第一，目前的工作"完全不符合自己的性格"，但是离开以后，有可能找不到那么高薪水的工作；第二，作为未婚大龄女性，其他公司可能不要自己，"因为年龄肯定找不到好的工作了"。

另外，公司领导因为 B 喜欢你才给了你那么高的器重，若与 A 结婚，在这个公司混不下去。

我注意到你在邮件中两次提到"不符合自己的性格"，一次是在说 B 的时候，另一次是在说二作。我不知道你因为什么认为工作和性格不合，也不了解你做这份工作多长时间，所以不能很好地下一个判断。不过我可以告诉你的是，如果你觉得你换一份工作要跨一份职业的话，在 28 岁的年纪，基本不太可能，或者说有点太晚了。当然还有一种可能，就是这份新的职业跟你过去和目前的种种积累有关。但是，一定在你这份职业打下良好基础的前提下。

我有个朋友，自己做一个奢侈品牌，她今年四十岁，之前做了十几年的财经行业，你可以说她从事的事情跟过去的工作没有任何关系，但是你要知道，她在财经行业已经做到了女性在一个公司的最高职位，她的奢侈品牌推广渠道有企业家埋单和口口相传，而这些企业家，都是她十几年来积累的人脉资源，她是在做自己喜欢的事情，但是在有两个孩子和足够的工作背景之后，才能充分地"玩票"。所以，既然做这一份工作，就要爱这份工作，因为你已经选择了它，如果你觉得不足以驾驭它，也请释放你的优势和专长，在这个行业里找到自己最适合的位置，去努力做得更好。

另外，你犯了一个严重的错误，从内心就没把职场和情场分开。职场可以谈恋爱，但是男上司和女下属的婚姻，一定会以一方离开而结束。不要认为自己受到器重是因为 B 的喜欢，这固然是可能的，但不是永远。你要利用好这份喜欢，让公司真正器重你。否则，经不起考量的器重，总有一天会脱离你，无论你和 B 的爱情是否能够长久地持续。没有一个公司的老板是傻子，感情一定不是升职的砝码，永远都不是，在这方面，无数人有过泪的教训。

正因为如此，你把 B 的器重放大了。一方面，你要相信自己确实有足够的能力得到他人的器重。另一方面，你想着和另一个人结婚让公司知道你劈腿影响形象等事情，这个，你为什么要让公司知道呢？一个员工的私生活，为何要曝光于职场？无论你和谁结婚，这都可以是隐匿的。包括你和 B 的恋情，最好地下化，让公司同事公然谈论，一定对你不会有利。同事的劝慰中，也许会夹杂了对 B 权威的屈服。

安全感最终来自自己，不是来自男友，不是来自男友的妈妈，也不是经济条件很好的 B，更不是一个给你超过期望工资的公司。他们能帮你分担责任，但谁都无法充当你唯一的支柱。经济条件是基础，但最重要的是相似的价值观和发自内心的爱，没有爱的基础，物质也会成为牢笼。没有人会一厢情愿对你好，没有一个女人能永远被男人骄纵到底。爱是相互的。你发自内心爱他，体谅他，相信他，他也会以同样的方式爱你。

最后，说说乳腺增生。如果你是例假前一周去体检的话，有乳腺增生基本属于正常现象。大部分年轻女孩子都有,生活中少食辛辣,减少压力,一般情况下不是什么大事情。适当的时候,可以复查一下。

祝你幸福。

——你的私人情感医生　幸知

对选择的困惑源于自己目的和初衷的模糊,只有清楚地了解自己的现状,明确自己的目标,才能正确地做出无悔的选择。

Sharpshow2014 年 3 月 3 日推送文章《爱情是一场情感上的市场经济》,可以订阅微信公众号 sharpshow,回复 liaoshang9 即可查看。

晶晶:琪琪没有做好结婚的准备,只是觉得年纪差不多了该结了。一个是贪恋精神,一个是贪恋物质,这样选择,有可能跟谁都不会幸福,选 A 嫌他没钱,选 B 嫌他没共同语言。她想离开谁的时候,看到谁的负面会多一点,她喜欢谁,看到谁的优点就会多一点。

建议人生还是靠自己吧,只有自己有了生活的底气,才是基础的基础。

淼淼:婚姻就像一双鞋子,不仅这双鞋要符合基本的美观(即物质条件),而且自己得穿得舒服,但我感觉她穿 A 鞋 B 鞋都不舒服!难道只能有这两个选择了吗？到了28岁就一定要在他们两个之中做选择吗？

喜乐：琪琪的故事特别像《蜗居》，言语之间，我觉得她的心已经在向B男摇摆，但是基于道德的，或者是情分的原因，她希望我们能给她力量，离开A。其实，抽丝剥茧，把最看重的、最不可或缺的搞明白了，也许心就明朗了。

曾经与小贝维系单纯简单的爱情，海藻快乐，但是女孩子随着年龄的增长，越来越现实，小贝渐渐满足不了她，仅仅有爱情已经不够了，这个时候有一个宋思明出现，工作上给予支持，生活中给予照顾，年长而且经历丰富，难免被吸引。心已经野了，明明已经离A越来越远了，难以回去。

其实婚姻就像一把赌局，有的人全凭运气，有的人赌技高超，但是不管哪一种，都有赌输的可能，你无法肯定一个人会不会变，自己会不会变，只能用心经营，让一切变得更好。

天山雪莲：有时候两个都很看重，却不能共存，这个时候最揪心了。问问自己的心，一定知道自己最想要什么，是物质还是精神，以后最想过什么样的生活。琪琪要有能力让自己幸福，而不是依靠他们中的哪一个。

选择了B的内向成熟你就得承担他的古板和不够浪漫，选择了A的年轻活力就得承担他的不够成熟，不管选择谁，期望都不应该太高。比如她选B，B也许没有那么好，他既然对所有人那么好，必然有个发泄口来找到内心的平衡，也许可能对亲密的人不那么好。建议，如果选择B要深入了解一下再做决定，不要因为外界的人说他如何好，就失去了自我判断。太着急做决定往往会不够理性，看不完整。

5年了,这个男人我到底要不要嫁?

> 恋爱时,我们讨论A男B男,该选择谁?结婚关头,打退堂鼓,这个男人我嫁了真的会幸福吗?都在一起这么久了,离开的成本会不会太高?

幸知:

您好!

在微信上关注到您,看了几个情感故事,就突然想到我自己,我有好多话闷在心里不敢对身边朋友说,所以写封邮件给您。

男朋友本质不坏,就是比较花心

我和男朋友准备结婚了,可是我很迷茫,我不知道要不要结婚,想请您给我点意见。

我和他是5年前认识的,到今年4月份整5年。他本质不坏,就是比较花心,5年间他身边走过形形色色的女人,我知道的就有十几个。我就简短地说下吧,不然真可以说三天三夜。

2011年的时候,他认识了一个在KTV工作的女生,逐渐对她产生感情。我们分分合合几次,到今年我终于坚持到他们不怎么再联系,但这个女人曾一度让我痛不欲生。

去年，他又认识了一个女人，刚开始他们也没怎么联系，那女人台球打得很好，站在男人的角度来说，人长得也还可以，况且会打台球的女人都很性感。她认识一些比较有头有脸的人物，而我男朋友刚好这两年事业不顺，开了公司又面临倒闭的状态，所以和这女人接触久了，他觉得可以在她身上找些资源做点生意。当然如我男朋友所愿，他确实通过她认识了一些有头有脸的人。这个女人比较强势，去年上半年的时候我男朋友一周陪她一次，从去年下半年开始，他就隔一天去陪她一次。她似乎察觉到我男朋友在利用她，我男朋友也跟我说过让我别介意跟她在一起，他只是利用她做点生意，因此我才一直忍到现在。他说等生意做成了就跟她摊牌，到时候只做生意上的伙伴，或如果她愿意可以做情人。（我男朋友跟她说他结婚了，还说如果和老婆关系不好再谈离婚。）

本来我们应该早就结婚了，因为没生意没钱就拖到现在还没领证。现在我每天都很痛苦，看着他隔天回家一次，就算回来也基本都是晚上 12 点左右。他回来后，我还得听他们打电话说生意上的事，也不敢跟他抱怨，因为最近生意上的事有点回转，我不敢影响他心情。现在我们每天都说不上几句话，他回来后我基本上也睡觉了。

男友真的只是利用她吗？

最近我一直在想要不要分手，我每天都很不开心，每天都觉得是一个人在过日子。我现在都 27 岁了，我想要个孩子，早生对自己对孩子都好。

可是，我如果选择分手就得重新找一个，那么生孩子估计就要等到 29 岁了。我现在这个年纪很尴尬，进退两难。

　　幸知，你说我该怎么办？是分手还是继续坚持？我很迷茫，现在搞不清楚我男朋友到底是利用她还是对她真有感情。昨天是我的生日，我还提前一周提醒他，结果他因为工作上的事没陪我。他忙完都快晚上 10 点了，陪我吃了点夜宵。而她生日的时候，他都是拿着我的信用卡去给她买生日蛋糕。这两年，他因为生意上的不顺借了好多钱，有时身上没什么现金，我看他可怜就让他拿我的信用卡去用。我觉得一个男人身上没点钱总是没面子，我宁可自己穷点。跟他在一起这两年是我最穷的时候，有时 20 块钱能在身上揣一个星期。有好几次同事要请我吃饭我都没敢去，因为别人请吃饭还得请回去。其实我一点都不在意生日有没有礼物、他请不请我吃饭，只要他记得说句生日快乐就行了。我在微信里发了祝我自己生日快乐的话，好多朋友圈里的人都祝福我，他却没写上一句祝福的话，难道是怕别的女人看到吗？5 年了，他都没记得我的生日是哪天！

　　还有一点我不想分手的原因就是，我不甘心成全别的女人。有时候想，就算我后半辈子就这么毁了，我也不愿意成全别的女人。可以肯定的是，如果我不提出分手他会和我结婚。

男友和我，更像主人跟保姆

　　我是一个性格比较温顺的人，我男朋友也说我是一个适合做老婆的人。现在我们的组合不像是男女朋友，更像是一个主人跟保姆的关系，我能把他的生活照顾得很好。我就是个平平淡淡的人,家里条件不是很好,自身条件也不好,所以有时会自责,觉得自己在生意上也帮不了他。他的一些亲戚朋友都让他去找个条件好的人,但是他没有,他说不能没良心,我对他这么好不能把我扔了。我不懂的是,他既然这么想为什么又做这些事?我害怕结了婚后,他还一直这样。我不在乎他外边有没有女人,男人外面有一两个女人很正常,但是主次要分啊。幸知,您说我是什么样的心理?我是不是也不爱他,爱他的话怎么能容忍他在外面找女人呢?

因为生意上的事情,他们基本上每天都见面。他不回来我就不开心,而他回来后,我也会因为他头天不回来而不高兴,给他脸色看。我男朋友跟我说,不要每天抱怨,给他负能量,他说我应该支持他。我该怎么办?其实,我也想每天开开心心地面对他,可是我控制不了自己,他一回来我就不高兴,说话不三不四的,您说我这样是不是会使他更讨厌我,更会把他推到别的女人那里呀?我是不是要当作什么都没发生,每天开开心心地面对他,等他把生意做成了呢?

——迷途索菲

面对男人一而再的骗局,为何你愿意一忍再忍?

迷途索菲:

您好!

"他本质不坏,就是比较花心,5年间他身边走过形形色色的女人,我知道的就有十几个。"所以,你不可能是最后一个。在跟你恋爱的时候,他跟一个KTV女孩游戏人生,满足生理需求,又跟一个有资源有背景的女人勾搭,满足生意需求。

作为一个备胎兼保姆,你过去的应对做法是,痛不欲生地等着他和KTV女孩分手,这一次,同样痛苦地等待他"利用"完这个有资源有背景的女人,把生意做大后,离开她,跟你在一起。

他能利用她,也同样能利用你。他现在利用你,为他打扫房间做好饭菜做他的保姆,成为他的备胎。如果他生意做大,资金充足,他要你干什么?后宫佳丽,谈不上三千,也可以有三个。他也会找到一个更适合的保姆,没有牢骚没有情感期许。所有的要求,不过是薪水到位。

如果那时候他还跟你在一起,他会说,请不要在意我跟这个保姆在一起,我只不过利用她家务活干得好一点而已。

另外,如果不是那个女人将他舍弃,生意做大后的他,如果离开她,也许是去寻求更合适的创业伙伴,也许是资源更丰富的女性。那个时候,你还要等待吗?

如果你只是等待,在等待中青春风干老去,成为一个怨妇。他也许会告诉你,看,你现在连一个保姆的角色都无法演好。你觉得他是否会弃你而去?

姑娘,没生意没钱不是不领证的理由。我相信你更愿意要一个暂时没生意没钱但是有心的男人,而不是有生意有钱却女人如流水唯独不在你身边的男人。

面对男人一而再的骗局，为什么你，甚至很多和你一样的女性，都愿意一忍再忍？

第一，一个传统本分的女性，会觉得女人主内即可，男人主外打拼天下。已近30岁的年纪，觉得生活也就这样了。自身条件、家庭条件摆在那儿，找到这样一个男人，觉得也够好。你希望自己能成为一个家庭背后的贤妻，可以帮他打理家务，照顾他照顾孩子，其他尽可无牵无挂。

为什么传统本分的女性更容易受到伤害？愿意为家庭尽心尽力，甚至只为家庭尽心尽力而忽略自身塑造丧失自我交际圈，并深以为自己的牺牲能换来丈夫全心全意的爱。而在丈夫眼里，对一个缺乏新意、牢骚满腹的女人，他逐渐失去对话的乐趣。这一点，在事业型丈夫和守家型妻子那里，体现得尤其明显。

第二，出于对成本和现实状况的考量，你提出"27岁这个年纪很尴尬，进退两难，怕要孩子太晚"，分手后再找个男人的成本太高。可是你知道一个33岁女性的当下，有可能是你的未来。她跟幸知说的是，孩子已经四岁，虽然两人关系破灭，但是怕离婚后找不到更好的男人，另外，觉得孩子太可怜，所以不愿意分开。

你有没有想过，一个不足够爱你的男人，有可能让你成为33岁的她？其实每个年纪都可以下定决心重新开始，在这本书中，幸知就是要给你预警，这也许是你33岁面临的现实，那也许是你42岁面临的现状，所有的果都可以追溯其因。为了下一阶段活出更好的你，你是否要未雨绸缪替自己规划好未来?

你问我,为什么你爱他却能容忍他在外面找别的女人,因为你爱他爱到"愚昧",爱到一忍再忍,甚至轻贱自己。但是反过来,他却可以轻而易举轻贱你。你说你不想分手,是因为不甘心成全别的女人,到最后其实输的是你自己。因为即使真如你说的,你不提分手他能跟你结婚,你真的成全了自己?还是因此就一定不能成全别人?成全二字,一定不是一纸婚书就可以给予的。貌合神离的二人世界里,婚书反而会成为你痛不欲生的枷锁。

一贯强调过的几句,再次送给你。第一,27岁,还非常年轻,可以把目光从他身上移开,只要你奋斗、努力、坚持,一定可以在自给自足的前提下,通过魅力吸引你喜欢的男性。第二,在二人世界中,要保持足够的尊严,你们是平等的,两个人应相互照应,你不是他的保姆,不是为他而活。第三,如果你的丈夫(或者男友)正处于上升状态,要记得呼应他,至少知道他在做什么,你要从中学到什么,不要与他拉开太多的距离。你要了解他的事业,最好跟他进入同一个圈子,至少是同一个家属圈,来建立属于你的人际脉络。第四,我不反对女人做贤妻良母,但是要保持对这个世界的绝对关注。

——你的私人情感医生　幸知

幸知点评

做选择,一定要跳出现有格局,从长远角度看待自己的人生。不要把赌注全盘压在一个男人（或者一份工作）上。"同归于尽"的心态越强，输得一定越惨。

Sharpshow2014年2月4日推送文章《一个聪明女人的嫁人经验》，可以订阅微信公众号 sharpshow，回复 liaoshang10 即可查看。

喜乐：坏男人就是被包子女人惯出来的！我觉得狠话对她都没用！因为狠话在自尊面前奏效，但是索菲在那个男人面前，几乎丧失了自尊。我只能建议她，丰富一下自己的生活，教她变得自信，构建她的自尊。当自信和自尊有了，她自然就不会再这么包子了。

浮生：有一种爱叫自虐，在一段没有希望的感情里迷失了自我，宁可毁了自己也不愿意成全别人，可悲可叹。她怎能把自己的人生看得如此卑贱？

cherry：包容，体贴，忍让，接受他为了生意和别人在一起，不敢言语。都忍成这样了，还想结婚？婚前如此都能忍，不知道婚后会奴性成啥样？27岁不可怕，认为自己27已经很老所以需要结婚生子的女人才可怕。若自己都轻贱自己，别人又怎会怜惜你？

自由：学会放手成全，成全的不单是别人，也是给自己更好选择的机会。27岁正是女生最美的年龄的开始，重新来过，为时不晚。

有的人，注定只是你生命中的过往

> "我真的不愿意承认，我们之间的感情脆弱到这种地步，相处那么久，难道一点感情基础都没有吗？他爱过我吗？哪怕一点点？如果人生可以重来，我多么希望，我们从不曾相识。"

幸知：

你好。说说我的故事吧。

虽然相距很远，但我认定了就是他

他是江西人，我是浙江人。他初中毕业后读了师专，出来在本地学校教初中，后来自强不息，专升本读了两年，考了浙大研究生，又考上公务员，到了我所在的这个城市，还按揭买了一套房子。他比我大五岁，样貌端正，但个子挺矮，以前我很介意身高问题，这次我居然没有在意。

我和他在去年11月底认识，在我们这里一位类似"红娘"的阿姨家。当天晚上聊得还不错，一点也没有冷场，也是因为我们都在公务员系统，有较多共同的话题。当天他礼貌地送我到家门口，他自己回到宿舍后还发了短信告知。我对他的印象挺好。后来我们也就顺其自然地聊起来，似乎不用去费心，两个人交流就很顺畅，一起做什么事也顺畅，所以就发展起来了。

相处很好，我自己也认定了就是他。春节放假前，他想带我一起回江西老家，我把这个想法跟家里说了，家里觉得不妥，如果是两家离得近一点，女方去男方家玩也没什么，但毕竟他家那么远，我们女方过去味道就变了。后来我爸问他："第一，你自己想清楚了没有，决定跟她走下去吗？第二，你家里知道这个事情吗？万一家里不同意你们俩的婚事怎么办？"然后他郑重地跟我爸保证了，说是经过深思熟虑的，说我很优秀，他要跟我在一起。他说跟家里说了，家里也很高兴，再说即使家里不喜欢，只要他决定了，他们还是会尊重他的选择的。

于是父母放心地让我跟着他回江西了。春节在他家度过。很快乐的时光。他一家人对我真的很好，生活中处处为我着想，喜欢之情溢于言表。他有一个妹妹，已成家，因为跟我同龄，更是一直照顾着我的感受，担心我被冷落，担心我到一个陌生的地方会有不适应感。我真心感激这个家庭。我出生在农村，他们家也在农村，他妈妈曾是村里的小学老师，爸爸开过小工厂，好像有阵子经营得还不错。家里住的是以前的老房子，但装修还可以，是很朴实的人家。到他们家刚好是除夕晚上，吃过年夜饭，他妈妈居然给了我一个大红包，红包袋上是大大的喜字。后来我知道大红包居然是 10001 元，是他们那边的习俗，寓意"万里挑一"，意思是对我很满意。他妈妈也把他家一间房子收拾得很好，床头还有一对喜庆的红蜡烛灯，上面有"百年好合"字样。春节期间我随他们一家人到亲戚家拜年。他们还有一个习俗,就是男方初次带女朋友(确定要结婚的)或老婆第一次回老家,亲戚都必须给女方红包。我挺不好意思地收下了,但内心很高兴,因为看到了大家对我的认可。

结婚水到渠成,却被"乙肝病毒携带者"挡了路

春节后我们一起回来上班,也是很水到渠成的状态,我们谈到了结婚事宜,两家都希望我们早点成家,因为他30岁,我29岁,都不小了。后来我们选好了日子,3月中旬结婚。我家这边挺看重订婚、彩礼、挑日子等这些礼节的,他们家对这些习俗倒不怎么在意。当然也有两地文化习俗的差异,但我们沟通还算好,商定在哪边办婚礼就尊重哪边的习俗。整体时间上蛮紧的,也考虑到他家父母身体不好,来回一趟不方便等原因,我家里真的挺包容的,居然同意他爸妈不用过来先见面,结婚前的礼节由他代理就行。他爸爸打来电话,说谢谢我们这么宽容、这么信任他们。

我们忙着准备结婚物品,计划3月中旬先在他家举行正式婚礼,至于我们这边,不急,再挑日子。两家人都很高兴。他妹妹也挺关心婚礼筹备事宜,会不时地问一问。

2月底,我们原定登记结婚,他说自己是学法律的,很讲"原则",所以坚持一定先婚检。我倒是觉得没什么。婚检过程中,我看到那里的一个桌牌,提醒双方应该知道对方有啥"病",其中包括乙肝病毒携带者。我才想起我还没告诉他我是乙肝病毒携带者。我发誓我从没想过隐瞒,因为

我从来没把这个乙肝病毒携带者当一回事,我从初中开始知道自己有这个"病",但一点都不以为然,觉得自己跟正常人一样,而且自己肝功能也很正常。在我们相处的这段时间里,我们没谈起这个话题,我也真的没有意识要去告诉或不告诉对方,因为我完全不把它当回事。

看到牌子后我马上告诉他,他当时表情有点紧绷,但没有说什么。我突然有点担心,他是不是不高兴。后来我问他,他说没有。我问了婚检医生,医生说得有点严重的样子,包括以后都不可以母乳喂养(后来咨询了大医院的医生,证实这个说法是错误的)。我虽然想到他可能不高兴,但没想到他那么介意。我们当天抽血,检验肝功啥的,都正常,他本身还有抗体。

之后一两天,他又多次跟我提去大医院再检查一下,我渐渐感到事情严重了。我们原定的登记日很近了,我说,那我们后天还去登记吗?他说等结果吧。

去大医院检查的那天,我的眼泪止不住地流着。抽完血,我们找了个地方聊天。他竟然也哭了。没想到他心中对"乙肝病毒携带者"如此介意,他对我不自觉地产生了身体接触的抗拒。那天,我还是忍着悲伤跟他说了很多,分析了很多,希望我们不要轻易放弃。

第二天报告出来,我们去咨询医生。医生的回答是:"现在医学这么发达,这个是可控的,不会传给下一代。爱人有抗体,也是不怕的。"可是他没有相信医生的话,他一直耿耿于怀,他觉得医生在敷衍他!

原本登记结婚的日子过了。事情越来越糟。他应该是很累吧。周末外出爬山,公车上,在后排的座位,他的眼泪居然无声地落下。快乐,我们已寻不回来，但我仍抱着一丝希望，以为他只是一下子难以接受，过段时间就好了。可没想到，他就是接受不了。

直到有一天晚上，他加完班来我家。这之前，我还满心欢喜地去花店买了个小盆栽送到他单位，因为觉得他加班辛苦了。他到我家时我爸妈外出散步去了，爸妈回来后，他跟我爸说，他一直接受不了，这些天他企图说服自己，但是没有成功。直到那天早上他妈妈电话里感觉到不对劲，他才说出来了。

那天晚上，他终于有勇气说出来了。在他开口之前，我还说他怎么脸色这么黑，眉毛这么乱，还捋了他的眉毛。他自己还照了一下镜子。现在想来，我觉得有点讽刺，真的是相由心生？呵，他的眉心乱了。

他说出口之后，我哭了。我爸还以为他只是一时想不通，说你先回去吧，没事，好好想想再决定。

"走了。"他想着这就是对我最后的告别。他想着我们就此结束！

第二天晚上，我姐姐去找他，抱着挽回的想法。他在值班。他只是劝我姐多关心我，不要做傻事。他担心我，怕我想不开。

我姐回来后，我受不了了，打电话给他，他说我不是跟你说清楚了吗？他想这样了结一切？！我说，我要当面谈，你都没跟我说清楚，凭什么跟我爸妈谈。然后我挂了电话，冲到他办公室找他。其实说出的还是那些话，即使我流着眼泪，也挽不回他决绝的心。

最后，我们分手了。他的父母从头至尾被保护得很好，没有露面，因为提亲时他们就没来。他说这个决定是他下的，跟他们没有关系。从头到尾，他没有说一声对不起，没有一句正式的道歉！

我的爱情为何经不起"乙肝病毒携带者"身份的考验

我们接受不了,过不了这个坎,就像他没办法接受我是乙肝病毒携带者一样!如果我们只是普通的恋爱阶段,那分手也没什么。可是我们已到了要结婚的这步,婚纱照都拍了!什么都定了!亲朋好友都知道了!

他怎么样都不会回头,丝毫不留恋!而我,还是舍不得。

他妹妹只是说,这就是我们的缘分,让我保重……

我真的没办法释怀!如果我有什么家族病,那我不告知对方是错的。可是因为乙肝病毒携带者这个理由拒绝我,我真的接受不了!

幸知,有一些比较好的朋友知道了这事,甚至不相信他这个理由,说他可能是以这个为借口。我问过他,如果你有什么难言之隐,尽管说,不要以这个为借口。他说没有,他说从小他家里对他的教育就这样,去乙肝病毒携带者家中,人家倒的水都不敢喝……

这就是一个名校研究生……可不可以说他连最基本的常识都没有!

他家前后的态度对比太强烈了!他的自私、绝情、冷酷,我接受不了!

他把我的QQ、微信都删了。有几天,我歇斯底里地给他发短信、打电话,求他、骂他,他都不理会!最后一通电话,他接了:"你关我屁事!"

我恨他!打心底恨他!

人可以自私,可是对自己的爱人,怎能如此自私!我不可能是完美的。他得知我这个事后,第一反应不是我们赶紧治疗,而是对他有什么影响,对他的后代有什么影响。在他的认知里,他的妻子不该有这样的问题。他不能包容我!

幸知,我真的不愿意承认,我们之间的感情脆弱到这种地步,相处那么久,难道一点感情基础都没有吗?他爱过我吗?哪怕一点点?还是,他只是觉得我是适合当老婆的人,年纪大了,就结婚?

我真的恨他,我想一把刀子杀了他,然后杀了我自己;我想到他单位闹,我想鱼死网破,想让他滚出浙江,滚回江西!可是我没有足够的勇气这么做,或许我骨子里就是很软弱的吧!我家里一直担心,一直劝我算了。

不管怎么样,我真的觉得他不善良,他们一家人都不善良。真的。他们自私、无情。或许我不该告诉他我是乙肝病毒携带者?

可是幸知,随着时间的流逝,一个月过去了,我还是不时地难受,不甘心!我希望他过得不好!我走不出来,怎么才能放下呢?如果可以重来,我愿从没认识过他……

诚盼回信!

——哭泣的纯子

学会感谢"伤害你的爱情",不忘初心

哭泣的纯子:

幸知姐能理解你的感受。婚期将至的你们,感情稳定,家人认可,婚

纱照都已拍好，正走上幸福的路途，结果对方却因为一个你不甚在意的理由拒绝了你。如果是出现第三者，如果是出轨，也许你还能理解，毕竟你败给了一个活生生的人，但是，你败了，因为一个莫须有的理由。这让你又愤怒又无助！

你愤怒的是，这么相爱的你们，难道这么一点点小坎坷都过不去吗？不是父母阻挠，无关经济原因，爱情居然那么容易崩塌？他怎么能那么自私无情那么不善良？你无助的是，婚期提上日程，亲戚都已知晓，怎么能说不爱就不爱了呢？他拖你下水，让你陷入爱的痛苦不可自拔，他却轻松逃离开来，太可恶了！好希望跟他玉石俱焚，两败俱伤！凭什么只有我是受害者？——是不是这样的心情呢？你也会假想，如果，如果没有告诉他，是不是可以顺利地订婚结婚，然后既然已经结婚了，就不可能再有这样的事情发生？

从医学的角度说，乙肝病毒携带者本身没什么问题，所以你无法承受他的离开。包括大医院都已经出了结果，这是可控的风险，不会传给下一代，他本身也具备抗体。为何他难以接受？

换个角度想，有些男女之所以婚事不成，恰恰是因为各种表象因素羁绊。比如女生性格好，但是长相一般，男生觉得带不出去所以说分手；相处很久后发现女生不是处女，男生无法接受；男生身高不够，女生无法接受；男生是单亲家庭，女生家庭无法接受，等等。一对男女既然可以因为各种各样"无法改正"的表象问题而分手，你也就能够理解，这世界上，确实有一种理由叫"乙肝病毒携带者"。

感情基础薄弱与否，有时候跟时间没有必然关系。如果只是普通恋爱阶段，你也许能容忍他的决绝。但是都快结婚了，你觉得你们感情基础足够了，所以过不了这道坎。但反过来想想，这恰恰说明，你认识他还不够深刻。你们爱得还不够深刻。他原本就是一个有洁癖很"有原则"的男人。他一直都是，只是没有恰当的时刻体现出来，婚检让你认清了他的自私，他爱他自己、爱他的血脉（儿女）更甚于爱你。

你得感谢这段经历，感谢自己能够在婚前迅速退场。假如你们结婚后因为准备要小孩而检查，然后因为这个原因他拂袖而去，你是否会更加悲伤？如果你怀孕难产，他袖手旁观，甚至在保大人还是保小孩的选择中选择保小孩，这个时候你是否会更加无助？假如你在人生的历程中遇到病痛，作为配偶的他却不是在床头照顾你的那个人，在你非常需要帮助却陷入无助的时候，你一定会感到什么才叫真正的"崩塌"。你要感谢他如此决绝，让你现在认清了他，而不是在婚后，在遇到挫折以后才发现无法携手并进。

多少看起来相爱的男女，多少结婚几十年的男女，经历感情的日积月累，却忘记了守护另一半的誓言，他们也会出轨，甚至离婚那刻因为财产纠葛反目成仇。这，就是现实的爱情。赤裸裸的，就像相亲时我们摆出外貌、工作、家境一样。爱情和婚姻永远没有保单。这，就是人生。

有一段话说得很好："感激伤害你的人，因为他磨炼了你的心志；感激欺骗你的人，因为他增进了你的智慧；感激中伤你的人，因为他砥砺了你的人格；感激鞭打你的人，因为他激发了你的斗志；感激遗弃你的人，因为他教导你该独立；感激绊倒你的人，因为他强化了你的双腿。"

所以不要恨他。他注定是你生命中的过往。只是失恋而已,都说经历失恋的人生才够完美。熬过来,战胜自己,就好。你需要一段时间疗伤,把婚纱照扔掉,把你们俩的印痕抹去,找一个没人的地方恨他骂他,找个健身房发泄。多跟朋友在一起,做谈恋爱之前最喜欢做的事,去度过这段艰难的时光。但是,请不要丧失对婚姻的信心,生命中还是会遇到那个他,能够跟你一起,走过人生一段最美的旅程。

祝你幸福!

——你的私人情感医生　幸知

我们之所以在爱情中遇到各种"不可理喻"的爱恨,正是因为它的发生,通常不按常理出牌。爱情可以发生在任何人任何时刻任何阶层,但婚姻会剥离所有的伪装。我们必将接受这样的爱与痛,但请不忘初心,终将会有最适合的人出现。

Sharpshow2015年5月28日推送文章《给你张范冰冰的脸,你也未必过得好这一生》,可以订阅微信公众号 sharpshow,回复 liaoshang11 即可查看。

圣诞:没有结成是件好事。感情深浅,经历了才能真正知道。真正爱一

个人，我想需要经过时间的考验。如果他没有给她想要的，那说明他还不是她最好的选择。

天山雪莲： 结婚肯定要找一个能够包容自己的人，如果婚后发现他那么"自私"，给纯子造成的伤害更大。虽然这个过程很痛苦，但经历之后更会知道自己要找什么样的人。

我们不能要求别人善良或接纳自己。换一个角度想，有时候人的思想是根深蒂固的，经过了家庭从小到大、长期潜移默化的影响，特别是小时候形成的固有观念，不会因为他有多高学历，就一定能跳出这个观念的围墙。

通过相亲认识的情侣，双方都是考虑对自己而言最优的条件、最多的利益，虽然很现实，但多数人是这么行动的。一旦对方损害到自己的利益，就各自飞了。

八尾猫儿： 关于乙肝病毒携带者这个问题，我觉得如果不是当事人，你说任何不介意、没关系的话都有点站着说话不腰疼。这种歧视其实就跟艾滋病一样，就算你知道不会轻易被传染，要接受、要确定生活在一起，也需要很大的勇气。我觉得除了说明他没那么爱她，没有什么其他更合理的解释。

我们相信爱情的力量，电视上满满的正能量，告诉我们有爱情一切都不是事儿，但是事实并非如此。你可以相信爱情，相信自己可以找到一个接纳自己、不在乎自己是乙肝病毒携带者的人，但是没办法要求其他人一定接受这件事。

既然纯子不觉得乙肝病毒携带者是个多大的事，就应该继续保持这个想法，绝对不要开始对自己的这个"身份"产生怀疑，然后开始自卑。从另一方面来说，这也可能是好事，一方面避免婚后知情带来更大伤害，另一方面就是让她知道，并不是所有人都能接受这件事。

坦然一些，感情路上，一定可以遇到对的那个人。

缺乏安全感又渴望结婚的我,怎么办?

> "他说,很抱歉跟我在一起的时候已经是个坏掉的玩具,我是他认识过的最好的女人,但愿他能给我所有我值得的一切。"——中国娃娃

幸知你好:

关注你的微信公众号已有一段时间,看到你帮一个个姐妹解决情感心理困惑,许多文字和见解让我产生不小的共鸣,希望我的困惑和烦恼也能经你指点一二。

因为网络,我们缘定西班牙

本人今年29岁,女,籍贯北京,2011年,我离开一家德资公司外出留学,完成研究生学业后,我在马德里找到一份工作,希望留在这里。

去年夏天回国探亲期间,我在网上认识了现在的西班牙男友,经过一个多月的网上视频语音交往,我们正式确定了关系,回马德里后不久就选择在一起。

他看着年轻,其实比我大十岁,并且一年前刚离婚。他父母都不在了,

有两个姐姐，曾经因为父亲做生意而富有，但是两次被律师卷走全部财产。后来他父亲不再经商，在大学任教一直到去世。从认识开始，男友就对我非常主动和体贴，所以没觉得这些经历对他产生负面影响。对我来说，这是28岁的我第一次正正经经恋爱，第一个正式的男朋友（之前有过喜欢的人，但感情都无疾而终）。交往三个月后我和他发生了关系，他从没有在性方面提过要求，一切是自然而然水到渠成发生的，我也觉得自己准备好了，不会有"做过了就是他的人"这种旧式的想法。我们之间也有过矛盾，但是男友很有耐心，我也从来都是知错认错，不会不知好歹。

但是随着交往的深入，我对他的感情一点点加深，我发现他之前的经历和我原生家庭对我的影响，在某种程度上影响着我们感情的发展。

先从他说起。他从小生长的环境很优越，虽然母亲在他十几岁时去世，几年后父亲有了新感情，但他母亲在世的时候夫妻两人很相爱。男友从小就念私立学校，一直到高中毕业，大学毕业后也有好几年都是高薪，从来不知道存钱为何物。

他和他的前妻是大学时认识的，中断了几年联系后在2008年开始交往，两年后结婚，2012年离婚。按他的形容，他对他前妻是一见钟情，虽然当时大脑理智告诉他说对方不是个好人，但却很爱对方，对方要什么给什么。因为一直没有积蓄，连婚礼费用都是拿车做抵押从银行贷款的，到现在还在还。结婚前两年两人基本算异地恋，后来结婚了，他前妻时常把他扔下，回老家去和父母度假旅游，两个人在一起住的时间还不到三个月。后来金融危机，男友失去高薪的工作，在这时他前妻提出离婚。我一直听人说婚姻失败双方都有责任,只是程度的区别,但是男友说所有人都说他没有任何责任,他自己也苦思不得其解。不仅如此,他说偶尔还会梦见前妻,醒来后会觉得很难受,觉得前妻是一个骗子。

除此之外,刚过40岁生日的他还在经历中年危机,觉得自己读了那么多年书,工作那么努力却没有什么成就,真心希望,在上帝面前诚心发誓,想要建立一个家庭最后却遭遇背弃(他是天主教教徒,前妻不是),有时候会想一个人去无人岛逃开一切。

虽然如此,在绝大部分的时间里,他对工作和生活都非常积极。为了早日还清贷款,过上安稳的日子,他做着两份工作,一份是平日在物业管理公司做高管,另外一份是和朋友合伙做建筑设计有关的工作(男友学的专业是建筑设计)。虽然做两份工作,但是收入并不算高,再抛去各种税费和花销,每个月盈余并不多,每三个月还要报税,每半年还贷款,日子过得比较紧巴。必须要说,即使是这样,男友对我不可谓不好,有个说法:判断一个男人是不是爱你,要看看他没钱的时候是否肯给你花钱,没时间的时候是否肯挤时间陪你。男友两样基本都做得不错,虽然很少买东西给我,但是出去玩和吃饭,他花钱的次数和金额比较多,每周末再怎么要赶工作,都会至少跟我见一面吃个饭。

看到这里,也许你会疑惑我还有什么不知足吧。

我知道经历过这些的他,不可能像对他前妻那样,一开始就一腔热血地对我,他至今没对我说过"我爱你"。感情和婚姻失败的经历,让他觉得,感情不能一开始做到极致再慢慢变差,而是应该越来越好。这理念我赞同,但是我最大的问题就是没有安全感和耐心。

没有安全感的成长故事

这些年，我越来越对心理学的书籍和理论感兴趣，是因为我越来越感受到原生家庭对我的影响：我姥爷是个旧式家长，在家一言堂，姥姥是一辈子的家庭妇女。据我妈妈说，小时候家里从来都是压抑的，但是姥姥对我妈妈一直很疼爱，我妈妈那时候长得漂亮，是所谓的"冰山美人"。

在我爸爸五岁的时候我奶奶和我爷爷离婚，一个人拉扯他们兄弟姐妹五个，爸爸是二儿子，上面有个大哥，学习好，而我爸爸比较淘气，从小在家里就不受重视，又没有享受过父爱，比较疼爱他的舅舅都说他以后不会有出息。我爸爸16岁时中学还没有毕业，就去工厂工作了，但因为性格比较内向软弱，做了几年也并不顺心，可以说我爸爸前几十年一直比较自卑和憋屈，曾经还因此得过短期的抑郁症。

相对于我爸爸，我妈妈是个非常强势的人，作为幼儿园老师的她在外面受人尊敬和喜爱，在家里说一不二，因为姥爷施压，她才嫁给我爸爸，可是却一直看不起他。我从小就看他们不断地吵架甚至动手，很少有亲密举动，一直到现在都觉得他们不合适。我妈妈文化程度稍高，一直是她照顾我的生活和学习。奶奶曾经受过很多苦，所以性格比较怪，对我妈妈不算好，我妈妈跟我爸爸吵架时就经常表达她的不满，要不然就说我爸爸前些年不怎么顾家。总而言之，只要是不如我妈妈的意愿，就肯定会吵架，经常吵着吵着就开始翻旧账。我爸爸虽然也和她吵架，但是最后基本还是会迁就我妈妈。虽然爸爸退休这些年有了很大进步，妈妈因为身体原因，对爸爸更依赖了，但是他们的争吵和相处模式并没有根本上的变化。

在这种家庭成长起来的我，从小就一直被父母当男孩养。作为北京市区一个普通人家的独生女，我从小学开始就要做家务，假期要手洗全家的衣服，因为小时候胖，父母很少抱我。妈妈对我严厉，很少有亲近的举动，直到现在我也不习惯她跟我的肢体亲昵。父母时常说话不算数，还常常说"你父母就这样，你有本事换父母"这样的话。每次我委屈哭泣的时候，在家里得到的不是安慰而是指责。我曾有几年遭受同学欺负，没有和他们说过，甚至不止一次想跳楼。我成绩一直不用大人操心，大学也是上的一本重点。很多独生子女都不知道自己想做什么，任由家长安排，我正好相反，一直都很有自己的想法，但是父母总希望我按他们的想法去做。不想去国企的我，换了工作受到挫折，他们也说"有轻松的你不干啊"。这么多年，我在家做家务，每个月给妈妈钱，身边没有一个独生子女能做到这样，我父母还总是不满意，妈妈不止一次说过"你这钱不是养我们是养你自己，你不在家里吃住啊"。

出国留学是我一直以来的梦想，以前觉得自己家境一般，很难出去，也想和很多普通女孩子一样，相亲结婚就算了。不过，从23岁起，我妈妈和她的朋友们给我介绍了不下十个男生，我都去见了，可越发觉得那不是我想要的生活。

进德国公司是一个转折点，我发现了自己的工作能力，开阔了视野。从父母嘴里听到表扬总是很难。他们总是要我"不要把自己看得太高"，但凡有个男孩子对我示好,父母就会给我压力让我接受,我从来没有那种"掌上明珠"的待遇。出国的事情也经过了一番周折。一开始他们并不同意,后来看我实在消沉失落才勉强答应。

出国前的一段失败的感情经历和在友情上的错看,让我开始慢慢学会爱自己,慢慢开始对人选择性地付出,慢慢开始挣脱父母对我的负面影响。父母跟我的关系也有好转,但与他们聊天,还是捆缚着我,哪怕只是视频聊天,也会让我前进的步伐后退一步。

我想拥有一个家,这个愿望如此强烈

正因为这样的成长环境,我特别没有安全感,特别希望有自己的家庭,不想要孩子。我从来没有怀疑过男友有其他女人,虽然他没说过"我爱你",我也不怀疑他对我的感情。但是,我时常会从自己身上看到我妈妈的影子——一旦男友做事不如我意我就闹脾气,虽然不是像我妈那样大闹,但也会甩脸色给他看,最后肯定以我的眼泪和他的安慰结束。不但如此,读过一些心理书籍的我,还希望用"对对方好,想让对方幸福,就要用对方希望的方式做对方喜欢的事情"来试图说服他,可是大部分都不奏效,讲道理我总是说不过他。

昨天因为和室友的争吵,我的不安全感再次发作,他赶来安慰我。我一时没忍住就问他,为什么不愿意和我一起住(他曾经说过他没准备好,他很抱歉跟我在一起的时候已经是个坏掉的玩具,我是他认识过的最好的女人,但愿他能给我所有我值得的一切),他说他这几年连续经历了父亲去世、失业、离婚等变故,现在他很享受一个人住,暂时不希望有任何"义务、必须做的事情",至少两三年里他不会想跟我住一起,五年之为不会想结婚,虽然这感觉会不会变谁也说不好,但是他了解我,三十岁了,按中国文化会着急结婚,他说如果我觉得怕浪费时间他会尊重我的选择。当时分手的话就在嘴边,我还是咽下去了。

我在这边想找个对我感兴趣的男人不是难事,可是我一直对感情比较慎重,要不然也不会28岁才正式交往第一个男友。我必须承认男友对我很好,我们沟通也没有障碍,只是我想要更多。他两个多月前开始接受心理辅导,告诉我说每个人必须要有自己能够幸福的能力。道理我都懂,但是还是觉得不安和迷茫,不知道要不要和他继续。5年我是肯定等不了的,但是也许之后好转了不需要那么久?去年圣诞节,他自己买机票去瑞典看姐姐,我就很难过,因为我在这边一个亲人都没有,但是因为交往时间还短,后来他带礼物回来,我们好好谈过就过去了。我现在忍不住想,今年他会不会又一个人去,我真的不喜欢他总是说"慢慢来"。我现在真的思绪很乱,情绪好的时候会想着不见得一次恋爱就一定能修成正果,我们这才7个多月,我应该专注于眼下,慢慢提升自己,是自己的就会是自己的,但是我拥有一个自己的家的愿望,却又是那么强烈。

幸知,我写得很长也比较乱,希望你能耐心看完。真心希望能得到你的指点和帮助。

祝你工作顺利,心情愉快!

——中国娃娃

急,急不出一段稳定而幸福的婚姻

亲爱的中国娃娃:

很多年前,潘美辰的歌词唱出了一切,《我想有个家》:"我想有个家,一个不需要华丽的地方,在我疲倦的时候我会想到它。我想有个家,一个不需要多大的地方,在我受惊吓的时候,我才不会害怕。"我了解你想要有个家的愿望,哪怕还不是结婚,仅仅是同居,但一定要享受一个专属于两人的世界。其实不管是在中国,还是在西班牙,我理解一个受过伤的女孩对家庭的渴望。我们不在乎生活在这个世界的哪个角落,只要有爱情,只要有家,我们小小的心里装满幸福,每天,就都是安好的晴天。

可是,你偏偏遇上一个被家庭伤到的男人,他对家庭的期望恰恰与你相反。他害怕重组家庭,害怕担负责任,他还没有做好足够的准备跟你共同建立一个家,因为,他并没有从过去的恋情中彻底脱离开来。从你的只言片语中,我能感受到他上一段婚姻之所以失败的原因。他不是完全没有责任,他的受伤,恰恰是因为不懂得规划婚姻和财务生活。当然国界有差异,也许奔放的西班牙男生更愿意享受提前消费。2010年结婚的他,直到2014年还没有还清婚礼的贷款,这在中国人看来是难以想象的。在中国,也许只有房贷才会有漫长的周期。他觉得她是个骗子,但是他却和她一起生活了四年,如果说她是骗子,也是他心甘情愿地付出了感情和金钱,在婚姻的过程中"一个愿打,一个愿挨"。当然我理解他的家庭和他过去的经历影响了他的财务决定,他觉得如此付出婚姻竟然溃不成军,哪有勇气步入新的婚姻呢?

过去的都过去了,关键是当下。他需要的不是去无人岛逃离这一切,而是勇敢面对真实的自我,包括工作和感情。你若很希望跟他在一起,除了成为帮助者的角色,尊重他的私人空间,理解他,陪着他慢慢度过这一段时期,除此之外没有更好的办法。我理解你的着急,但是两个人处于不同的情感阶段,各自有不同的成长环境和过往,急,急不出一段稳定而幸福的婚姻。

所以,如果你选择相信他,跟他在一起,耐心是前提。你没有别的退路,只能磨炼自己的心智。比如,"一旦男友做事不如意就闹脾气",是强势母亲在你身上的投射。你曾经反感这样的强势,又在潜移默化中继承了这份强势。你希望盖过他说服他,这也是一种强势。你想想,为什么你不能以他希望的方式去让他做自己喜欢的事情呢?而不仅仅是要求他,以你希望的方式去爱你。否则,你的爱和要求,就成了一种控制,让他感觉到束缚。爱情有时候是没有道理可讲的,在你的立场你有你的想法,在他的立场他有他的认识。如果说有什么道理,那最大的道理就是和谐相爱,而不是谁说服谁。这样的逻辑,不仅从夫妻关系上能说通,在朋友之间也是如此,站在对方的立场想想,后退一步,把心打开,也许你的感受会好很多。

至于你不够稳定的安全感,有一部分来自原生家庭,想必你其实也明白。都说挫折是前行的动力,"没有安全感"也是把双刃剑。正是因为没有安全感,所以你很有想法很有行动力,能够清楚地知道自己要什么,相信你独立生活的能力也不差。所以,你才能下定决心脱离稳定的国企,一点一点突破自我的局限,打开新的视野。幸知真心为你点赞!进德国公司,再到陌生的西班牙,你的学习能力,换个角度理解,又何尝不是多年来你母亲的鞭策所得。一个人的安全感,其实不会是来自父母,或者爱人,而是来自自己的内心。这才是真正的安全感。

打开你的社交网络,多一些朋友和喜欢的人,不要觉得男人就是生活中的百分百。即使结婚后也是如此,"家"的概念一定不是连体婴儿的相互依附。你们有共同的价值观,有共同的兴趣爱好,但是也有独自的空间,给彼此一些放空的机会。要学会留一些时间享受孤独。给自己一个"不那么强求对方"的期限,放慢一些脚步,给彼此空间好好相爱。如果你心灵的期限已过,他还是那样犹豫不决,你还是那样渴望家庭温暖,也许那个时候有了耐心的你,会重新审视自己,知道自己真正需要什么样的感情。

——你的私人情感医生　幸知

幸知点评

缺乏安全感,不是捆绑对方的理由。因为爱他,所以想控制他,想分分钟在一起,这在爱情初期无可厚非,但在进入婚姻前一定要学会理智,学会独自(包括独立)生活这一课。

Sharpshow2014年6月13日推送的文章《女孩子一定要学会过一个人的生活，至少一年以上！》，可以订阅微信公众号sharpshow，回复liaoshang12即可查看。

Cherry：男生比女生大十岁，外国人，离异，应该更懂得如何疼爱这位中国"小女友"。但两人文化背景存在较大差异，思维观念不一，形成一些反差。女性受原生家庭影响，希望自己和母亲不一样，可很多时候，她的表现恰恰和母亲很相似。她在这位男子这里，得到了疼爱，弥补了年幼时情感缺失部分，但当她想安定下来，男人却给不了结果。五年？谁都不知道结局。未来有太多的不确定因素，女人渴望安稳，可外国男人却更渴望自由。

两个人对婚姻的态度和理解不完全相同。一个经历过婚姻的人，更明白婚姻的烦恼和美好，相比而言，女人仅仅是在完成自己对理想婚姻的塑造。

八尾猫儿：她第一次尝试恋爱却偏遇到离婚男，这可能也和她缺乏温暖和宠爱的童年有关，除了安全感和婚姻，这个男人似乎可以给她一切她想要的，但问题就在这。

我觉得娃娃想要的并不仅仅是爱情，而更多的是一种亲情，而他能给的只是爱情，他按照自己对爱情的想法，尽力去给她自己能给的一切，但是不够。

小若尘：两个没什么安全感的人走到一起，既是相互取暖也是相互疗伤。不同的是，男方想要一定的相处距离，而女方强烈地需要在一起。

我曾经小小地研究过原生家庭对子女的影响，事实上这种影响几乎存在于整个人生，很难改变。就像中国娃娃说的那样，道理都懂，只是无法真正付诸实践或者持续改变。

她的西班牙男友并不觉得谈恋爱不同居有什么问题，甚至谈恋爱不结婚也没什么不可以。但作为中国人，对于年龄、婚姻，甚至生育问题总还是无法逃脱传统思维。

40 岁的男人，这些不愉快的经历，势必对他产生巨大的影响，缺乏信任感也很正常。虽觉得中国女朋友贤惠懂事，但仍不愿意承诺。从这个角度来说，我也非常理解他。

她仍然爱着这个男人，让自己放下没那么容易，又没有做好豁出去爱一次的准备，这是最大的困扰。

如果没想好又继续相处，时不时地把这个矛盾抛出来，不仅让自己痛苦，也影响双方关系，最后还会耽误彼此的时间。

爱上富家子弟，准婆婆极力反对终分手

> 两个人相爱，还不足够。走入婚姻，你还需要跨过准婆婆的关卡。

幸知：

你好！

我的事，可以从小时候说起，我尽量简短。

被拔苗助长的小孩习惯了选择原谅

三岁时，父母离了婚，我跟母亲。父母离婚的理由很简单，父亲出轨，母亲一忍却无法再忍。

后来有了继父，虽然也有小打小闹，日子过得还算可以，但是在我18岁那年，母亲得了癌症，继父悉心伺候，母亲也算是走得圆满。

母亲临终前挣得两套房产，都是我和继父共同所有，她嘱咐任何时候，不要卖房子，你们要这样在一起。

母亲去世后，很多事情变了。我和继父之间不存在信任，终究还是分道扬镳，只是分离的过程很痛苦，为了钱，我的价值观很颠覆，并且，他

不再供给我学费。

那时候我觉得自己就像个被拔苗助长的小孩，非常不得已地忍痛长高长大，从小单纯的我变得多疑，易怒。

生父提供了我读到大学毕业的费用，并且希望我出国，他也会提供给我一笔钱作为留学费用。

出国前，认识了前男友，富家子弟，因为非常照顾我，对我来讲很特别。去他们家，家里人都对我笑呵呵的。他去加拿大，我去美国，临出国前，在他家住过一阵子，他妈妈帮我准备行李，临走前还抱着我哭了，当时我的心跳得很快，我想，我也许是找到了个好婆婆，她给我妈妈的感觉。

出国两年中，发生了很多事。他会到美国来看我，我也会去加拿大找他，时间长了，我想定下来，时常说结婚的事儿，他压力大了，说心烦，分手吧。结果，第二天他从温哥华连夜坐飞机来找我。见面后，他对我说，我们结婚吧，我觉得那时候好幸福。第二天到了市政大厅，看着来来往往的新人，他出了一身的汗，看着我说，我们还是再考虑下吧。我忍住了泪水，答应了。出了市政大厅的门，我哭得没人样。

更加戏剧化的事发生了，转天早晨，我拿他手机玩，偶然看到他的短信里有给别人发的"老婆，我在旧金山很好，这里很好玩"，或者"老婆晚安"之类的。

我质问他是谁，他开始不承认，后来被我拿着手机问，他说，就是一时无聊，找个朋友。当天我疯了一样冲回我的学校，找到我表妹（我表妹和我一个学校，不同专业）说这件事，表妹是个非常睿智和一针见血的人，她对我说:"你们俩分手,迟早的事儿,如果你今晚受不了他的乞求,就这么回去,以后这事儿会再发生。"

当天,他不断乞求我,威胁说活不了了,我想着毕竟没发生关系,算了。结果去了他住的宾馆,那一晚上,我没走成。

他回了加拿大以后,我开始查这个女的,用匿名身份找她聊天,才发现,他回了加拿大他们还有联系,我把所有的聊天记录保存下来,就这样气得发抖地和她聊了很多天。终于有一天,我忍不住了,把聊天记录发给他。他又各种电话攻势,说买个 iPad 给我当作赔礼道歉的礼物,说这是存了好久的钱(他妈一个月只给他 400 美元生活费)。我不知道原谅是不是也能成为惯性,就像出轨一样,我再一次原谅了他。

但是,此后的一年里,每当他到旧金山看我,我都能发现他和那个女生聊天的痕迹,甚至有时候是半夜,我们正睡着,她的信息就来了。他能编好多谎话,说不是她。最后一次,我明说,有她没我有我没她,他才删了那个女生。删了她以后,我偷偷关注了她的微博,她在几个月以后生了个孩子,我推算,如果当时他去见她或者发生了什么,那我前男友,似乎就可能给人家带孩子了。为了这事儿,我经常讽刺他,不知道他做何感想,是逃过一劫,还是什么别的?

我回国后,他和他的家人都变了

后来,我先回国了。回国一年后,我周围的同事基本都结婚了,很多人问我我也很烦,我说我男友在加拿大,他们就问我们为什么不在一起。

我当时回国原因有二：一是我在美国找不到合适的工作，国内这份工作是我这个专业能进的最好的公司，所以我想回来；二是我当时觉得前男友迟早有一天也会回来，因为我觉得他那样的富家子弟，不会努力找工作的。

可能在我眼里，钱对我来说很重要，我在美国实习挣的钱，一半请他和我去美国旅游，一半花在给他家人买礼物上。从美国回来，我给他妈妈买了一条爱马仕的丝巾（我其实觉得很贵，但是能代表我的心意），他妈就拿起来看了一眼，放在那里说："要不我把这丝巾的钱给你吧。"我当时听完心里特别怪，不知道说什么好，就说："不用了阿姨，如果我妈妈在，我也会给她买这个的，您收下就好。"我也总是觉得奇怪，当时抱着我哭的那个阿姨，为什么在我回国以后对我那么冷漠，感觉不像一个人，我不知道发生了什么，我只知道要对他妈妈好，就是对他好。

回国前，爸爸让我买点好衣服回来。我说为什么，他说又一次打电话给他妈，问我最近和他们联系没，他妈就说没有，然后顺势和我爸聊了几句，言语间透露出对我着装的不满意，觉得我穿衣服随便，大大咧咧，甚至用了"破"这个字。我爸觉得很没面子，就和我说，让我多买好的东西，去他家看他妈，不能丢脸。总之，每次去看他妈，我都觉得心理压力很大，置装费用很高，我不知道要给自己买什么，他妈才觉得我穿得不破破烂烂。每次去，也是被上下打量，真的不舒服，所以后来很少去看她了。

去年2月，他回国过年，我表妹也回国结婚，看到婚礼的场面，我感动得一直流眼泪。当天宴席结束，我回另一个城市上班，我家里人就找他谈我们的事，因为觉得家里所有的孩子都结婚了，如果合适的话，大家能坐在一起定一下我的事情也好，也不至于让我心里一直悬着。家里人出于好意，但他因为这件事和他妈大吵一架，说我家里人咄咄逼人，说话像谈判一样，他问他妈能不能让我们结婚，他妈说有工作了再结婚，着急什么，反正结果就是不同意。当时我还和家里人翻脸，觉得没有我在，他们把这件事儿办得太过了，但是家里人很为我着急，觉得我和他在一起那么多年，如今对方父母态度明显，只有我看不出来，怕耽误我终身。他妈妈还特意找机会说了一下这个事儿，说结婚不着急，谈恋爱的感觉挺好的，说结婚没什么意思，没有我想象得那么美好。这事儿一直像把剑一样挂在我心上，每天我的心思都很沉重，觉得是不是我原先的感觉错了？我觉得每次去看望他爸妈，他爸妈态度都挺好的，可为什么是这样的呢？

真相总是伤人的，我该如何走出来？

5月，我提出分手，原因是我觉得太没有安全感了，不想一直等下去，但是他一直劝我，说快了，还因为这个事儿偷偷跑回国看我，我也感动了一把，心想那我再忍忍。9月，他奶奶去世了，他回来给他爷爷奶奶迁坟。那个9月就像一个令牌一样，因为他毕业了，拿到了三年的工作签证，如果一直拿着这个签证找工作，不回来，我就要一直等着他，我不知道什么时候是个头。他和我说，工作以后就不能想回来就回来了，我说那我们这次把证领了吧。他说领证的意义在于什么呢，领证了我们还是分开的，如果出了什么问题，更加麻烦。我一听就急了，我觉得他就是一直拖着我，后来我就隔三岔五提分手，希望他能重视我。他大概也烦了，不想哄了。

他回来之后没过几天就去老家迁坟了。我当时感冒发烧，嗓子化脓很难受，一声都出不了，他没怎么关心我，他说老家山上没信号，晚上和亲戚吃饭喝酒能给我打个电话就不错了。我当时的心态就是：我们异地恋三年，你不在的日子里，发烧感冒我自己扛着，你在的日子里，明明在国内，关心的话也说不了几句吗？我再一次发作，和他说既然这样，那就是心里没我，别找借口了，分吧。他说回去再说，那几天就没联系了。我给他妈打电话，发信息，没人接没人回。结果过了几天他回来说他水土不服，拉肚子什么的。我约他出去谈，他和我说是不是又想说分手，我说我想知道真相，我不相信你一直说工作的事儿就这么重要，多少没工作的学生都能结婚，更何况我们情况这么特殊，不结婚怎么定下来，他说他爸妈从一开始，到现在都不同意我们在一起，他爸妈不喜欢我，觉得我不好看，脾气倔强，等等。总之说完了，我听得特别崩溃。真相真伤人。

后来忘了什么事儿吧，他回加拿大以后，我们又闹了一次，就真的分手了。那段时间我特别难受，就觉得整个分手的事儿，都是我自己作出来的，他之后找工作很顺利，工作越换越好，我当时难受到极点，心想如果当时能忍一忍，能再等等，他也有工作了，我们是不是就能结婚了。有一次我实在难受，就决心去加拿大找他，到了加拿大，他说下雨了，就不出门了。就这样，我就被这么硬生生地拒绝了。几年的感情，就这样结束了。我后来给他打电话问他，他说那次是他失误了，我说现在你有工作了，我们不就能结婚了吗，他说他不愿想长期的事，短期的事就是移民，先把自己的事儿弄好再说。他还是会时常联系我，但我已经不回复了。时常想起来，还是会觉得难受,觉得再也找不到他这样的了,或者家庭条件比他好的了,但是我知道我这个状态很不对,我觉得自己很像个Loser,但我不知道怎么走出来,请你帮帮我。

——迟迟

跌倒了不愿爬起,不应是我们人生的姿态

亲爱的迟迟:

我们这辈子,有着很长很长的情感线,这条情感线伴随终生。只有在每一段失败中爬起来,抱着屡败屡战的心态,才不会成为永远的Loser。跌倒了,心甘情愿地在那里窝着哭泣,不应该是我们人生的姿态。

可是我们女孩子,常常是那么执拗而又倔强,一定要对方拿出让人信服的分手理由,才能让自己彻底死了这条心,每一次分手都会觉得,从此不能再爱了,不能再遇到那么好的男人了。心底总有个声音在说:"他还是爱我的,哪怕还有一点点,毕竟,我们曾经有那么相爱的过去啊。只要我在原地等待,只要我坚持下去,他会不会回过头来痛哭流涕,像当初一样爱我。是不是再忍一忍,我就能守得云开见月明?我给了那么多的爱,那么多年的爱,他现在这样好了,我却落得一无所得,我不甘心。"

而事实上,几乎所有女性的感情经历都在证明,强扭的瓜是不甜的,需要乞求得来的爱情，只是暂时的火星，不能燎原。这样的坚守，只是自欺欺人，哪怕真有了婚姻，不幸的依然是自己。

你是个特别善良的女孩子，却从小缺爱。母亲是爱你的，却走得太早。为了钱，你与没有血缘关系的父亲分崩离析。潜意识里，你一直希望找到一个真正爱自己的男人，一个不出轨的男人，一个不因为钱而与自己对抗的男人，当然如果有一个如母亲般待你的婆婆，那是再好不过。你爱上他的最初，一切都符合你对一个完美家庭的遐想。

可是，你遇到了一个不愿承担责任的男人。何况，你们还是异国恋。虽然美国和加拿大并不算太遥远。你们结婚这件事，需要父亲介入去说服的时候，已经变了味道。我知道你父亲善良，可哪怕是最温婉的聊天，都会让你男友觉得这是一种心理上的逼婚。所以，幸知在这里也想告诉天底下所有女孩子的父母们，爱情一定要顺其自然水到渠成。否则即使结婚，也会让对方滋生心理上的排斥。

而婆婆，终究是婆婆，并不是你的亲生母亲。

我相信一开始拥抱你的婆婆，是真心喜欢你的。只是所有婆婆都一样，一定是偏袒自己的儿子在先。

钱在你的生命里一直承担着一个很重要的角色，你很看重它，你觉得，钱至少代表着情谊，你能够把挣到的钱，一半花费在他家人身上，说明你很看重他们。可是一个富有家庭，最不缺的就是钱啊。婆婆上下打量你、跟你父亲说你穿着随便时，其实已经开始挑剔你了。你们的交往已经存在压力，你不菲的置装费，讨好不了她。她若真是喜欢你，尽可以带你去商场挑选心仪的衣服,身为婆婆此举并不过分。婆媳相处,可以尊敬彼此,但如果时时需要端着,需要像见客户上谈判场一样去见面,这样的生分,注定了你们没有未来。

还是拿"说服结婚"这事来说,无论你父亲是采用多么婉转的表达方式,你男友毕竟是生气了,找到母亲吵架来获得他妈的认同。在中国的社会风气下,女方"逼婚"之举,一定不明智。尤其是在经济上富足的男方,往往觉得,既然女方自降身段了,那么至少拖一拖,树一树威风,因为是男方在挑你,挑你是你的荣幸。别忘了,他对你的好感,一直在降低。

他母亲和他一起,把你当作备胎。哪有准婆婆和媳妇儿说结婚没啥意思的? 除非她没想选你。

他一次一次动摇你的决心,因为他既不想失去你,又不想对你负责。各种欺骗,只要不领证,什么都好说。"领证了我们还是分开的,如果出了什么问题,更加麻烦",说这句话的男人,还有什么可留恋的呢?

你用分手作为要挟来得到他的重视,第一次、第二次,他重视了,第三次,他就烦了。于是,他开始躲你。

其实分析完了,你就明白了。咱不要拧巴的爱情。长痛不如短痛嘛!即使你真的觉得再也找不到那么好的男人了——"那么好"只是曾经啊,现在的你已经失去了他。更何况,要对自己有信心嘛,该放弃的时候一定要学会放弃,有舍才有得。

你是个聪明的女孩,记得向前看,不要就此失去对爱情和婚姻的信心。

——你的私人情感医生 幸知

很多时候,跳出来,海阔天空。困在局中,往往如坐井观天,觉得人生和爱情,就是狭小一隅。勇敢破局,对女孩子来说,尤为重要。

Sharpshow2013年11月20日推送的文章《遇到这样的他,趁早分了吧》,可以订阅微信公众号sharpshow,回复liaoshang13即可查看。

麦芽糖：弱弱地说一句,迟迟到底是喜欢人家的硬件还是真心喜欢这个人呢?感觉她就像是小孩子过家家,一点都不成熟。但是,我也相信,遇到这些问题的时候,心里有时候真的就觉得再也不会遇到这样好的人,就是爱痛了爱伤了。不过,一个女孩子如果足够优秀,也会吸引很多优秀的人。不知道其他姐妹们怎么看,我觉得一个男人不管家庭条件如何优秀,但是对自己不好,那些物质上的东西跟自己半毛钱关系都没有。再说了,公婆家都那么嫌弃,即使嫁过去也不好过。女孩子都希望找个优秀的家庭嫁过去,但是有些时候太高了,又够不着。有一句话叫什么来着,挤不进去的圈子,就别往里走,为难了别人,作践了自己。还是分手好,跟着这么没责任心又不定性的男人,过日子也不会好。

小茶：单亲家庭给了迟迟很多心理上的影响,而她男友的家庭背景也给她带来了隐形的压力。我想之所以有分手后的不舍和对男友出轨的原谅，也是因为在一起不容易（家庭背景、共同出国求学、分开的思念、第三者的介入）。

明知这样未必好，可是依旧想念，这也是正常的，因为一下无法忘掉那么多的爱恨。不过从现实的角度来说，分开为好。一段好的爱情与姻缘，彼此在一起会是开心的，而不是困扰和痛苦。

32岁的我要求情感独立,却屡遭男友父母挑剔

> 剩女,是一类现象,不是贬义词。如果你没有结婚的想法,那即使四十岁五十岁都不是剩女。想结婚但因为各种原因没有结婚却因此延误了年纪,所以剩下。我们一起来看看一个32岁、寻求精神独立的文艺女青年,为何没有结婚。

幸知:

你好!

关注你微信公众号很久,看了你给许多人做的解答,偏偏自己也遇到感情困惑,已经到了影响生活的地步,不得不向你请教了。

我今年32周岁,从大学起就恋爱,分别经历了我父母不同意、对方父母不同意的两次恋爱后,过年经朋友的介绍,与现在的男友认识,已经10个月了。去年我们打算今年夏天或者冬天结婚。在恋爱初期比较平静和甜蜜,但是逼近过年时,考虑到2014年要成婚,对现实问题有几番讨论,逐渐发展成吵架。最后吵架变得极其频繁,导致我听到他的声音都会头疼。双方父母对我们都很不满。暴露出的问题有这些:

一、我和他都是独生子女,他大我六岁。我在一家国企单位任文字工作,非常忙碌,但收入在这个城市为女生中算中上。我自己有30万存款,父亲是大学教授,母亲是科研所研究人员,父母给我买了一套婚房署名是我。他是职业画家,没有固定单位和收入,单亲家庭,母亲带他长大,非常艰辛。但他艺术上比较有成绩,已经开始出头,只是经济还不宽松。没有房子,没有积蓄,基本上几个月来几万块钱,来了钱就花掉。他有才华,为人豪爽,比较有人格魅力。去年我和他讨论婚后在哪里住时,他说不住我父母提供的婚房,因为他的自尊不允许。

后来他朋友提议让我把婚房卖掉,在他母亲家旁边购房。我火冒三丈,但事后他解释,他朋友的意思不是让我把新房的钱全部搭上,而是我拿出卖掉婚房的钱的一部分和他共同支付首付,他来还贷。名字还是写我的。但是因为我家庭条件比较好,所以得我出大头,他少出点。比如他出20万我出50万,只要贷款10万就能买套小房。我依然不同意。因为我的新房是我父母掏钱,无论怎样都等于是花我父母的钱。他家那里,因为是我们这个城市比较差的片区,我父母不愿意在那里投资买房,也不愿意我们出大头。另外我父母还担心,他没有工作单位,钱不是按月来发放,但贷款每月都还,他说是他来还贷,最后会不会变成我以工资还贷?这件事也是我顾虑的。我对他的爱,还不至于到拉低我自己的生活质量也死心塌地跟随的地步。

二、在我们考虑在哪里居住之初,考虑到他是单亲家庭,我想住在我单位和他妈妈家之间的地方,考虑到上班路程,以及以后我可能会挺着肚子挤公交，住在两点中间是我想到的唯一为两边都考虑的办法。因为买房的事谈崩了，我说租房也是可以的。开始他家同意了这个方案，后来他的朋友说我太不像话，应该主动提出自己住在他妈妈家旁边。因为百善孝为先，我上班远不是理由，我累不是理由，我肚子大了到时再说，至少结婚之初我必须住在他妈妈家旁边，否则他妈妈晚上太孤独，太心酸。我承认他母亲的伟大和辛苦，但是我怎么也不明白，他根本就不用上班，不用像我一样早起，他要看母亲完全可以每天坐几站公交去看啊。他一定要住在走路几分钟就能到的地方，说这样他妈妈心里踏实。我觉得他这是在为自己的懒惰找借口，却把不孝的大帽子扣我头上。我认为如果他买了房子是在他妈妈旁边，我会去住，可是租房不就是为了灵活自由吗？还有如果买房是他付了首付，我乐意帮他还贷，可是首付我出大头，贷款可能也是我出大头，我却还要住在我不喜欢的小区，我实在不乐意。

　　三、后来我们开始为了家务争吵。我和他恋爱没两月，他就让我给他打扫卫生，说他的画室是他的脸面，干净了就表示他好。我打扫过几次，他竟然一句感谢都没有，还找我茬说哪里扫得不干净，一脸我不会干活的样子。我承认我在家里是基本不做家务的，但是我愿意学着做。所以我就忍了，下次打扫就扫两遍，把遗漏的渣渣全部扫干净。结果他又告诉我，他朋友说画室有了女人后没有丝毫变化，这个女主人也不咋的。我问，到底要什么样的变化呢？是我每天过来大扫除还是我自己掏钱全装修？我当时气坏了。他又指出某块案子上他买的紫砂壶落了灰，他的画框上落了灰，墙角落了灰，画架子落了灰。我实在懒得擦了，就提出，他应该和我一起干，这样才公平,我才不会因失衡而有怨言。他答应了,但是过不了几天他就说,他一个大男人,怎么可能做家务呢?我跟他分得太清,我太幼稚,一个家根本分不出公平。他说他是事业型的男人,那么他为家庭的付出就是拼好事业,而作为女人,就是把家把持好,收拾好,当起家,在他拼搏时,全力减少他的后顾之忧。我对他说,如果说他是个事业型男人,那么我是否也可以说我是事业型女人呢?我的工作很不错,我能力也不错,工作之余我也创作,已经出版了几本书,我也算是出色的,让我完全做家务,难道就公平吗?他告诉我,当遇到这样的矛盾时,他认为谁的事业发展会更好,谁就去发展事业,另一个人就照顾家。而他未来会有挣几千万、挣到大别墅的机会,但是这些靠我的工资和写作几乎很难带来,所以我应该为他牺牲。我们再次吵,但是吵不吵不出结果,索性作罢。

四、我父母原本对他有不满,可是没有那么强烈,自从他提出要卖我家房子、要我做家务 还有他天天吹嘘他自己多牛之后,非常反对。渐渐我们的约会也少了,因为父母一听我要见他就很反感。有时我还得撒谎去约会,但是我发现约会已经没有快乐了。基本上是我带吃的过去,他吃好了,开始抽烟,坐摇椅上跟我讲他的画、他们那个圈子的人际关系、他有多牛。而我已经不想再听到这些。有的时候会落到生活中来,他提出过让我给他洗袜子、内裤,我拒绝了。他暗示我应该给男人添衣服,收拾好男人。我心想你也没有给我买过一件衣服啊,我为什么要给你买?何况他的消费观和我不同,我讲究性价比,而他喜欢贵的,好东西。给他买一件衣服,是我一件衣服价格的四五倍。于是我只听,没有行动。然后他不停说我不能给予他家庭的温暖,他的其他红颜知己(在认识我之前和他非常暧昧的已婚女子),是如何在他喝醉酒的深夜过来送蜂蜜到门口,如何看他画画扫到了头发,就买个发卡给他,如何和他一起挑衣服,如何说崇拜他的话,如何会维护婆媳关系,如何如何……我只当耳旁风,心里已经认为,我该离开他了。

五、在我们感情好的那段日子里,我们去云南旅游。我预定了从大理去昆明的火车票,他嫌累,一定要坐飞机。而我觉得在省内没有必要花这个钱,于是我们吵了一架。我有我的问题,我吵架时喜欢赌气说"不去了""不坐了"等话。他也生气了。但是我想他大概是希望能有更多时间玩,于是就坐了飞机。整个旅游共花了三万多,来回机票、车票,所有的住宿费用是我掏。但是他自己又花了两万,我甚至就在他身边,就看着他的钱唰唰地花出去了。我对他的消费能力叹为观止,当时我以为他能花代表他能挣,而且他也确实说过,他虽然不上班,但是比工薪阶层挣得多多了,一年有二十几万。他甚至为了买鸟买花一两万都不眨眼,鸟死了,再买。鸟爪子不好,放了。他不想养鸟了,于是赔本卖了。这一切都显示他是个很玩得起的男人,可是直到我在他身边才发现,整个去年从夏天到冬天,他只进账了五万块钱。这让我对他的挣钱能力起了怀疑。有一天我就直接问他,你觉得2014年能挣多少钱,他问我为什么这样问。我说是这样的,我们要结婚,我好清楚地有个数,也好为日后生活做个打算。他说我给了他极大的压力,他刚认识我时,我从不问他经济的事,而突然来了个大翻转,他非常震惊。我认为,他恰恰是在经济上自卑,所以才害怕人问,以及才那样花钱，以掩盖自己其实没钱。

六、他参加全国一个大展，也去送礼了，希望拿下大奖，但是结果不如人意。他认识我之后摔伤过一次胳膊，掉过一次钱包。到了这个阶段，他说他母亲认为是我克他（我们相差六岁，在八字里算是六冲，我也是最近才懂这个）。而在他得知没有获奖的那个晚上，他叫我出来，说想过日子结婚了。可是我一想到他只有五万块，别说礼金、戒指等（我对他说过我不要房子不要车子不要婚宴不要婚纱照，能省好多钱呢），就连租房后剩下的基本生活开支都成问题，嫁给他实在太不靠谱，就没有答应下来。但是因为他要参加另一个全国大奖赛，我不希望他心情受影响，应该好好为比赛做准备，于是说，等他忙完比赛再来好好谈结婚。但是仅又过了两天，他就跟我说要分手，原因是他太累了……我心想也好，我也累得很，就答应了。可是分手后，十个月的感情依然留存，还是伤心的。我想再回头走一遍我们经过的那些地方。我去了他的画室，那里换了锁。他把我的所有通讯方式都删掉了。我没忍住发了很伤感的短信，竟然又联系起来了，还又见了一面。他抱着我哭，说他还是很爱我，可是这一次，是他母亲那里不同意了。他母亲说，我不是一个全心全意辅佐他的女人，我不能让他安心搞他的艺术，也不能把家担起来，更别说做家务了。到这里，我再也没有跟他联系。

七、我的疑问：我经历了三次恋爱，但是每次都遇到了父母不同意的问题，最后和男方的父母都搞得很僵，我想这里边必然有我自己的问题。我知道我不是贤妻良母型的女人，但是我通情达理，不在经济上难为男人。我希望有自己的梦想，但是也享受家庭的幸福，我实在不明白这哪里有冲突。但是我也有问题：我曾动过一个小手术，一个男友的父母提出这让他们无法接受，不知道我将来还会得什么病。三个男友的父母无一例外，都希望有一个倒贴型的儿媳：她父母家和她自己没有经济难题，她要工作不错，但是不能忙碌，或者忙碌也要随时为家庭牺牲。她要承担大部分家务，她不能有抱怨，她要吃苦，不求回报。她要以男人的荣誉为荣誉，必要时放弃自己的利益和爱好、时间、梦想。有一个男友家还明确提出，必须生孙子。

我并不后悔分手，可是我实在不明白，现在的男人和他们的父母哪里来的底气可以这样奇葩。

我一向要的是一份公平、自爱、独立的感情，不成为男人的附属品，也不是男人的累赘，可是所有男人的父母都说不行不行不行——我是女人，天生的性别决定我应该主内，为家庭牺牲奉献，而男人就是在外拼打挣钱——也不管他们是否能挣来支撑起家庭的钱，但是反正他们的儿子好牛。我可以为家庭付出，但是我不会为家庭付出全部。我要有我自己啊！难道我错了吗？

——困惑到头疼的文艺女青年

你文青可以，但是不要拉着你传统的婆婆一起文青

困惑到头疼的文艺女青年：

您好。

我能判断，你确实遇上了一枚渣男。如果这是孤立的小概率事件，没有问题。谁一生能不遇上几个渣男？如果每次遇到的都是渣男，那你必须考虑下，到底是什么让你身上充满诱人的"吸引渣男"气质。也许其实是这样：你的眼睛总往渣男那里瞄，却自动过滤好男人。

也许其中有个"重大"的原因，只出现在你求助信的头尾，即你的署名"文艺女青年"。与女文青相对应的形容词，有自主、自立，其实自主过头了就是自我，正是因为这样的标签，让你和未来的婆婆起了冲突。你要说服你婆婆和丈夫，女人是自立的，是需要经济独立和人格独立的，是不能为家庭无条件牺牲的，这话听起来都没错，但是在结婚前、还没得到准婆婆的认可前，这样云"教育"老人家，在老人家面前"气势盎然"，显然过早了些，最后只会闹僵。她有她生活的年代，你不能逼迫她顺着你的思维行事，相反，你得顺着她的思维，这才是尊重。尊重公婆，就一定不会闹僵。在世界观和价值观上，和丈夫达成一致即可，日子是两人过的，公婆说什么，表面上要和和气气地接纳，虽然内心不一定接受，你可以未来用两个人的幸福来说服他们，他们毕竟有他们的立场和期望。另外，"文青"，我做一个可能的猜测，也预示着喜欢特立独行的男人，比如你这个男友，你爱他的艺术气质浓厚，你爱他的思想天马行空，你也爱他的放纵与堕落，但是你不愿意养着他当小白脸还要像老妈子一样伺候。于是，矛盾就产生了。

永远不要给自己爱人的父母贴上"奇葩"的标签。他们指望儿媳健康，经济上自立，还顾家，没有错，就好像女方的父母也会希望女婿工作好，脾气好,多金,还对女儿专一,家长的心态都是一样的。而有些事情比如"动小手术",如果对生活没有什么影响,根本不必在意,也不用告诉对方的父母。嫁给一个人,就要一起接纳他的父母,与之和平共处。

以上说的,也许能解决你最大的困惑。你总想拉着公婆成为你文青团队中的一员,于是,他们拒绝的,不是你的公平、自爱、独立,而是你所表现的自我。公平讲究过头了就是斤斤计较,自爱过头了就是自私,独立总挂在嘴上,是对老人的叫板。

至于这个男人,失去他之后,想必独立的你还是可以很好地调适心情,选择重新开始。他是一个自卑又自负的男人。自负表现在对艺术创作上狂热的爱好、执着与假大空的梦想上。他不是一个脚踏实地的人,在"艺术家"这个疯狂的世界里,从来不缺乏这样的人。从宋庄到798到上海双年展威尼斯双年展,艺术与拍卖永远给了年轻的艺术爱好者一夜暴富的梦想,仿佛遍地是金子与机会。很多艺术爱好者,一辈子都觉得明天就有机会出人头地。虽然他们中的大部分人,都没有机会出人头地,甚至谋生艰难,但是永远不会下放他们的傲气。你的他,一面自傲,不甘于平凡的生活,一面却自卑,总爱借他人之口来强调某种不确定的属性,比如,"我红颜知己觉得","我朋友说","我妈妈说"……没有主见,容易被朋友撺掇,却自负地认为自己有着很招人喜欢的个性,天生就是被人伺候的大爷命。

谁天生只懂付出不求回报?谁不知道做牛哄哄的臆想?不化为脚踏实地的努力,它就是虚无的。

在照顾他的情绪上,你有你的分寸和妥协。从买房子这件事情来看,你要跟他结婚,是要考虑他的处境,跟你的处境相结合,取一个居中的方案。婚房和钱不动,因为那是父母的钱。他确实有他的自尊,但是一个有自尊的男人,是不是更不应该要求你的父母出钱买他片区的房子?如果你爱他,最好的解决办法是,共同租一套你们都愿意承担的房子,等到有了一定资金,再考虑购房事宜。第二种解决办法,"租"你父母的房子,每个月给你父母还租金,一人一半。

他是自私的,"我朋友认为""我母亲觉得"借他的口说出来,就是他的意见。当然只从你的一面之词可能也不能完完全全了解他心目中对你的要求和印象。他需要一个更顾家的贤妻,而不愿意与妻子一起去分担家务。他没有对你的家务表示表扬,与此同时,你有没有对他做家务加以爱的鼓励呢?也许没人天生是贤妻或者好丈夫,这样的角色,恰恰也是彼此的培养和包容造就的。

除非经历很多年的波折,否则这个男人不会那么轻易改掉身上的坏毛病。会花女人的钱不叫本事,去送礼拿了奖也不叫本事,所有的本事都是脚踏实地干出来的。

姑娘,可以找个董风月、天分高的男人谈恋爱,但是升级为丈夫的时候,一定要瞪大眼睛看看,他是不是脚踏实地的人,是不是愿意照顾你的情绪,当然与此同时,你也要去理解和体谅他。所有的爱与照顾,都是对等的。

——你的私人情感医生 幸知

爱一个人,被他身上的特质吸引,这一定是一段婚姻的基础。不过只瞄着特立独行的渣男,却必须要考虑,是否是自我的心智不够成熟。

Sharpshow2014年3月10日推送《为何女人总是难以真正独立》,可以订阅微信公众号Sharpshow,回复liaoshang14即可查看。

八尾猫儿： 我对女主最后的那句话挺感慨的,她希望得到公平、独立的感情,但是其实现实里的爱情根本不存在绝对的公平和独立。计较太多,算计太多,感情就会随着这些算计而越来越淡,会因为这些比较而变质。另外,家庭环境的差异,也是很重要的因素。

同时,我感觉她也没有为男友考虑多少。她所有的考虑,都建立在自我的基础之上。这种自我意识让她很强势、独立,也让她要求绝对的公平。

红蓝： 我想说一句话,她没遇到对的人。另外,她个性太强。女人,尤其有能力的女人,要外柔内刚。虽然我很不甘心说这种话,但现实逼得人不得不这么承认。不管男人能力如何,千年来的封建残留思想仍然余威强大。

但三任都有同样的情况出现,女主就要考虑自己的问题了。态度方式强势或者表达不够委婉，就容易引发对方心中强烈维护自己自尊的意愿。但女主的想法，包括她的道理，我都很赞同。

另外，艺术成就高的人，一般责任心都很少，尤其枉顾道德。所以这样的人，不太适合和普通人结婚。

小磨叽： 想对男主说，生活并不是艺术作品，可以随心所欲。

四月白： 她的考虑是很正常的，确实没有绝对公平的环境，大家对女人的要求还是更倾向于传统的东西。毕竟国人的传统包袱比较重，女人太强势地面对两性关系会遇到很多阻碍。

天山雪莲： 感觉女主家庭条件比较好，经济独立，人格也较独立，想找个能理解她认同她的独立追求平等和梦想的男人，其实很不容易。现实总是让她碰壁。在结婚的时候还有一个很大的障碍是父母的观念，这确实也是中国的普遍情况。相爱总是容易相处太难。她遇到的不是和自己同一类的人。女主的心态还是要调整，理想太丰满，现实太骨感。

傲蕾一兰： 理想的婚姻，两个人应该在感情上、经济上、生活习惯上、人格独立上能合拍。第一，在感情上，两个人互相吸引。但是女主追求的是独立平等的爱情，个性比较自我，在经济上比较务实。男主是艺术家，天生散漫以自我为中心，这为日后两人的矛盾埋下伏笔。第二，在经济上，两个人经济背景相差较大，感觉在经济方面两个家庭总是不能找到解决的办法，矛盾一直在或明或暗处。第三，生活习惯上，做家务的问题确实比较困扰，如果男主能主动帮一点忙，哪怕是给一个态度，女方都能很欣慰并且乐于为了家而付出。但是在家务的分工上不能达到一个共识，会为婚后琐碎的事情埋下很多定时炸弹。第四，人格独立。男主自己没有主见，总是朋友在自己耳边说了什么，就以此要求女主，这无端给女主造成了很多压力和困惑。有些时候，男主和女主应该抱团，有一个小家的概念，去对抗外面的风风雨雨。而不是朋友婆婆灌点耳边风，就轻易地让两个人隔了心。

幸知：另外想跟大家探讨一个问题，当女性的自立的角色期待，跟生活中的角色要求（比如贤妻，为家庭牺牲一切）相冲突时，各位会如何做呢？

红蓝：我会选择独立，宁愿不结婚。就算是现在（结婚十年后），我也在逐渐地找回自我，不再做多余的牺牲，要傲娇起来。

未未：我会保留自我。

天山雪莲：找个折中的做法，两人各退一步。

seeU9036：这种冲突如果发现得早，还有考虑的时间。很多时候，处于热恋中的两个人结婚了，还没想过家庭分工的事。

四月白：可以适当地退让一些，但是必须要保持自我的东西。牺牲总是在某一刻有的，眼前吃点亏，是为了家庭的整体幸福，但不意味着永远牺牲下去，女性往往把牺牲当成了必然。

幸知：为了家庭，有时候适当牺牲是必要的。

不过"牺牲"这个词，也需要一分为二地看。有时候这是个人选择问题，未必说我留在家不工作就叫牺牲。当几年全职家庭主妇，陪伴孩子一起生活，也是非常非常快乐的事。但是时刻不要忘记，要在心中留有明晰的人生规划，不要脚步从此就跟着孩子走了，自此逐渐放弃了自我。这才是可怕的事。

纪维钟：我虽不赞同女权，但我挺赞同女性独立，在我的观念里彼此尊重是一种契合的开始。成熟及自信，才能让女性显得丰富而有魅力。

今天的中国社会，女性成长速度其实远远超过男性的自我觉悟，这也是为什么越来越多的女性朋友们找不到合适的男朋友或老公很重要的原因。这是历史发展的必经阶段。

CHAPTER 3

七年之痒,无处可逃的忧伤

我曾经爱过你

爱情　也许在我的心灵里

还没有完全消亡

但愿它不会再去打扰你

我也不想再让你难过悲伤

我曾经默默无语地

毫无指望地爱过你

我既忍受着羞怯

又忍受着嫉妒的折磨

我曾经那样真诚

那样温柔地爱过你

但愿上帝保佑你

另一个人也会像我一样　爱你

　　　　　　　——普希金《我曾经爱过你》

我写过一篇文章，对出轨四阶段做了一个理论阐述——以我日夜兼程得到数以万计的咨询案例为基础。虽然爱情、婚姻是件感性的事，但是大数据分析会无情地告诉你，有些经过，你几乎难以逃离掉。你不是这个星球的圣人，你以为你家庭中的种种跟别人不一样，你以为你们爱情的种种坚贞不渝会经历非凡考验，但事实并没有这么乐观。我们太相信自己，都以为我们自己、我们的爱情多么与众不同，而忘记了从别人身上汲取经验。在爱情的人肉长河里，这都是惯例。

在这一章，我想说说七年之痒。

七年一说未必绝对，这只是一个通常意义下的时间词汇。就像是"出轨四阶段"，有些情侣可以横跨好几阶。有些婚，过了七年就不想结了。有些爱，过了七年就淡到亲情了，这时候总觉得缺了点啥，但是离开又不舍。也许你会犹疑，亲情难道不好吗？好，但是，男女之间若只存在亲情，不如说是爱无力，就好像我们说一个姑娘温柔，也许是因为想不到其他的词汇来形容了。

对于婚姻中的出轨阶段，最糟糕的莫过于从妻子的"产后第一年"开始。这是丈夫极易出轨的第一阶段。有的妻子似乎还没有意识到两个人有什么问题呢，每天操持家务，照顾孩子，老公就出轨了，难道我做错了什么吗？发现后只觉得满心不解和憋屈。事实上，从怀孕开始，稍有不慎，分裂的关系就悄悄埋下伏笔，只是女性不自知。产后第一年，家庭生态结构发生变化，如果丈夫在这个家庭里没有插足的空间，甚至还要常常面对母亲和妻子鸡毛蒜皮的矛盾，而且，整个家庭围着小宝贝转，他感受不到妻子的关心，只是感受到家庭的压抑，却回不到恋爱时的你侬我侬。这时候如果调整不好，他的心就开始在家庭之外萌生。而妻子呢，往往觉得憋屈，作为新妈妈需要适应太多太多，生产的痛苦尚未完全褪去，还要学习养育孩子的知识，还要适应与老人和保姆相处，适应不断地起夜而丧失了自己的生活，适应一个插不进手的丈夫，难免会多一些责怪和要求。

第二阶段是七年，一些夫妻在这个阶段处于事业瓶颈，需要找到新鲜感和成就感，有家有娃，社会意义上繁衍后代的责任完成，有的夫妻会开始质疑婚姻的意义，而此时工作又无法提供足够的成就感。在有些夫妻身上，往往是第一阶段和第二阶段合在一起，从而家庭生态发生了改变。

第三阶段往往是事业稳定期，43~48岁，夫妻同时处于家庭叛逆期和回笼青春期，婚姻中的一方自以为十几年二十年的婚姻在时间上足够站得住脚，把婚姻关系视为常态，而忽视了另一半在叛逆期的情感需求。

第四阶段来自空巢期，60~65岁。女性离开更年期的焦躁，与老伴相依，按理说，更应该懂得生命的意义并努力珍惜。这个时候子女往往都已从家庭中独立并繁衍了下一代。这个阶段又一次考验妻子和丈夫的相处模式。有的女性，慢慢寄情于对下一代子女的抚育，甚至介入新的家庭关系。如果边界处理不清晰，很有可能影响孩子的夫妻关系，反过来影响自身的夫妻关系。这个时候夫妻双方改变得动力非常虚弱，甚至有一方会"离家出走"。"都这么大年纪了还折腾什么呢？"孩子的忽视，旁人的低注意力需求，都会影响家庭的和谐，继而引起一方或多或少的精神或肉体出轨。

闪婚七年,虚假幸福无以为继

> 我们常常谴责出轨者。可是这个出轨的母亲,却让人难以谴责。也许我们会以为,自己命中注定属于一段乏善可陈的婚姻,那么,恪守妇道相伴一生即可。未曾想生活中还有那么一点不经意的波澜。于是恶与善交织,于是道德底线和情感需求相撞。于是无助,不知道如何舍又如何得。

幸知,你好:

这个时候看到你的微信,很感恩。我带着一颗真诚信赖的心向你诉说我的故事,希望你在百忙之中能看见。现在的我迫切需要你清晰的建议。

感情受创,闪婚后并不幸福

我是一个7岁女儿的母亲,今年34岁。我和老公是闪婚的。当时由于在感情上受创,迫于各种压力,就急迫地结婚了。很快,我们就有了女儿。我老公是那种认真、老实,有点偏执的大男人,很善良,重情义,但感情方面粗糙。我外在看起来是个贤妻良母,内在是渴望浪漫和风情的,又很单纯喜幻想。我们两人都不善表达情感，加上他还有喜欢扎牌、喜欢抽烟喝酒等让我反感的习性，我一个人带着女儿还要做所有的家务……在种种因素的共同作用下，我们就像一般小家庭那样爆发了很多矛盾。

为了不让女儿受佐，我更多地选择隐忍与冷战，最让人受不了的是，一闹矛盾他就连女儿也一起冷落，低落得好像全世界都欠他一样（后来学了身心灵，才知这都是有原因的）。冷暴力是最伤人的，所以我总是觉得委屈、压抑，觉得为什么作为一个男人这么计较，不懂得包容。而他也觉得我冷漠，不关心体贴他。可每次一和好，他就会表现出一段时期的"好男人"情怀，好得让他做啥都行。我也深知，我们两人心里都是割舍不下对方的，都想好好经营这份婚姻，只是都不懂怎样沟通。我清楚这不是我想要的生活，但没有勇气打破。我以为会像大多家庭一样就这样凑合一辈子，可是这世间还真是有安排好的。

女儿出生后，出于对早教的热爱和兴趣，我在家里办了一个小小的早教园，可以方便照顾女儿和家庭。由于经常上网学习，慢慢地，我接触了中医、新教育，还有身心灵的世界，内心非常激动和喜悦。我开始思考，我内心真正想要的是什么，我的人生使命是什么，我该怎样过这一生才能不辜负自己。我也开始学着爱自己，接纳自己，做自己，也突然明白了很多因缘，知道了改变别人是不可能的事。可我的老公还是停留在原来的状态，对于我的"发现""分享"，他总是泼冷水，评价我"唯心""单纯"。就这样，我们两人渐渐地已不在同一个世界，虽然表面很平静，可是从没有心与心的交流。甚至慢慢地，我非常抗拒和他过性生活，每一次的拒绝总是会换来一次冷战，但我心里也非常明白，我是不敢离婚的人，没有做好自己，也是遇不到生命中的那个人的。所以每次我都努力维持和好，臣服，放下，学了一些东西，至少维持婚姻平静不是太难的事。

偶遇传说中的"灵魂伴侣"

可能自己的潜意识里是很不甘的，在去年8月，我的早教园就要开学的前几天，我偶然在网上看到一篇博文，衢州有家私立学堂在开办自助教育培训班，可带孩子一起学习。当时不知怎的，我一下子就心动了，准备停办家里的早教园。不管家人多反对，我还是带着女儿来到了衢州，故事就这样开始了。

有一位来自南昌的爸爸也带着儿子过来学习，原本是想让妻子留下他回去做事业的，可阴差阳错最后他留了下来，我们就这样开始接触了。整整半年多的时间，我俩几乎整天都在一起学习，照顾孩子们。生活很琐碎平淡，神奇的是，我们非常开心喜悦，性格上有着完美的默契。我俩都感到从没有过的宁静充实，在灵性层面来说，感觉就像传说中的"灵魂伴侣"。让我深深感动的是，自己多年来一直渴望被珍惜、被了解的情怀得到了很大程度的满足。我们一起学习新教育和中医养生之道，开始探索身心灵的世界，双方都得到了很大的提升。就这样，我们很自然地走到了一起。在性的认识上我们也惊人的一致，注重身心融合，绝不勉强，不追求发泄，让我真正感受到身为一个女人的伟大幸福。我们经常用心交流，感受美好的共鸣，同时深深的犯罪感、愧疚感也随之而来，我从来没想过自己也会出轨，更从没想过今生还会遇上这样的男人。

在我犹豫难过的时候，他总是坚定地对我说，他要和我在一起，不要做《廊桥遗梦》里的男女主角，我们要一辈子在一起。他会先和妻子离婚，然后等我。我知道，这种事情哪有这么简单，我是一个优柔寡断的女子，虽然和老公在一起只有亲情没有爱情了，但这么多年来老公对我的恩情还是很重的，我们的婚姻也没到破碎的地步。一想到要这样伤害他，我的心如刀割一样疼，老公已经没了父母，我和女儿是他唯一的亲人了，我们之间的感情依赖还是很强的。

婚姻与幸福，我该如何抉择？

有一次，在我摇摆不定的时候，我们一起找了一个网上的心理咨询师，让他帮忙看我们的姻缘，没想到，心理咨询师看到我们很多前世都是恩爱夫妻，说只因情债未了现在才认识，还说了一些非常精准的生命信息。且不说是真是假吧，我们两人那种可以无话不说、真实地袒露自己的相处模式还真是可遇不可求的。他也兑现了自己的诺言，在去年回家时和妻子提出了离婚，在年底真的"平静"地离了，现在他们就像好朋友一样记挂对方，这让我很不可思议又佩服。我一直都下不了决心又舍不得离开他，就商议在一起合办一个自助教育的学堂，这是我们共同的梦想，没想到我老公也答应了，就这样，今年我们一起到离我家较近的城市找了房子，开始一起创业，在外人看来，我们就像一对合拍的合作伙伴，只有我们自己才清楚"在一起"的日子有那么多不可告人的心酸和甜蜜。

到现在，快一年了，原以为，随着时间的推移，整天在一起的摩擦，我们的感情也会慢慢淡化,可是,我们却发现越来越分不开了,他对我的那种珍爱、照顾、了解总是让我感动得想流泪,我们志趣相投,连梦想都非常接近,虽然创业的日子很难,生活艰辛,可我们从不埋怨,积极乐观,互相鼓励,努力提升自己。

他很尊重我,从不给我压力,总是说,现在他自由了,又和我在一起生活,真的很满足,不管多久,他会一直等着我,直到我和老公也平静地分开。我知道虽然他从不勉强我,但内心肯定渴望能真正和我在一起,肯定有着期待。我呢,总是这样起起伏伏,又不敢也不忍心和老公提出来,还有非常害怕面对来自我父母的压力,还有心灵上的谴责。就这样带着一颗分裂的心摇摆着,有时真快崩溃了,有时真恨自己,我真不知该怎样面对这个人生课题,总是在逃避,有时也安慰自己过好当下吧,一切自会有安排,可我知道这肯定是我要勇敢面对的,只是我真不知怎样去做,才能不伤害别人,又不委屈自己。希望幸知能给我一些建议,非常感谢!

——周扬

选择和放下,才是真正对婚姻负责任

周扬:

您好。我在《咨询师笔记》中曾提到,在情感问题中,最痛苦的莫过

于完美主义者，因为完美主义的癖好，而犯下情感拖延症。

完美主义者通常希望鱼和熊掌兼得。如果只有鱼没有熊掌，那么就痛苦等待，只能得熊掌而不能得鱼的时候，依然还是保持痛苦等待，并且无休止地拖延下去，并把选择权寄托于上苍，希望它冥冥中给予安排。

我们从来看不到传统意义上的"坏男人"或者"坏女人"太痛苦。举个例子，虽是渣男，却懂情爱，哪怕今天爱这个明天爱那个，哪怕家里红旗不倒外面彩旗飘飘，你只见男人的女人们争红了眼，却没发现这个坏男人并没有太多烦心事。为什么？他们懂得"放下"，他们不祈求两个或者三个女人完美地相处在一起，哪怕"东窗事发"也是逃脱了事，你们打斗，关我何事？我找我的第三个。

我上文所说，不是为了赞赏渣男坏女，而是想说选择和放下的重要性。

下面开始说你的事情。

你们的婚姻结合，一开始的"草率"，为未来的痛苦埋下伏笔。不过现在多说无益，我们无法 ctrl+z 回到七年之前。你们俩作为孩子的父母，一辈子的血脉联系，它就在那里。你是个传统的好女人，想必是渴望从一而终的，认为这才是女人最值得骄傲的本分。宁可伤了自己，不愿伤害身边人。相爱的两个人，如果一天两天不懂沟通，可以改变，七年十年不懂得沟通，加上世界观价值观的分歧，再沟通想必很难。双方的冷暴力，你对他隐忍，他对你淡漠，你割舍不了的，究竟是真实的他，还是因为长时间相处、外加传统五讲四美导致的情感拖延症？

所谓"这世间还真是有安排好的"，其实初始于你的付出与内心渴望。

你为什么着迷于中医、新教育、身心灵的世界？从另一个角度说，难道不是因为婚姻不够幸福而借以逃离吗？如果你和爱人心心相通，生活和美，你还会"机缘巧合"地打开这一扇窗户吗？你的"唯心"和"单纯"，是你对现实世界不满的逃离，却未曾被你丈夫真正理解。你逆来顺受地认为，命中注定我要这样过一辈子，所以不断地选择和好、臣服、放下，但你内心一直渴望叛逆和逃离，只是思想左右了内心。你跑到衢州也好，后续创业也好，是你内心真实想法的投射，即使没有遇到后面那个他，可能你会一直想着保持夫妻之间相敬如宾即可，同时做好自己想做的事来满足自我麻痹自我，来忘记自己内心真正所想，即"迫不及待地逃离旧有的家庭生活"。

你的难过、左右摇摆源于你的负罪感，你想爱却不敢爱，因为传统思维给予的定性。你像是偷尝禁果的亚当夏娃，你给自己的爱情设计着悲剧的电影结尾。你梦想完美主义，能够跟爱的人一起生活，又能够不伤害丈夫和孩子。为了不伤害他们，你宁愿伤害自己。而事实上，在出轨之前，你们的爱已经貌合神离，如果夫妻之间的维系，只剩下同情和所谓的恩情，还有你的绝望，你觉得这样的爱情，这样的冷暴力和隐忍，能够给孩子树立一个好榜样吗？你的摇摆不定，对现在的他，又何尝不是一种伤害呢？

你一直在逃。从始至终在逃离过去的婚姻。无论是以重新学习的方式，还是离开这个城市的方式。但因为你总梦想完美不伤害，因为你贤妻良母的角色扮演得太好，而忽视了自己真正的需要。你要懂得理清内心所需，懂得放下与放弃，懂得为自己的选择承担责任。如果你选择重回这个家庭，那就把这段爱情尘封，爱过拥有过就值得，世界上最美好的事情，往往在于"不能得到"。如果你选择他,那就勇敢跟他在一起,冲破世俗的藩篱和桎梏,哪怕选择换个城市生活。男人没你想得那般懦弱,没有你就活不下去。你的道德束缚往往放大了丈夫所受到的伤害。你也可以和丈夫像朋友一样举案齐眉。告诉孩子,让她接受一个成年人的选择,也许这会是她人生的第一节挫折课程,但是必须迈过去。另外,父母不会给一个34岁的女儿压力,他们给你压力,也是希望你能过得快乐幸福。而且,你又何尝没忤逆过父母?你的压力说,是为了逃避"选择"。你曾经做出过来到衢州的举动,不也是父母和家庭所不希望的吗?但你还是选择了。再则,勇敢一些,如果选择爱,就不要带着负罪,要从内心真正接受,只有这样的爱才能让你们保持快乐。最后,如果选择和他在一起,一定要考虑好现实问题,子女的安排,城市的选择,父母的赡养,未来组建家庭后需要共同面对的问题。浪漫和风情总有一天会终结,柴米油盐依然是逃不开的归宿。

我们所有的痛,都来源于不敢或者不愿做出选择,或者在做出选择后不愿意为选择担负责任(而这样的逃避,看起来没准备伤害人,却恰恰在伤害所有人)。

——你的私人情感医生 幸知

幸知:

您好。

非常感谢你的回复，细腻的分析让我的心一下子明朗了很多，你说的都很对，有些东西只是自己不敢理性地去想，我想爱不敢爱，又渴望爱，当爱真的来临时，我却不敢去拥抱。说是不想伤害别人，也许内心深处更多的是害怕面对道德的谴责，没有勇气去承担选择后的责任，就像你说的"男人没你想得那般懦弱，没有你就活不下去。你的道德束缚往往放大了丈夫所受到的伤害"。在我出轨前，其实和老公已经貌合神离，如果那时我勇敢地选择分开，虽然会很痛但我会觉得心安很多，就像一方决定好要提出离婚却突然发现另一方得了重病，那心里就会纠结。我不知这样的比方适不适合。

现在我要考虑的是我女儿和父母，忘了在哪里看到过：夫妻一方出轨，其实从灵魂层面来说，对方一定是第一个知晓的，只是肉体上不愿去面对，只是在潜意识里可能会做一些改变来挽回。不可否认，老公也确实改变了很多，至少和女儿的连接越来越深，不像以前，总给不了她安全感。也许，是距离产生了思念和爱。

我女儿是非常懂事的，相信我会努力让她安然地迈过去。其实我最怕的还是我的父母，尤其是妈妈，她是一个很强势的女人，从小我就是乖乖女，屈从于她的权威。她有一套属于自己的"坚强的"人生价值观，在她眼里，所有离婚的人都不是好人，出轨就罪加一等，无论怎样都该熬下去。

有一次和老公闹矛盾，被她知道，马上赶过来劝和，强硬地要我妥协，哭着说了一句让我心痛的话："你长这么大，我和你爸没享过你的福，我们身体都不好，只求你别让我俩操心行不？"这句话每次一想起都会针扎一样疼。虽然我清楚他们是爱我的，以他们的方式来爱，最终的目的是希望我幸福快乐。可是这么多年来，虽然我努力让自己走出他们带给我的传统思维模式，努力为自己的生命负责，可是内心还是非常害怕他们为我所做的"担忧"。

"而这样的逃避，看起来没准备伤害人，却恰恰在伤害所有人。"是的，幸知你说的很对，这样逃避下去，问题只会越来越严重，是拿出勇气解决的时候了。很多现实问题，如你说的子女的安排，城市的选择，父母的赡养，未来组建家庭后需要共同面对的问题——他也经常和我讨论，征求我的意见。其实我们现在过的就是柴米油盐的日子，很平淡，创业初始很艰辛，不过他的心灵力量很强大，从不气馁，总是鼓励我处理好每一个当下，一起分担日常琐事。说也奇怪，以前在家里觉得烦琐、没完没了的家务事，现在总是让我满心欢喜地抢着做，乐在其中。

是的，浪漫和风情总有一天会终结，但就像他说的，不怕。因为我们都是很愿意成长和提升的人，注重心灵的沟通，内在会越来越强大的。

——周扬

 幸知点评

在任何一段婚姻中，我们都会遇到问题，关键是面对的态度。在周扬跟她丈夫的婚姻中，她面对的方式是逃避，是隐忍，是修身心灵来修行一个更好的自我，把自己净化成一个"救世主"，从而去更好地忍让。而在新的一

段爱情中,她学会了面对,试着在不断相处的过程中通过沟通这样的方式来达成,这一点,是她在之前的爱情中所没有的。这对她个人的成长来说,是一种进步。她也必将学会迈出新的一步,并直面她和她的丈夫之间的沟通。

Sharpshow 2014 年 4 月 17 日推送文章《夫妻遭遇外遇后如何回到正轨》,可以订阅微信公众号 Sharpshow,回复 liaoshang17 即可查看。

做和在: 道德的约束往往扼杀了最美的爱情。可是就算她不离婚,爱的却是另一个人,对她的老公来说,难道不是更大的伤害吗?做自己想做的事情,抓住自己的真爱吧,这不是一件见不得人的事。

淑刚: 我不知道该怎么回答了,因为男主角的情况和我很相近,但他们比我更幸运,因为他们还能在一起,我只能在离她最近的地方生活,让她感知我的存在,即使她不同意跟我在一起,我也愿意承受一辈子孤单。关于道德,本文中,女主角已经变心了,还把家人蒙在鼓里,岂不也是不道德。我认为她要和家人说明情况,假如她的丈夫真的像她爱第三者一样爱她,会努力挽回她的。到时候她再做选择也不迟。

纪维钟: 一个陌生男人与她一起开始一份事业,她老公没能有所触动?真的一无所知?这是我的疑惑之处。她的灵修课上得越多,她越是过不了道德这一关。她需要情感医生帮助她厘清婚姻中的逻辑关系。

如果她脱离不开道德的枷锁就应该与后来的所谓真爱保持距离,重新审视自己的家庭，虽然丈夫有陋习，但可以试着通过第三者的介入引导他们夫妻之间的沟通。

如果为了心中对所谓爱情的无憾，那就需要脱离精神枷锁的束缚，平和地与丈夫离婚，而选择她的真爱。对他们现在的三角关系而言，只有这样才是真正的负责，因为每个人都可以得到一份明确的结果。

简拙：她丈夫给她的那种爱并不是她想要的。或许她丈夫以为他那种方式就是爱她了，但得不到她的认可。

幸知：纪同学的说法是可以参考的，她的丈夫真的对这段出轨一无所知吗？如果真的一无所知，那就是太不关心自己的妻子了。还是知道了，但是内心不愿意去相信？谁都没有捅破这层纸。其实，两个人都要学会正视彼此的需求，如果男方早就开始主动，那我估计挽回案主的可能性会非常大。因为本质上她一直是缺乏爱和关怀的。

在这场婚姻中，之所以发展到目前的这个情况，一方面也是因为男方在感情上太过"粗糙"（女方的原话）。案主本人优柔寡断，一直下不定决心和谈，她没有勇气和谈。如果有勇气，我今天出轨，我就大声嚷嚷我出轨了，那她就不会遇到这样的困惑。这和她的性格有关系。

如果她不是隐忍的性格，可能他们的婚姻早就崩裂了。

他们夫妻之间的相处方式，也是有问题的，彼此爱的方式不同跟她的不习惯表达也有关系。她就委屈压抑，但是两个人没有心平气和地去坐下来好好沟通，所以夫妻相处，是一门很大的学问。

精神出轨,他还会回来爱我吗?

> 把第一次给了最爱的男人,这个男人成了丈夫,甚至为她来到她所在的城市。婚后,她幸福地努力工作操持家务,他们从不吵架,他们是众人眼中的模范夫妻。这,是不是很多女性羡慕不已的爱情?可是七年了,爱情怎就全然崩溃?

亲爱的幸知:

在这个人生的迷茫期,非常幸运认识你。我把你公众号上的文章一直翻到最底,获益良多。

我的问题说起来很老土,就是七年之痒,丈夫精神出轨,我想挽留,并且希望自己和爱情都得到升华。

与他结婚,是我这辈子最幸福的事

先说说我自己。我今年35岁。结婚七年。丈夫是我的大学同学。我是一个传统意义上的"乖女孩",容貌平常,性格内向,跟好朋友在一起很自如,见到陌生人很容易紧张。家教保守,甚少异性朋友。我的爱好也都是很安静的类型。在外人看来我沉默寡言,刻板木讷,但我对自己这种性格挺满意的。为啥活泼才算好性格呢?我喜欢这个安静的自己。我到毕业那年才开始我的初恋。他就是我的丈夫。他那时有些内秀,喜欢文史哲,善辩,聪明,有点"痞"。由于他之前有过几段恋爱,还比较能猜测女孩子的心思。我 fall in love 了,他一下子给我打开了一个完全不同的世界,我很快爱上了他。那时,我的喜怒哀乐都掌握在他手里了。毕业前因为他的前女友的一些问题,我们分手了,我很痛苦。毕业后我们在两个遥远的城市。

  工作后他又通过电话找过我几次,他一个人在异地孤苦伶仃,而我又放不下他,就维持着联系。过年时他来我的城市看我,我们像情侣一样逛街看电影。这一年的夏天我过去看他了,那一次我"勇敢"地做了我以前未曾想过的事。我们在两个如此遥远的城市,不知道有没有未来。可是我心里爱的是他,我想我将来不管嫁给谁,我都要把第一次给他,就算以后的丈夫介意我也不后悔。我那时觉得这是一个很神圣和重要的表达方式。但就跟所有的异地情侣一样,我们吵吵闹闹,分分合合,中间又分过几次手。每次都是我苦苦挽留,睁开眼闭上眼都是他,我爱他,却也不能舍家弃业去投奔他,他的负担也很重。我爱得死去活来,他也觉得离开我之后可能找不到一个这么爱他的人了,我就是上帝指给他的那个人。最终他辞去体制内工作,来到我的城市打工,然后结婚。结婚的时候我感到非常幸福,这是我们认识以来,他最在乎我的一个表现。尽管结婚证照片上,我笑得很灿烂,他却表情平静。

在爱情中迷失自己，与他越来越远

婚后我的工作很忙碌，时常加班，周六也上班，但我还是把所有家务包揽下来，尽量照顾好家里家外，照顾好他的饮食起居。而我，也停止了自我进步，没有了和他一起阅读看电影的时间，也减少了和他深度交流的时间。家里的宠物花草，家具装修，大小家什都是我挑选和喜欢的。那时他也挺宠我的，我享受着前所未有的快乐和幸福。就这样过了几年平淡的日子，我管着他的工资卡，打理钱财，分配各项开支。现在回过头来看，是我在自以为是的爱情中迷失了自己，我和他的距离竟越来越远。他的事业逐渐起步，而我一直是大公司的小职员。我忙于杂事忽略了他的精神需求，忽视了他的内心世界。

结婚前两年，我没特别想过要小孩，中间他有两年在外地工作，一个月回来两次。后来我就有点急了，怀疑自己有问题，就去医院检查，换了几家医院，连最先进的医院都检查不出问题。他也去做了检查，结果也正常。我跟医生说我想做试管婴儿，医生说我们都很正常，没有手术指征，让我们再回家试试。我心灰意冷，认为西医看不好，就又去看中医，吃了好几个月的中药。后来怕药吃多了不好，又改为药膳……求医问药的过程很漫长，也很揪心，我心里特委屈。后来我终于想明白了，我不是怀不上，而是我们在一起的时间太少。

刚结婚时，可能由于我之前是处女的原因，经验不足，不懂怎么配合他。我那时确实对此不算很上心，至少我在床上不符合他的期望吧，而我们对这件事交流甚少，慢慢地他的热情消退了，我逐渐变得冷淡了。后来我发现他半夜手淫，却没有要求我，我很难过，不知道怎样沟通。再后来我发现他电脑里存好多A片，时常趁我洗澡或睡着的时候偷偷看。他一直以为我不知道，而我也装了很久不知道。有一次我终于忍不住发了脾气，我感到很受侮辱，与他长谈了一次。然后我们又维持了一阵子，但始终不算太和谐，没有一齐到达过顶峰。后来我测排卵而要求他几时做的时候，他有些反感了，其实我又何尝快乐呢？我尽了管家婆、妈妈和保姆的本分，却做不好情人。在爱和性方面，我都压抑着。这些我都主动给予，为何没有得到对等的回应呢？

有一次（唯一一次）翻他手机，发现他在外地工作时竟然借了一个装满A片的硬盘给一个十几岁的女网友，双方应见过几次面。我抓狂了，各种闹啊伤心啊，他一再表明只是普通网友，没发生什么，改过就算了。我知道他在网络上经常与一些女孩打情骂俏。

就这样过了几年性生活不和谐的平淡日子，除此之外我们在别的方面倒是谈得来，对一些问题的看法比较一致，他说和我在一起挺开心的。我最大的心愿就是要个孩子，他则认为无所谓，但可以配合我。

我开始尝试改变，老公却已精神出轨

尽管我没再查看他的手机，没有查通话记录，没追踪，但我还是隐隐地感觉到了他这几个月的变化。以前他吃完饭就在沙发上看新闻玩游戏，但最近开始不停地发微信，而且有意避开我的视线。我觉得将会有事，心里隐隐作痛。这个月我已经辞职在家专心备孕了。我希望借此来完善自我，改善和他这种不热不冷不紧不慢的关系。可有时准备做得越充足，却越想放弃。月初他与我长谈一次，说压力很大，新换了个工作，不受领导重用，工资比许诺的少了很多。他家里一边要求他在事业上更进一步，一边催促他要小孩。他顿感无力，没有一个问题能解决好。而我，把钱和时间都控制得死死的。他说我是一个按部就班但求安稳的人，而他想活得随性一些，不用做太多规划。上学工作结婚生子，个个都是条框和枷锁。我反思了我们婚后的生活，家务和家事我都安排得妥妥的，一开始以为是挺体贴的，但没考虑到他渐渐对这个家失去了参与感。他很优秀，对所有人都挺好的，在这份爱情里，始终都是我在主动，我付出的多一些。他的接受便是我最大的满足。我害怕他喜欢了别人会离开我，我只好管住他的工资卡。那天晚上他哭着说感到很委屈，很不自由。我很难过，但我决心改变自己，改变接人待物的方式，他说我太顽固。就性的问题，也讨论过。我们确实有一些观念上的偏差。有时觉得他把太多问题藏在心里，就那样闷着。

就在我尝试改变的这几天，他考虑良久，突然说："假如我们不再在一起了，你可以接受吗？"我一下子懵了，这次恐怕真要失去他了。他坦承他喜欢上了一个女孩，很漂亮，是以前的同事。他是她的男闺蜜，他一直在跟她发微信。他说手都没有拉过，就是喜欢了。而且对方年底就要跟别人结婚了。他说也不是因为这个女孩跟我离婚，他只是不想再受婚姻的束缚。他说，婚姻是违反人类天性的，凭什么法律规定你只能喜欢一个女人，只能跟一个女人上床？凭什么就要结婚生子按部就班地生活？或者勉强维持这段婚姻，生个孩子，然后出轨，欺骗小三和老婆？说了好多好多，而我，只是心碎。结婚七年来，我们基本没有吵过架（是不是太没有激情了），也没有说什么分手离婚的气话。这一次，我知道他心里藏了太多的委屈，来自他家，也来自我们家，来自事业，也来自平静的婚姻生活，来自他向往自由的心。想到这许多年自己的追求和苦守，隐忍和压抑，我哭得不能自已。他说他净身出户，房子留给我。我说离婚后不再联系，别再找我，我要开始自我的新生活。他犹豫了一小会儿，大概他认为我们还是谈话的伙伴儿。我们甚至规划了一下离婚后各自的生活。他问你会再嫁人吗，我哭着说一定要找一个爱我的人，我不想孤独终老……

我仍然希望得到他的爱

幸知，我不想过周末。这个月我刚开始了全职太太在家休养的新生活，我本想由内而外改善自我，未曾想过会有如此变故。而所有这些谈话，都是在周末。不管怎样，他喜欢别人了。他时不时半夜睡不着起来发微信。他经常更新朋友圈，却把我拉黑了。而我，从前只知道投身于工作和家务事，现在先是没有了工作，又可能失去家庭，一败涂地啊。这几天我不停地看你的公众号，反思我们的关系，自己的种种心路历程。这段感情可能就失败于我太过主动、太少变化吧。没有让他感到参与和争取的快乐，弃之如敝屣。我花在自己身上的心思太少了，以为爱了，就是全部。而他总是一下子就能看透我单纯的心思，但我却看不透他，不能到达他的内心，他花在别人身上的心思就多了。我仍然爱他，希望能挽回，但这一次，我不想像以前那样求着要他接纳，我想成为一个更好的自己，重塑自我，我希望能重新找工作，重建属于自己的圈子和生活。

假如不离婚，我也觉得以后会过得不好，他更多只是处于经济共同体和家庭伦理来考虑，还有就是考虑到我不知道能不能再次结婚生子的问题，因为我说过很想要一个孩子。还有就是，不能避免生小孩后继续出轨的问题。而我，仍然希望得到他的爱。

在别人看来我们是挺好的一对。两个人一起奋斗，生活也越来越好。我挺宽容他。家里的经济大权我也独揽。虽然没有孩子，他和公婆却不当面说什么。而我，自己肚里的这些苦水，从未对别人讲过。

后来他终于说出了实情，他去过女孩所在的城市，他们开了间房，一起聊天，从下午到天明。他说肉体没有出轨，两人在两张床，一直在聊天，非常聊得来，她完全是他喜欢的类型，漂亮，有点小傻愣，好奇，对他有点崇拜，心思细密。他一再强调他们聊得太开心了。他们都知道这是出轨了，因为他们各自有家庭。他对我说他们彼此相爱了。他想和我离婚。

他说，大学时经历过几段失败的恋情，以为自己不会再爱了，结婚就是找个有默契、互相喜欢的人走一生。于是我们就结婚了，直到现在我依然深爱他。在这七年的婚姻生活中，他不是没有遇到让他怦然心动的人，但他还是相信婚姻，没有出轨也没有玩弄别人的感情。然而这一次他碰到了让他把持不住的人，他确信他爱上了，确信这是爱情。他终于说出了他想离婚、房产和钱物给我、净身出户的要求。

我流干了眼泪，现在只剩下心悸、心寒。他说结婚时无爱，现在找到真爱了，就要跟我离婚。

我还是深爱着他，不能自已。他爱她更胜于我，我明白这一次要放手了，心里有个怪兽却让我忘记这一切重新开始。好乱好乱，心痛。我最近晚上都只睡3~4个小时，白天处于游离状态。想到他即将开始新感情，弃我如敝屣，我好难受。

我35岁了，外貌显得比较年轻。结婚这七年，虽然婚姻生活不是很完美，但他确实是宠我的。我心知他对我平淡，可是在一起，爱着他，我依然很幸福。而今，有一种一夜老去的感觉。

在我的生命中，我只爱过这么一个人，我不知道结束后，我还会不会有别的爱情，别的爱人，会不会迫于各种压力找个人过了算了，也不知道能否有一个自己的孩子更不知道自己要用多久的时间才能走出来。我目前的想法是，调整好，然后找份工作养活自己。我辞职前，被好多人羡慕，他给我买最好的手机，烧得一手好菜，性格体贴有趣，让我辞职休息做点喜欢的事，专心备孕。谁知道有了这样的变故，我一下子成为"弃妇"。

谢谢你耐心看完。

——择南

幸知回复

失恋期撞上了叛逆期，这段婚姻是否可以挽回？

亲爱的择南：

你的丈夫是个浪漫善良而又愚笨的男人。也许在这场婚姻里，你需要离一次婚，他需要出一次轨，才能够反思自己最想要什么。

婚姻束缚，七年的平淡生活，像完成任务一样去要孩子，没有性的快乐，虽然家务妥帖安排得当，但是没有新鲜感，这让你丈夫犹豫了。一面是工作的压力，一面是生活的平淡，想必你设身处地想想，也会领略到那种难过。

可生活不就是如此吗？很多女性都会这样说，日子不就是这么过嘛。可是这个男人，他想逃走。他想用自己能够掌控的方式，去追求新的生活。

撇开婚姻的道德伦理不谈。在我们身边，是不是常常会有"出轨"的事情发生？一个默默无闻工作了七八年的同事，一个看起来不会离职的同事，居然舒了一口气辞职不干了！辞职那天聚餐，他说："我厌倦了朝九晚五，我厌倦了工资三年不增，我厌倦了坐同一趟公车，我再也不用开那毫无意义的会议，我终于可以洒脱地离开了，甚至可以光明正大地拍桌子骂领导，因为，我！走！了！"

他为今天这一刻的离开可能筹备了半年甚至更长时间，他忍受工作的没有新鲜感，可是为了生计和责任，他被想象成一个不会离职、兢兢业业的好男人。然后你发现，他在离职的这段时间，去了青海、丽江，爽得不得了，然而，旅行归来，他可能还是找了一份朝九晚五的工作，甚至依然没有一份特别好的薪水，但至少生活微微起了变化。

这就是人生，它的名字叫"周而复始"。也许第二个月到鼓浪屿的时候，他百无聊赖地坐在一家小店门口，却在翘首企盼一个熟人的出现。

婚姻也是如此。你的男人，他现在只想逃离婚姻，他什么都不想要，他不要妻子，不要钱，净身出户，也没有和一个女孩结婚的愿望，他只是想很浪漫主义地陪人彻夜长聊。在他"回过头来"重新安排人生的时候，就让他满足愿望按计划行事吧。

任凭一个人多和蔼，他也会有一个叛逆期，任凭爱情有多好，每个人都会在人生中失恋一次。而你和他，刚好是失恋期撞上了叛逆期。

你是一个传统本分而又乖巧的女人。找了一个价值观契合自己又深爱的男人，嫁给他，把第一次给了他。婚后做个贤妻良母，有小主见小独立，但更希望做个男人背后的女人，可以全心操持家庭，养育儿女。然而，正当你决意为这个美好家庭的未来"添丁"时，却遭遇家庭瓦解的可能。这对你来说，何尝不是晴天霹雳！

这也许是你人生第一次失恋。35岁的你，想必无法接受丈夫在精神上出轨与一女子彼此深爱，却非只是"一时贪欢"。"一时贪欢"的心是可以收回来的，野花再美也是家里的好，但他却是想彻底离开，甚至因此反思婚姻制度，全心全意为他的出轨找到各种理由。为了浪漫出走，他甚至可以一无所有。

这样的决定，若非让他自己体会过痛苦和美好，想必多少人拉他回家都是徒劳。即使他最后输掉了，甚至还是回归到旧有的生活模式中，他可能也不会后悔曾经的选择。他是为了经历而经历，为了摆脱而摆脱。这是一个成年人的叛逆期。

漂亮、傻愣愣、好奇、心息细密、对他有点小崇拜的女人，其实又何尝不是另一个年轻版的你。生活总是在循环往复，如果再完完全全地出现一个七年前的你，想必他也会有种突然的释放与轻松。习惯了有主见太独立承担育儿使命的妻子，遇到可以崇拜他、满足他虚荣、不图钱、只讲精神爱情的小女人，是多么快乐的事情。

不过如果跟小女人恋爱谈了一年两年，生活想必又会回归，还是柴米油盐、生儿育女的现实问题，精神恋爱总会衍化出现实版本。同样的问题，几年后一定会轮回。你可以把这篇文章给他看，他可以清晰地看到他的未来，如果他依然决定离开，那就由他去。最好的办法是两个人试着分居一段时间，给彼此时间，却又不彼此束缚。想清楚了再好好谈一次。这个过程可以是三个月，也可以是半年甚至更长时间。

很遗憾，面对全心沉浸于爱情，但对象不是你，甚至把你拉黑的男人，幸知真的无法帮你立刻挽回他。能帮助你改变两人关系的，第一是时间，第二是改变你自己。只有你自己，才能想办法掌控自己的命运。

第一，由内而外改善自我。通过全职太太在家休养的路径，从目前来看，并不是太好的选择。但是无论是什么样的变故，"改善"这个想法永远都是正确的。俗话说"留得青山在，不怕没柴烧"，接下来，你要修身修心，让自己更有魅力，忘记"一败涂地"这个词，忘记所谓的"弃之如敝屣"，要知道，那只是他不懂爱，才遗落了你这枚珍贵的珠宝！男人不是唯一的靠山和支柱，你还有你自己，还有朋友，还有工作，还有亲人，他们都是你的支柱。

第二，学会反思。这一点你做得很好。失败并不可怕，反思你和他的爱情，今后学会有的放矢地去爱，学会首先爱自己甚过任何人，学会独立坚强，你才会成为真正快乐的女人。你不再是管家婆，更不应该是妈妈和保姆，也不要学着做情人，你，就是你自己，完美的你，令男人尊重的你。

失恋期撞上了叛逆期，不可怕。这只是一个新生活的开始。虽然是被迫开始,但是我相信,你会因此而强大,因此而美丽。我在这里祝福你。

——你的私人情感医生 幸知

再次来信

他要神性的生活,而我是这样的烟火

亲爱的幸知:

谢谢你的回复。这一个月又是出去旅游,又是到处找工作,抱歉这么久才回复。很高兴你能把这个案例写入你的新作,请做一些模糊处理即可。

这两个半月,我成长得太快了,对爱和婚姻多了很多理解。他说跟初恋的人结婚很累,我也明白了,初恋的人确实很难懂得去爱别人。我有些迟钝,而他太敏感。

他和那个她每个星期都见面,有时彻夜不归,他会找些理由来搪塞我,我知道这些但是没有跟他闹。我心里面是多么的痛苦,都能听见自己心碎的声音。他说要帮她找到自己的幸福。他说和我在一起也好,就是少了点幸福感,少了点对美的追求。

现在我们差不多每天还在一起。他也不提办离婚证的事。只是我心里很苦。自己心爱的男人,我不能让他幸福,他也不算爱我。他向往一种自由的、神性的生活,并且不想要孩子,他认为孩子会毁了他的一生。而我是这样的烟火。我明白我放手能让他幸福,但我自己就会陷入巨大的悲痛中。尽管是这样,他如再次提起去离婚,我还是会答应照办的。有时他也很痛苦,觉得过去七年亏欠我很多。有一次我没忍住,问他究竟要她还是要我,他说过些天再回答我。每一个人都是小三,他说。

不管怎样,因为他的工作调动,我们下个月就要分开了,估计也不常见面了。也许拖到那时再办证,大家都会好受些吧。

我很恨的一点就是他明知道自己不是很爱我,却和我结婚了,婚后很宠我,在我感觉最幸福的时候,他把我抛入地狱。

他曾说过,因为我是处女,所以一定要和我结婚。我说当初交付给你,并没想过和你结婚,只是想给那个最爱的人。我还不如像别人那样,只是谈一场绝美的无后果的热烈的恋爱,这样我不管以后嫁给谁,不管有多委屈,心里都有一种爱的温暖。而不是像我现在这样,把恋爱变成婚姻,把爱情变成这样平淡的日子。这七年平淡幸福的日子,恐怕无法照亮我今后五十年的人生。

谢谢你。

——择南

学会保留爱的能力,它和年纪无关

择南:

我们每个人都会失恋一次,这才叫爱过。爱过,不枉在人间走一遭。

只是失恋的时间,也许出现在很年轻的时候,也许像你一样出现在35岁,甚至55岁。失恋之后,我们更要学会驾驭爱情,重新燃起对爱情的信心。爱的能力,它和年纪无关。只要你永远保留爱的能力,就能照亮你更远的未来。

学会感谢这段爱情。感谢你的初恋,你最爱的人,能够和你共同生活七年。七年之前,如果让你选择,左边是一个能够爱你七年却最终离你而去的男人,右边是一个你不太爱、很平淡无趣的男人,我相信你会和很多女孩一样,奋不顾身地选择左边。幸知接受过太多的咨询,她们会告诉我,即使飞蛾扑火,哪怕只有一次,哪怕只能一天,只要能拖延爱的人跟自己在一起,哪怕用折寿二十年换来一个月的相守,都会心甘情愿。

这,就是爱情。哪怕是屈尊跪下求来的爱情,它也曾经甜似蜜,也会痛到彻底。爱和痛,甜和咸,两厢纠结,才能砥砺成花朵,在暗夜盛开于心间。

痛终会随时间远去。就如烟花熄灭。

我祝福你的未来。

——你的私人情感医生 幸知

初恋,第一个男人,幸福地走进婚姻相依为命。多少人羡慕这样王子与公主的恋爱童话,却只存在七年。不要因此不相信爱情,每时每刻,我们都要学会，因为自己的故事、别人的故事而成长。这也是我写这本书的初衷。

Sharpshow2014 年 1 月 16 日推送一篇文章《所有的分手都值得庆幸》，可以订阅微信公众号 Sharpshow，回复 liaoshang16 即可查看。

文苑：传说中的好女孩，却被管得只符合家长的判断，她没做错什么，他也不见得错了，只不过男人幼稚不负责些，可又能怎样？不放出去的动物终究不愿安心待在屋里。很难过。这就是传说中的好妻子烂婚姻吧！

让她自己寻找自己，说起来简单，可谁又能陪她度过那一个又一个漫长孤单的时刻。如果说徐志摩的发妻张幼仪是成功的，谁又看到她没有成就之前的孤苦。尽管徐志摩待她可以说没有人性，可她却一直维系着与徐志摩的联络，直至徐志摩死后多年才再嫁。

分手后哭过一年半年，从头来过，没人会说什么，只是耽搁了时间收获了经历，但离婚，对择南而言，像割掉一半身体再扒层皮。痛苦肯定有，分手与离婚都跟死过一回一样，只有熬过去，才能重生。

杰森：性是影响婚姻成败的主要原因。然而，他们没有达成很好的共识。七年里，她的爱带着非常明显的自我满足和自我麻痹，她一直活在自己的世界。

离婚对择南来说也许是一次新的开始，而他说自己找到了新的爱情，无论未来如何，只能祝福。也许，用对方需要的方式付出，才能得到对方的爱吧。

喜乐：又有谁的一生，会只爱一个人呢？不到离世的那一刻，谁也说不清楚真爱究竟属于哪一个。记得曾经跟一个让小三上位的男性朋友聊天，他说他再婚后，发现跟之前的婚姻没什么两样，当小三时的那个女人，结婚后立马前妻上身，仿佛自己又过回从前的日子。

你以为你遇到的这个人是真爱，得到之后发现，她就是其中一个而已。

这男人也不一定就是完全不爱她了，如果继续纠缠，只会把最后的感情耗尽。暂且搁置，说不定过段时间可以绝处逢生。

感情和婚姻是门技术活，要用心更要用脑，对我们女人来说，也许是要用一生去修炼。

笑忘书：择南以奉献的心态感动男人，以求得一个稳定的婚姻，她喜欢男人与她不一样的地方，也希望跟她观念不同甚至相反的男人跟她一样守护婚姻。孩子本是爱情的结晶，在他们的婚姻里却是一方期待，辞工完善自我等待降临，另一方觉得无所谓，只能尽到配合的义务；对婚姻的认识，她很保守，或许还觉得男人关于婚姻"磨灭人的天性"的那一段不负责任的谬论很有道理，但她其实完全沉浸在找不到方向对男人无限认同的眩晕感中。

最后的结果还算比较好的，不再一味追赶，而是选取一种比较现实的方式解决问题。我想对择南说，偏执不会幸福。不要因为是初恋就过于放大他的好，也不要放大自己对他的爱。自信一点，相信会有一个人在灯火阑珊处等你。

饱暖之后，一定会思淫欲吗？

> "因为没钱，我们租过阴暗的草厦子、暴晒的阁楼，过了两三年苦日子。我也曾因为贫穷而萌生出放弃和他在一起的想法，但我们很相爱，所以坚持了下来。那段岁月里，我们虽然过得贫困潦倒，但直到现在回想起来，我依然觉得那是最幸福的时光。"——可是夫妻之间，真的只能共患难不能同甘甜吗？

幸知姐，您好：

关注您很久了，今天终于鼓足勇气写下我的故事，希望能得到您的指点。感情受伤的我，现在回忆起过往的经历，可能会夹带着或恨或悲的情感在里面，不知道是否能表达得清楚。

穷困潦倒的幸福时光

我和老公是在大学里认识的，他比我大一级。在一次偶然相遇中，他对我产生了好感，于是便拜托我们学院里的一个朋友介绍我们认识。刚开始，我觉得他有点痞子样，并不喜欢他，后来我发现他能力挺强，才慢慢地对他产生好感。交往了半年左右的时间,因为总是吵架,我提出了分手,其实当时也就是赌气,但没想到他更绝情,即便看出了我有和好的意向,也坚决地跟我分手了。

分手的那段时间,我伤心极了,而他却很快又开始追求其他的女孩,被我不巧碰到的就有两个,我当时感觉像是受到了极大的屈辱。在我和他的那段恋爱中,如果他是真心待我,怎会可能这么快就恢复过来,可见他根本就是一个没有责任心的男人。尽管这样想过,但我还是选择相信他,觉得他不是我想象的那种人。那段时间,有几个朋友还跟我透露,说他现在追求的女孩都比我漂亮。

幸知姐,你能想象到我当时的心情吗?我动心了,最后却受伤了。接下来的两个月,我都在疗伤,对其他追求我的男性朋友一概不闻不问。

两个月后的一天,我在图书馆学习,不巧他找位置找到我那里。看我一个人坐那儿,他就死皮赖脸地坐过来,跟我搭讪。当时他跟我说了什么,我记不清了。中午的时候,他要请我吃饭,我带着报复的心理接受了他的邀请。接下来,我们又开始了交往。期间,他跟我借过钱,我当时认为他是因为临近放假没钱花了,才又回来找我的。不知过了多长时间,我觉得他已经舍不得我了,我就摊牌了,告诉他我是为了报复他,才重新跟他交往的,就是要让他尝尝被人抛弃的滋味。我没想到他竟然哭了,他跟我说,之前是因为我经常耍脾气,动不动跟他提出分手,他才跟我分的。我跟他交往了那么长时间,第一次见他哭,加上心里并没有彻底放下他,所以心软了,没有跟他分手,也相信他对我是真心的。就这样,我们继续交往下去,一起学习、打工,度过大学生活。我对他很用心,同学曾跟我说,对感情太用心了反而会吃亏。

大学毕业后,我们都找了工作,离学校不远,每天步行或骑车上班。因为没钱,我们租过阴暗的草厦子、暴晒的阁楼,过了两三年的苦日子。我也曾因为贫穷而萌生出放弃和他在一起的想法,但我们很相爱,所以坚持了下来。那段岁月里,我们虽然过得贫困潦倒,但直到现在回想起来,我依然觉得那是最幸福的时光。

期间,他出过一次车祸,一辆小面包车从他身上碾过。他怕我担心,就没有第一时间告诉我。直到被送到医院,无人伺候的时候,他才跟我说他在医院。其实,在接到电话之前,我心里就很忐忑,总觉得会有不好的事情要发生,焦躁不堪。他当时觉得自己会瘫痪,这辈子完了。我也做好了心理准备,即使他站不起来了,我也要嫁给他,不离不弃。好在他福大命大,竟然没什么大碍。那时候,我一个人在医院照顾了他近一个月。

后来,我们的条件好点了,就租了个两室一厅,也见了双方父母。他去见我父母的时候,刚开始没有得到认可。他紧张、害怕,晚上把我拉到大门外,紧紧地抱着我,我能感觉到,他害怕我们会因为家人的反对而分开。

到了谈婚论嫁的时候,房子的问题摆在我们面前,我们两家都不富裕,都帮不到我们什么,但他还是打电话找他哥借钱。当时我们一起去的话吧,我给我的家人打电话,他在另一边打电话。我挂了电话出来后,隐约听到他哽咽地说:"她是个很好的女孩,她在她们公司很受欢迎,长相也数一数二的,我怕失去她,我不想失去她。"我知道他说的是我,我当时心里很不是滋味，我怎么会是那种人。他打完电话出来后，已经把眼泪擦干净，但我还是看出他哭过，这是我第二次看到他为我哭。回家后，我跟他语重心长地说："无论你多么穷，我都不会弃你而去，我不是那种人。"后来，我们凑了点钱买了个二手房，登了记，正式结为夫妻。我们俩在工作上都很努力，工资也高了，日子也慢慢好过了。

相爱七年，发现出轨的蛛丝马迹

在我们认识的第七个年头，他调了部门，开始从事销售工作。他的业务应酬逐渐多了起来，他跟我说过，他的同事有的去找过小姐，有的已经有对象了还跟公司的女人光明正大地同居。说这些的时候，他是很鄙视这些人的。我觉得他们公司的环境氛围太差，几次想劝他换工作，但想到他混到现在也不容易，换工作意味着要从头开始，所以最终作罢。

自从干了销售后，我发现他变了。有一次，我不经意间发现了他在QQ上的聊天记录。他跟一个女人，聊了整整一宿，还聊到了性生活，而在跟另外两个女人的聊天记录中，他无一不是一副哭诉婚姻悲剧的嘴脸。他跟她们说，他的婚姻不幸福，不是他自愿的，是他家里逼的，等等。那段时间，我还在他包里翻出过避孕套、避孕环，还有伟哥。他的解释是，避孕套和避孕环是他一个同事给的，伟哥是一个客户拿给他的样品。种种事件联系在一起，让我很震怒，我跟他大吵了一架，要取消婚礼（因为手头不是很宽裕，老家的婚礼一直没举行）。他父母和他哥嫂知道了，怎么说的他，我不知道。后来听他嫂子说，他哥当时非常生气，对他弟弟发了很大的火。他觉得自己只是贪玩，网络上都是虚拟的，没有必要大惊小怪，但是我不那样认为。要说戏友、网友，我可以理解，但是其中还有他一个同事，聊天记录上显示他还请她吃过早餐，我就觉得眼前这个男人不是一般的有问题。他认错了，也发誓不再玩游戏了，看在已经登记领了结婚证的份上，我原谅了他。婚礼如期举行，这件事也消停了。

婚后，我把宝宝计划提上日程。就在我怀孕3个月的时候，一天早晨，我看到他给一个陌生号码发了一条短信"我晚上梦到你了"，陌生号码回复"梦到我啥了"。我质问他，他说是一个客户，中年妇女，仅是业务需要，我虽然半信半疑，但也不再过问此事。他在工作上表现突出，被提拔成经理（在他们公司算是最年轻的经理了），业务应酬更多了，甚至出现了夜不归宿的情况。我很不能理解，陪客户怎么会陪一晚上，每次我都等他到很晚，甚至伤心地哭一晚上。第二天早晨，我仅仅接到他一条道歉短信而已。

怀孕6个月的时候，我在他包里发现了一封信，我看到一半就甩到了他脸上。信是他的女同事写的，大致内容是他年轻有为，她对他产生了好感。面对这个女人的表白，他并没有拒绝，但他陪我去九寨沟旅游。我怀孕的事，这个女人不能理解，质问他为什么不喜欢自己的老婆却还要孩子，为什么婚姻不幸福，却仍陪老婆去旅游。在别人的眼里，她才是第三者。当时，他知道我看到了这封信后，显然慌了，说只是这个女人一厢情愿，自己迫于颜面不好意思拒绝人家，谁知这个女人当真了，下班的时候放到他桌上一封信，他没看就放包里了。我不能理解的是，为什么不毁掉这封信，为什么还带在身上。我伤心地哭起来。他跟我说了这个写信的女人的名字，还说自己对她根本没有意思，她是表达过好感，但是碍于她是女人，不好意思直接拒绝她。我没有看完那封信，不确定那个女人究竟是谁，我再找那封信的时候，他已经毁掉了。

第二天，他回来跟我说，已经跟她当面谈了谈，告诉她，以前自己说话不注意，可能让她误会了，他现在过得很幸福。之前有些消极的话，是因为我们吵架了，也可能因为在一起七年了，感情淡了。我相信了他说的话。

又过了一个月，我看到他站在窗户边，想偷偷地往外扔东西。我飞快地跑过去，从他手里夺了过来，竟然是个早孕试纸空盒，我顿时傻了眼。我转身跑到厨房，刷了几个碗，让自己冷静下来。回到房间后，我看到他一个人抽着闷烟在屋里来回踱步。见我进来了，他把我扶到床上坐下，让我听他解释。他说，最近很倒霉，也不知道该怎么向我说清楚，请我相信他，这不是他的，是帮别人买的。我问他是谁，他说已经答应了人家，不和任何人说。我让他做选择，他才说，下班后他的一个女下属趴在桌上哭，他问她怎么了，她说因为醉酒与别人发生了一夜情，担心怀孕，又不敢去买测试纸，求他帮忙去给她买一个。我不相信一个女下属会找自己的男领导买早孕试纸，但他解释说可能是他们年龄差不多，没把他当成领导，觉得他更可信。我质疑为什么她只拿走了试纸，盒子却留下了，他辩称她可能嫌盒子大，会引人注目。我质问他是不是跟她已经发生了什么，他说自己不可能跟女下属发生关系。

这件事发生后，我有好几天都没心情生活，那时已经怀胎7月，流产已经不可能了，我后悔嫁给他，但是一切都已经晚了。他百般求饶，甚至给我下跪，请我相信他。怀胎十月，他总共陪我去产检过2次，我怎么都不能说服自己原谅他。

孩子出生，却发现别的女人叫他"老公"

孩子出生了，他在医院里尽心地伺候我。三天后出院回家，他妈和我妈来伺候月子，他回到单位去工作。我弟弟一家人也从老家来看我，因为他跟我商量要换新车，便把这个车卖给我弟弟，我弟弟便来提车。在收拾车的时候，我弟弟的老婆给我带上来两样东西，说是在车里发现的，一个是避孕套，一个是一缕头发。他回到家后，我拿给他看，他说避孕套是以前包里的。我问他为什么不丢掉，他说业务应酬这块，给客户用的。我又问他头发怎么回事，他说不知道。因为在月子里，我尽量不动怒，但是这件事我一直放在心上，吃不下去饭，也睡不好，神经格外紧张，每晚听到手机响，我就想去翻看。整个月子里，没有养好我的身子。

临近出满月的时候，我发现了他背叛家庭的证据。他跟一个女同事很暧昧，短信上她称呼他"老公"，虽然他只有一条"怎么了"的回复，却足以证明他并没有拒绝这样的称呼。后来他跟我解释说，他也不知道为什么她突然那么称呼他，他当时也没在意。在通话记录里，我发现他们往来很频繁，一天好多个电话。我也发现情人节那天，他虽然出差在外，但还是给她团购了一份西餐。我当时还有两天没出满月，但是我再也压抑不住了，坚持要离婚。他妈知道后，气得直掉眼泪。回来后，骂他，替我出气。他还是一成不变地狡辩："我只是贪玩，但我没有背叛家庭。"我说一切都已经结束了，我没有那么多的精力和时间等你玩够，等你成熟，在你身上我已经把青春都搭上了。他说舍不得我和孩子，希望我能原谅他，并向我保证，他们之间只是谈得来而已，根本没有什么。看着刚出满月的孩子，我只有抱头痛哭的份，孩子不该来到这个世上。

幸知姐，在写这些文字的时候，我还是忍不住流泪了。孩子那么小，需要人照顾，单亲家庭的日子也没那么好过，虽然我俩都是中层管理者，但是我从事行政，他从事销售，收入差距还是挺大的。他能力也确实挺强，这两年混得也不错，我一个人带孩子肯定不如我俩一起带孩子，我也不想让孩子跟着我过苦日子，也不希望孩子跟着他与别人生活在一起。如果我离婚了，我父母会很难过，孩子也得送到农村去抚养，我努力到今天也不容易，不想轻易放弃我的工作。

就这样，我将就了下来。在我跟他摊牌的那几天里，我看到他确实去找那个女人谈话了，她回复短信说很难过。周末的时候，他中午出去吃饭，说是部门聚餐，其实是跟她吃饭。我发现后，他告诉那个女人以后不要再联系了，但她说不能不联系，还得做朋友，否则别的同事问起时，她会全盘托出。他说大家都在一个单位，总共也没多少人，不可能做到一句话都不说，请我理解他。同时，他说他觉得那个女人心眼很坏，如果处理不当的话，在公司会给他造成很坏的影响。其实，这么多年，我们确实很不容易，老家都是农村的，我们用了5年的时间爬到了现在的位置。我们在一起经历了很多，如今生活刚刚好转，有房有车了，两边家人都把我们当成榜样教育家里的其他孩子。

后来，那个女人还是会跟他联系，一次被我撞见，我听到那个女人好似很熟地问他在哪里，我觉得她好像对我老公很了解，甚至知道他常常夜不归宿。我根本不信任他了。

我该如何重塑对生活的信心？

我的精神状态一直不好，心里总觉得压抑，身体也不如以前了。经历了这么多，我开始转变想法，好好爱自己，以前同学就提醒过我，但我当时被爱情冲昏了头脑，傻傻地全身心地对待他，却不了解这个人的人品道德有多么的低俗。现在回想起来，我总是后悔，但是过去的时间已经无可挽回，我很迷茫我今后的生活会是怎么样的，以后还会发生类似的事情吗？我已经开始胆怯将未来当作赌注压在他身上了。

现在孩子快两岁了，我却始终无法摆脱过去的阴影，闲时总是想起过去不开心的事情。最近一年，他表现得很不错，对我和孩子都很用心。有时候，我还是会翻出旧账，不过他都表现出了对我的理解，好像他觉得愧疚一样。晚上有应酬时，他也会提前告诉我，不能回来或晚回时都会提前给我打电话，尽管如此，我却无法像过去一样信任他。在我心里，他就是个人品道德底线有问题的人。我常常会蹦出离婚的念头，但又不知道离婚后的日子怎么过。

我知道我无力改变别人，我必须学会爱自己。晚上，我不再傻傻地等他回来，而是每天我都把自己打扮得漂漂亮亮的，做个辣妈，不再斤斤计较每天的花销，也不愿意在家庭上操心了。空闲时，我学学理财，看看书，没事去美美容，多陪陪孩子。

同事以前跟我说过一句话："男人没有几个不搞外遇的。"当时我不以为然，觉得这种事情不会发生在我身上，我相信自己选择的男人。可是，发生的这一切，都否定了我的选择。我太相信一个人了，以致迷失了双眼。

我俩也好好地谈过几次，他说是我多想了，把以往根本不相关的点点滴滴都串联成了一个故事。我倒是真希望我是得了抑郁症，上面被我发现的事情都是巧合，是我把它编成了故事，事情不像我想象的那么复杂，是我太敏感了。这些事情，一直藏在我的心里，无处倾诉，让我常常感觉心痛。

我以为时间能让我忘记过去，重塑对生活的信心。我也曾怀疑自己太过敏感而去医院就诊，医生说是产后抑郁症，但我心里清楚，是眼前这个男人让我这么悲观和消极的。最近才感觉到，虽然事情已经过去这么长时间了，但我仍常常处于精神紧张状态。路上开车我都走神，上班时也不能够集中精力，关注网上和电视上有关这方面的新闻也多了，似乎一点风吹草动都能勾起我的伤心事。他外出应酬，我就胡思乱想，他手机响了我就想去看、去听，连他的包都想每天检查。回来晚时，我就问他跟谁在一起喝酒，怎么回来的，如果没开车回来的话，就恨不得请假专门在楼下等着，看他到底怎么去上班的。碰到他的同事，我就想趁机问问他们知道些什么。有次，他同事来借相机，因为我也认识，我就问了他一句，他说只是听说他俩好。那天晚上，我又对他大发雷霆，质问他为何这么不要脸，全公司人在背后拿这个事当茶余饭后的笑柄，如何为人"司"表，如何服众。我甚至几次都想给他们领导和总公司写投诉信，这样没有责任心的男男女女，也不会对工作、对公司负责。

　　好在，都是想想，除了有时质问他、偶尔查看一下包包和手机，并没做过其他过激的行为。有时，静下心来想想，是不是我还是自欺欺人，不肯面对现实，还是不相信他是那种人，以致没有最终离婚。

　　幸知姐，我的故事讲完了。我不知道我该去该留，仿佛站在一个岔路口，不知道该怎么走下去了。好强的我总是不能忘掉过去，留下，我又怕再次受到伤害；离开，这个家庭就毁了，最对不起孩子，在她的眼里，爸爸是个好爸爸。

——源源

让你悲观消极的，不是这个男人，是你自己

亲爱的源源：

　　我理解你字里行间的爱与痛。这又是一个关于凤凰男的故事。

　　凤凰男不是不能嫁，但是眼神里赤裸裸写满成功欲望的男人，一定要谨慎再嫁。他为了成功会不择手段，穷尽一切方式去达到目标。所以，也会穷尽一切方式去爱你，但一定只是"曾经"。他能吃苦，因为吃得苦中苦，方为人上人。他很贪婪，在受到最大的挫折之前，永远不知道"饱"是什么感觉，所以总在拼命往上追求自己得不到的东西。但是，他们会一次又一次把过往踩在脚底下鞭笞,而未必懂得珍惜。他们曾经没有关系,没有资本,所以一旦拥有,必会疯狂掠夺,希望活出"成功男人的样子",去展示自己的成功。这个成功男人的样子,也许就是"饱暖思淫欲"。

有的凤凰男,经历世道历练,会减弱成功欲望,因为他知道,一个人不可能永远为了去追逐社会价值观意义上的成功最高峰,而牺牲一切。而且生活中,有很多值得去停留的,比如爱情、亲情,等等。人生最高的意义其实不在追求成功的孤独,而是成功之后为家庭带来幸福。因为成功的意义永远都是相对的。

不过,在经历与凤凰男共同成长的过程中,如果他对幸福的态度依然是处于自私阶段,那么,这时候的婚姻,一定非常痛苦,甚至分崩离析。因为你所看到的男人,曾经与你共苦却不能同甘。他曾经多么爱你,就会有多么伤你,因为他把这分爱给了另外一种让他得到成功满足欲的人或者东西。为了得到成功或者享受成功,他抛弃了他曾深爱的女人和家庭。

处在此时此刻婚姻中的女性,如果选择和他共同成长,依然要承受他离开的风险。如果侥幸,他领悟了醒悟了,回归家庭,享受家庭温暖,给予家庭正常的爱,那是最好不过了。

其实你已经在改变,学会爱自己,不再傻等他,学学理财,闲时多看看书,没事去美美容,多陪陪孩子。这已经是很好的征兆。人生没有后悔路可走,所以不要去回想过去的光阴,生活已然翻篇。

其实无论这个男人对你如何,将未来当作赌注压在一个男人身上都不可取。是否会发生类似的事情，你无法保证，因为你只能保障你自己，承担自己的未来，却无法保障他的未来。对家庭，你要怀有最好的希冀，还有最坏的打算。其实不仅仅是家庭，我们整个人生都是如此。

我相信你很感激过去的日子。那一段最相信爱的日子，牵手就是永恒。好希望时间停留在那里，即使是阴暗的草厦子、暴晒的阁楼，又有什么要紧。可人生，永远只能往前看。爱情最美好的地方，就是曾经拥有，就是经历。这已足够。

我只能告诉你，从现在开始，翻篇。规划自己的现在和未来，对你来说，这才是重要的事。把男人当成你的合伙人，以这样的方式去要求他，也要求自己，你才不会痛苦。也许有一天他会很快醒悟，从此相濡以沫。不要去想他和别的女人有多少故事，人品道德如何低俗，除非你判断，离婚后的日子会比现在更好，也许有一天你会走向这一步，但是，在没有下定决心之前，先把家庭的事料理好，把自己的态度转变好。对他的要求愈少，对自己的要求愈多，如此这般，即使是痛苦，你也是幸福的，因为你的痛苦，是为了美好未来而奋斗时必须付出的，而不是用来缅怀过去责难对方或者让自己无法解脱的。

不要去质问他，不要去翻他的包。你现在的注意力就是太集中到他身上而强迫到自己。他是否能为人司表，是他在公司的事，与你无关。你越想探究他的种种，你越是因为他的过错动怒，而后迁怒于他，最终越会伤害到自己。这样的作为，不仅影响你的工作，你的心情，也影响你的安全。

一定要记得，让你悲观消极的，不是这个男人，是你自己。

给自己找到一个奋斗目标，把精力分散开去。想想你在结婚前，谈恋爱前，都会做哪些让你美好的事情。想想你曾经的梦想。你当你还是一个十六岁的孩子，跟你的孩子一起，重新开启人生新生活。那时候的你，有没有想实现的愿望？比如学习肚皮舞？也许想过孩子出生后给他设计时装把他打扮成一个模特？你的闺蜜们现在都在做什么事？你们是否可以一起陪伴一起学习？城市里的辣妈帮最近都在做什么？有什么新的好玩的活动是你可以参与的？有没有可能进入一个新的圈子？（你能忙碌起来，生活才能翻篇。）

其实，人生真的还很长。我们在世界上所能遇到美好的事物，还会有很多很多。不要因为一个男人，选择让自己在黑夜上路，从此错过了路上所有的风景。

祝你幸福！

——你的私人情感医生　幸知

女人：只要有爱，什么都可以克服。我只在乎我们相爱。男人：我爱你，我什么都能为你做到。于是女人天真地信了。其实他更爱他自己，他更爱他的面子，更爱他的宗族。他如果说什么都可以为女人做到，那要小心了，这只是他在这个阶段，为满足他的强烈需求而精心设置的台词。

Sharpshow 2015 年 3 月 9 日推送文章《如何走出讨好别人的怪圈》，可以订阅微信公众号 Sharpshow，回复 liaoshang25 即可查看。

楚楚： 我前夫在家庭里非常有责任心，对我父母兄弟都很好，但出轨五六年，还生了个女儿。我觉得没钱的男人不一定会饱暖思淫欲，但有钱的就更有本钱，更有机会出轨。

四月白： 很多花心男人看起来不是主动出轨，而是装出一副苦情又好男人的样子，来吸引别的女人。这个女主最大的问题是，她看到了他的问题，还飞蛾扑火。这种男人，完全不适合结婚。

cherry： 这种男人，满口胡话，没有责任感，不屑于停留在一个女人身边。他所采取的招数，就是哄。东窗事发，他给予自己足够的辩解，找出各种理由，说服对方相信自己。他不晓得婚姻意味着什么，他需要的，就是充分自由，不要被管。在他的内心深处，他也知道自己的老婆是很好的，可是他无法在情感上、肉体上对她忠诚。他是个很有经验的"花心男"，懂得女人的弱点，善于用手段去博取同情。他的老婆，也是他的猎艳对象之一。

简拙： 一切看自己的选择。其实，女人无所谓强者或弱者。那都是外在的说法。人活自己的，要么是"我愿意"，要么是"我活该"！

小莉： 成功男人有更多出轨机会，但并不代表一定会出轨。花心男人，无论老婆属于哪一款他都会花心。他需要不断地和不同的异性发生关系来激发自己的活力,否则就会觉得生活乏味,没激情。当他没有成功的时候,他本身吸引力不够,资本也不够,想出轨,但没这么猖狂。一旦有了经济地位和成功的事业,他的雄心魅力更加凸显,机会更多,成功率也更高。

你们知道,大多数人遇到频繁出轨的男人会怎么样?她们不离婚,她们一辈子抱怨。就这样和这个男人生活到老,老到他折腾不了了。他们俩白头偕老,然后回头也是成功人生,因为你看,他们到老了。但这样的过程太痛苦了。当然如果她情愿,并认为这是成功人生的标准,那我别无他法。

别人骗你不可怕,怕的是自欺欺人。

老公嫖娼,我该离开还是继续?

> 他是一个非常老实的男人,出身于一个传统的家庭。她也是。她以为他们的生活是波澜不惊的。然而,"嫖娼"就像一把利刃,在结婚七年之后,横亘在他们中间。

幸知老师:

您好!这几天王全安嫖娼事件闹得沸沸扬扬,我看了您的文章,对您的见解深以为然,所以冒昧地向您求教,希望能得到您的帮助和指点。

我们结婚七年。他是一个非常老实的男人,我们对彼此家庭都是知根知底的。我们都是公务员,生活简单温馨。然而,就在上个月,我偶然查看他的手机,竟然发现他和一个19岁卖淫女的聊天记录,从记录中可以看出他们已经多次开房,我丈夫甚至还不无炫耀地对她说:"我也不是第一次拈花惹草了,你不也是我拈的花吗?"使用的语言之露骨和色情,让我无比惊愕!

我做梦也没想到看似文质彬彬的他,内心是这么肮脏的一个人!当时我气得浑身发抖,当着我父母的面狠扇了他几个大耳光,他没有还手,还在我的要求下很干脆地写了《离婚协议书》,同意把我们婚后所有的房屋和存款过户到我名下,他净身出户。当晚我就把他赶出了家门。

尽管如此,我还是伤心欲绝。我一直信任爱护的他怎么会变成这样?金钱上的补偿丝毫不能减轻我内心的伤痛。我彻夜仔细阅读他们的聊天记录,以下是我掌握的一些情况:他们大概是去年在东莞某KTV认识的,之后就多次招嫖、发生关系。在此之后,女方不断向他要钱,还骂他骗他,但他却没有忘记她,还总是找她调侃。7月底,他回到杭州,之后就没有他们的聊天记录了。

外表温文尔雅,内心粗野

在这里,我想向潘老师详细说一下我们的背景情况:我是绍兴人,他是杭州人,我们在杭州工作。没结婚时我妈总催我结婚,因为在当时的社会环境下,女人过了25岁就算大龄女青年了。我们是经人介绍认识的。他皮肤白皙,外表文静,说话声音较小,但是脸上始终有笑容,给人感觉是好脾气的那种男人。我们相处不久,他就去广州出差了。

他对我们的感情不能说不重视,但是似乎总缺少一般男孩子的那种主动,他自己解释说他是"理工男"不善言辞,我也把这些归结于他腼腆的个性,没有过多的苛责、加以考验什么的,总而言之,就是奔着寻找一个适合结婚的对象去的——主动了解对方,也让对方有机会了解我(都是精神层面的,我们那个时候还比较保守,没有发生婚前性行为)。2007年春节后,他调回杭州,我们见面的机会就更多了,经常一起看电影、逛街什么的。结婚的事是我先提出来的，因为当时确实有年龄和家庭的压力，我觉得这个人的人品还算是可靠吧，虽然话不多，但不油滑，他父母和我小姨是住一个小区的。都是事业单位的，很淳朴。记得当时我在电话上提出结婚的时候，他略显惊讶，似乎觉得太快了，但是也没有反对，基本上也算是赞成我的建议了。我们是2007年10月1日结的婚，他30岁，我26岁。

其实在蜜月旅行阶段，我就开始发现，外表温文尔雅的他内心其实是比较粗糙和冷漠的，记得当时我爸问单位要了个车送我们去机场，因为司机接下来还有任务，所以只能把我们提前几个小时送到。我满心欢喜地告诉他这个消息，以为他会为此感到高兴，毕竟他以前出差都是自己去坐机场大巴的，谁知他很不高兴，说："谁要那么早去机场？找不到合适的车就别找了，何必呢？"我当时也很不高兴，和他吵了一架，觉得他是不识抬举，不懂事。他的"不懂事"后来也在生活中频频出现，比如回我父母家表现得很懒，我妈端着一盆水从他面前经过，他都不知道伸手去接一下，只知道往后面让；家里人给他留好吃的，他漫不经心地回一句"你们吃吧，我又不是没吃过"，诸如此类，我经常为这些琐事和他吵架。他每次事后都解释，他不是那个意思，只是没表达好，想得不周到。比较特别的是，每次骂他，他都表现得挺顺从的，既不辩解，也不反驳，就是一直静静地听，不像有的男人会表现出烦躁，甚至是抗拒。他越不说话，我就越刺激他说话，结果经常为一件事我能说上两三个小时，我都觉得自己太唠叨了，但是骂完以后我们又雨过天晴——我的气消了，他在处理类似的事情时似乎又能变得稍微"懂事一点"，让我觉得我的话似乎是管用的，我在他心目中还是有分量的。

冷漠的家庭让他显得有点"不懂事"

随着和他的家人接触的增多，我渐渐发现他的这种"不懂事"和冷漠是来自家庭遗传。我的公公自从三十几岁得了乙肝之后，就把"保养自己"当成最大的要务，对家务事和子女的教育基本是"大撒把"，每天的任务就是外出散步、钓鱼、要求老伴给自己开小灶，上菜的时候还要报菜名。有一次晚上睡下后发现有蚊子，公公让婆婆站到柜子上去打，结果害她摔了一跤，头撞在柜子上起了个大包。说起这事，我公公毫无愧疚之感，只怪老伴自己不小心，好在我婆婆是个内心极其简单和冷漠的人，也没听见她有任何的抱怨。我婆婆的内心可以冷淡到我和我老公结婚六年没有孩子，她也从来不过问一句，我主动跟她讲述我们的情况，她也就淡淡地"哦"一声，没有任何评论、建议或者是安慰，好像是别人家的事，与她无关。每个周末和他们见面我都觉得好压抑。我公公这个人特别爱抬杠，而且思维方式与众不同。记得有一次吃饭的时候我老公说起他小时候曾经经历过一次险情，当时婆婆肚子里还怀着她和公公的二儿子，她挺着大肚子带着大儿子，到池塘边去给公公采苴药，一不注意一岁多的大儿子就滚落到池塘里去了，婆婆只能拼命呼救，两个男邻居听到以后奋不顾身地跳进池塘把我老公给救了上来，老公说'他们是我的恩人'，谁知公公很不屑地打断他说："他们算什么恩人？他们不救自然有人救！"这样的奇谈怪论惊得我目瞪口呆，我老公的脸也涨红了——他毕竟受过高等教育，公公的话显然让他感到难堪。而且，我公公婆婆真的可以算得上是一对"奇葩"，他们可以在看电视剧的时候，看到剧中女子因为丈夫的意外身亡而猛然晕过去的时候放声大笑，真的是很开心地笑，笑得前仰后合的，好像他们不是在看悲剧而是在看喜剧，我当时都怀疑他们还是人吗？还有人性吗？

"没人性"用书面语来说就是情商低，我个人是这样认为的，所以我老公出生在这样的家庭，表现出对他人的冷漠、自私似乎也是必然结果了。但是那个时候他除了不太懂事以外，没发现有大的恶习，比如黄赌毒之类的，平时不抽烟，不喝酒，最大的爱好也就是打点小麻将，刚结婚头几年，因为我不喜欢他打牌，他也基本不打了，他平时用钱也是比较节约的，如果遇到我喜欢的东西，或者我家里买房急需几万块钱什么的，他也表现得很慷慨，总而言之，不算是很体贴的丈夫，但应该还算是个"好人"。当然，我也是受正统教育长大的女子，既然结婚了也就一门心思和他过日子，不和任何男人暧昧，也舍不得多花钱买衣服首饰什么的。白天上班，晚上回来就一起看看电视，性生活方面也还基本和谐。他的性欲似乎不是很高，每周大概就是一次，有时候会说累了，一周都不想要，我也考虑到他身体不是很强壮，也就压抑自己，不过分要求。

刚才说到结婚六年没小孩，算是本次危机前，我们婚内遭遇过的最大的一次挑战。主要的问题是在老公那边，他的精子形态和活力都很差，我两次怀孕，两次胎停，被迫只能做人流。为了要小孩，我吃了无数的药，做过两次输卵管造影，一次宫腔镜，都是介入式的检查，对身体有些伤害和痛苦的，还做了 12 次免疫治疗——每次治疗是在上臂内侧的皮肤上像做青霉素皮试那样，在真皮层注射特殊处理过的血清。凡是做过青霉素过敏试验的人都知道那种疼痛的感觉，做皮试再疼也只扎一下，我做免疫治疗是一次扎 8 下，连续做了 12 个星期，在我手臂内侧留下了 96 个色素小包块。总的来说，我要小孩的心显得比较急切，他则显得比较淡然，觉得"没有就没有吧，无所谓"。我让他去看病检查他也去，吃药也基本配合，但是精神上显得比我轻松很多。我那几年每天想的，忙的，都是如何才能怀上孩子，甚至连做人工授精都觉得可以接受，无论如何也要有个自己的孩子。好在经过不懈努力，2012 年，我们终于有了自己的孩子，医生都说是我的诚心感动了上天，算是医学上的奇迹。之后我们的婚姻又进入了"三人世界"，连请两个保姆都不合格，我们不得已只好与我的父母同住，请老人帮我们照看孩子。在养育孩子过程中，我老公显得比平时要勤快点，能主动给孩子洗澡什么的，但是孩子 1 岁以前，每晚都要喝几次牛奶，这个时候他基本都睡着不动。我考虑到他的工作忙，责任大，所以也就主动承担了起夜的任务。

两地分居，矛盾升级

2013 年春节前他突然提出，他在工作中遇到了"瓶颈"，遇到了"玻璃天花板"，希望能换个环境，刚好这时候单位派他去广州就职一年。开始我是不同意的，我觉得夫妻的意义是要"长相厮守"，而且孩子还那么小，才一岁，正是需要父母亲呵护的时候。但是拗不过他每天回来阴冷的脸色，疲惫的面容，于是说服自己，让他去试一下，至少他没有遗憾，不会以后回过头来怨恨我，最终还是勉强同意了。我希望他能在那边集中精力干好事业；再加上他身体一直都显得比较羸弱，我想的较多的还是他可以不受家务的负累，可以抽出点时间锻炼身体，多结交点朋友什么的，完全没有想到他会出别的问题。说到问题，值得一提的是他出去后回来，我们的性生活就不太和谐了，他好像显得挺慌张，一直在说"怎么会这样呢"，我想男人都是比较在意自己的性能力的，我不能再增加他的思想负担，所以一直都安慰他，说"老夫老妻了，没事的"。他大概平均2个月回家一次，每次在床上我都尽量不给他压力，不主动要求，他好像也很回避这个事情，上床就呼呼大睡，不主动碰我，我理解的是他信心不足，怕遭遇失败的尴尬，所以我也忍着，不去刺激他。我也建议过要不要吃点伟哥之类的，增强点自信，他坚决表示反对。

所以，幸知老师，你可以想见在我隐忍了一年后，突然发现他不但行，而且很行！而且是跟那些身上有文身，有烟头疤痕的肮脏女人很行的时候，我内心有多么的震惊、愤怒和屈辱！事情曝光后，他也两次跪在我面前忏悔，请求原谅。他说他对外面的女人没有感情，而且春节之后就再也没有过了；他说他原想的实质是玩玩而已，不打算抛弃妻子和家庭，也不认为自己是在背叛婚姻，背叛家庭，因为他没有打算让外面的女人来取代我。这些说辞都被我坚决地驳斥回去了，我成长在很正统的家庭，我不介意为家庭吃苦受累，但是我不能容忍欺骗和背叛，还有他那套歪理邪说，简直荒谬至极！他现在绝口不提这套说辞了，但是不敢确定他内心是否真的接受了我的意见。此外，我生平第一次查他的银行账目，更惊讶地发现他去年竟然还拿了 30 万到澳门赌博，输掉了 15 万！我简直都要崩溃了，这还是我认识的那个男人吗？怎么完全变成魔鬼了？！十几二十万对我们这样的工薪家庭意味着什么啊？他竟然一声不吭地就跑去豪赌了！

陋行曝光，面临重重困境

事情刚刚曝光的时候，他还显得很无所谓的样子，说"要离婚我们自己离了就是了，不用让家里老人知道"，好像结婚离婚是过家家，是可以随便处置的事情，那种故作镇静的态度简直让我哭笑不得。但是后来这一个多月，他似乎开始逐渐清醒了，意识到形势对他不利。他目前面临的几大困境是：

第一，无家可归。房子都过在了我的名下，我现在又住在父母这边，他妈自从出了事以后，只说"你们年轻人的事自己解决，我管不到"，之后再也没给他打过电话，没过问过他的处境，一副任其自生自灭的态度。我和孩子成了他唯一的亲人，如果我们也不认他，他就成了孤家寡人。

第二，人财两空。他把存款都陆续转到了我的名下，这就意味着他要重新组建家庭，基本是没有任何物质基础了。他身体条件不好，说话爱抬杠，找再婚对象可能要面临很大的困难，高不成低不就，他挑别人，别人也会挑他。如果再婚找一个条件很差的，估计他自己也没面子。他的原话是说"我没有维持家庭的能力，如果再婚，估计也还是这样"，所以他目前表态说，他不会再婚，只恳求我原谅他，我们和好。

第三，舆论压力。他们单位的很多人都见过我，对我的人品有个基本的判断。如果我们离婚了，离婚的原因肯定就会不胫而走。他平时给人的印象还是很正派的，所以很怕别人知道这事，怕名誉扫地。我一威胁他"你是不是想当你们单位的王全安"，他就显得很紧张。当然，我也只是刺激他一下，我不会经常使用这招。

因为工作的原因，他目前大部分时间都还在广州。现在我们的交流主要通过电话、微信进行。在这事被踢爆以后1个月左右，他回过杭州，我们在酒店里说到以前的一些美好瞬间时，我也有些情不自禁，我们又"在一起了"一次，这一次倒是出乎意料的好，可能是没有孩子和家人等外界因素的干扰，我们双方都显得比较投入和忘情。

不过性毕竟代替不了真正的感情，他嫖娼的事极大地伤害了我的感情和自尊，尽管我知道现在社会上这样的男人并不少见，但是我还是不能容忍自己的丈夫就是这样龌龊的人。在我眼里，男人出轨至少说明他是一个道德、自律和责任感都很低下的人，是有污点的人了。

他一再向我保证，今后不会再这样了，他说再等半年回到我身边，我尽可以监督他的言行，重建对他的信任。而且，他也如承诺的那样，把大部分财产都改成了我的名字，现在每天晚上8点到11点每个整点给我发微信定位，让我知道他的行踪，表明他痛改前非的决心。我的一个离婚多年的女性朋友，也建议我不要赌气离婚，她认为孩子那么小，如果我一个人带孩子就太辛苦，也太便宜他了。她建议我把老公看成"长工"就好——有事安排他做，让他对孩子和家庭尽责，至于我对他，可以没有感情，可以在外面寻找蓝颜知己。

幸知老师，您觉得这样的婚姻模式是可行的吗？长期在一个屋檐下生活的两个人，如果毫无感情，似乎也是在一团死水中生活。但是如果要让我对他重燃激情，我又心有余悸，因为我认为他已经不值得信任和爱恋了。我担心他继续悔过下去，我会心软，那么我又该如何考察他呢？我们从利益的角度似乎确还有相互需要的成分，但是靠利益维系的婚姻是悲哀的吧？我还该不该再相信他，和他重新开始呢？还是该果断地离开他？

——苏琦

幸知回复

一场有预谋的嫖娼与一次负气的离婚

亲爱的苏琦：

普通的夫妻，对于嫖娼一事，往往是遮着掩着，不会觉得是太光彩的事。受到巨大压力的丈夫，顺着妻子的台阶签下离婚协议。你们恋爱至结婚七年，想必你更清楚他的初始为人，是一个好丈夫形象，否则不会在得知丈夫嫖娼后如此惊愕。那丈夫为什么宁愿净身出户也要嫖娼离婚？这一定是有预谋的。

这样的预谋，来自多年来他在家庭中受到的压抑。当然，最后他也为此付出了代价。

嫖娼关系跟情人关系还不尽相同。嫖娼是一种赤裸裸的按次交易，甚至可以不用顾忌对方的感受，只求当下发泄，满足自己的隐癖，索求关系明确。

你们俩之间虽然恋爱时间不长，但是，从初始来看，一个温文尔雅的理工男，脾气好，也顺着你，是一个很合适的结婚对象。但是，正如任何一个人都会有他的痛点和缺点，两个人从结婚后开始磨合，最重要的就是包容对方的缺点，不触碰对方的痛点。他的"不懂事"显现出他在人际交往上的匮乏，原生家庭的影响非常大，他习惯了父母相处的模式，习惯了很多事情上妻子应该理所当然地帮助丈夫去完成。但你毕竟不是你那"冷漠"的婆婆，你有你情感上的需求，而他并没有对你的情感所表现出充分的迎合。所以，你们之间就会吵架和产生矛盾。你是一个善于沟通的人，可能吵架后觉得这件事情就过去了，他也有所改观了，吵架甚至起到了一些正面作用，也不会往心里去，只是希望丈夫在某些事情上表现得更成熟一些。不过，你在一次一次触碰他的痛点，比如说责怪他的不懂事，刺激他说话，事实上这些都会成为一种积怨。因为他不是和你一样擅长表达并且吵架过后就会雨过天晴的人，你没有顺着他的性格，反而让他觉得，在这个家庭里他做很多事情是不对的，他在这个家里总被人指手画脚，被压抑了太久。而你，则越来越习惯于采用这种"看似瞬时有效"的沟通方式。

每个家庭都有每个家庭的相处逻辑。也许你非常不欣赏你公公婆婆的相处模式，以及对他们表现出人性的冷漠而感到惊讶。但是从他们的立场来理解，因为平时生活的压抑，而让他们在电视剧中得到排解，因为他们清楚那只是电视剧。所以笑对悲剧也是可以理解的。否则每天生活在压抑中，他们为何还能相对舒适地生活？每个家庭都需要一个发泄通道。其实你真正理解了他的父母，相信也不会因此去苛责他们，或者以此"恨屋及乌"不自主地去投射到你丈夫身上。他们过问你们的家庭，对你表示理解，这是好的公婆，未必每个家庭都有这样的公婆的。这是一对不干涉你们家事的公婆，不干涉有不干涉的好处——有的夫妻常常找我做咨询，原因是婆婆对小家庭的过度干涉让他们无所适从！你嫁的是你丈夫，不是你的公公婆婆，所以对待他们，要怀有待客之心即可。

我能理解你从二人世界过渡到三人世界付出了多么大的努力。与此同时，你们过的不只是三人世界，而是加上你的父母，不知道在几个人的生活中他是否有所不适？还是你会不经意间忽略了他的感受？他在这个家庭里感受到压抑，他希望换个环境，刨除压抑。当他突然发现换个环境压力减少，又在嫖娼的过程中找到了相对的成就感（虽然这个成就感不是健康的），这成了无形中很强的自信。他的赌博，他的嫖娼，是他对过往十几年压抑人生的一场发泄和报复。庆幸的是，他本质并不坏，输了钱他知道回来，嫖娼完了也知道回来。不是急红了眼把自己的人生全都赌进去。他发现，不过如此，他尝试过了，也许对他今后的生活是一种警醒。他过家家式的离婚，看起来潇洒，事实上困境良多。他报复够了，会理智地去反思自己的人生。

我觉得，你们之间还是有改进空间的，改进的方式，一，不管他的人生是否有污点，如果你想接纳他，就只能慢慢来，他心里会清楚，会知道回报，而不能常常去提起他的污点去刺激他。二，信任他，经过这起事件，在家庭里给他一个相对宽松的环境,他的愧疚感,面对你的宽容,会以加倍的好回报于你。三,反思一下过去造成他压抑的原因,夫妻之间不要有隔夜仇,当日去消化去说开存在的问题,不要去触及他的底线,这样的话,我相信你们的爱情和温情会重新回来。七年的感情,都不容易。我祝福你们。

——你的私人情感医生　幸知

再次来信

幸知老师,

您好!

我完全接受您的建议,从收到信的第二天起,每天都开开心心地面对他,只字不提他的"污点",也不再数落埋怨他,而是每天都打扮得漂漂亮亮的,微笑面对他。看得出来,我的转变让他感到意外,同时也令他有几分感激。

婚姻还在,爱回来了。我觉得您在信中分析得很有道理,以前我和他相处时,很多时候是我把自己的理想"投射"到了他的身上:因为我的父母是大学同学,毕业后也经历过两地分居,但是他们自豪于各自的忠诚,至今都很恩爱,而我也希望他能像我爸对我妈那样细致入微地爱我疼我;反观他父母间感情之淡漠,有时甚至是一种"压迫"和"奴役",则让我感到惊愕和鄙视,因此难免"恨屋及乌",当他表现出如他父母般的冷漠时,我就会反应异常强烈,会和他讲道理,乃至爆发争吵,这样的场景数不胜数。

回想过去的几年，我的确在很大程度上在"一意孤行"地"贯彻着"我自己的生活观和价值观，忽视了他的感受、他的需求。我们之间几乎所有的事情我都是主动，从言语交流到家事安排，乃至夫妻生活都是以我为主，他更多的时候是"服从安排"；家里遇到什么急事，都是我出面找人托关系，他也承认自己不太会与人相处，"没有一个知心朋友"。这十几年下来，很多时候我也觉得很累，觉得自己像一头拉车的牛，承担着家庭的重担，只身孤独地前行，不能指望从他那里得到多少温暖和支持——因为他们全家都是那种"无所谓"的性格，对发生在家人身上的问题从不在意，也从不努力去争取什么、改变什么。我想要维持自己家庭和婚姻的完整，只能自己拼命努力。

经过您的指点，我也意识到了自己的不足，在这几天的相处中，我不再自顾自地"自我表达"，而是把说话的机会留给他，在他说话和行动的时候，我也会用心观察和体会他的性格，而不再是简单地批评和表扬。也许是我一反常态的安静让他感觉很好，也许是他心怀愧疚，总之他表现得比以前略为体贴一些，比如会主动牵我的手，会主动帮我拿包。假期里我也特意安排了一个半天，把孩子托付给老人，和他单独去看了电影，找机会"腻歪"了一下，感觉好像又回到了恋爱的阶段。

是我用力过猛，才使他做出"惊天之举"

不过，在相处的过程中，我发现自己可以不去想他出轨的"丑行"，但是他那种深入骨髓的冷漠个性还是时不时地会刺伤我，令我感到失望。他对我并非没有热情和激情，但是热情来得很短暂，如电光火石般地转瞬即逝，他好像并不像我内心所期待的那样，希望我们有机会就"黏"在一起，而是激情过后，依然故我，表现出一种非常理性的状态，这是男人的共性吗？您的微信我每天都看，我昨天看到一篇文章讲的是童年生活对性格和恋爱方式的影响，其中那种"孤独回避型人格"和他的状态简直是太贴近了！因为我在前一封信里讲过，我的婆婆就是个非常冷漠的人，据我老公讲，他妈除了洗衣做饭，从不过问他们兄弟二人的事情；虽然不打不骂，但母子之间从未谈过心，他们小时候没跟父母去过一次公园；他从小到大，所有事情都是自己拿主意；除了家里需要钱他爸给他打过电话，在他那里，平时从来没有来自家庭的问候。

我不知道这样的母子关系是不是我丈夫性格孤僻的根源。他没有兴趣爱好，婚前唯一的爱好就是麻将，婚后因为我不喜欢，他也很少打了。除此以外，他好像对工作和生活都缺乏热情，我印象中好像没有什么事物能让他热情万丈，一切都是淡淡的，有也可，无也行。这也是为什么我看到他和"小姐"露骨对话感到万分惊愕的原因，因为我从来没想到他还能说出那样粗鄙，那样让人脸红心跳的话！

我老公从小成绩很好，读书工作一路都很顺利，是父母的骄傲，也经常被用来做教育他弟弟的榜样。但是，这次出了事之后，他才对我说，从小老师父母都夸他聪明，其实他自己清楚，他说不上有多聪明，只是应付考试还可以，但是高考也没考好；而且工作中，他对很多问题缺乏全局性的眼光，也没有深度钻研的愿望，这一点也很令我感到意外，我一直感觉他智商还比较高，业务上应该是比较拔尖的，谁知竟是这样。不过这也从另一方面印证了，他是个没有热情的人，对生活没有冲劲。

幸知老师，这是我的第一个问题，这种孤独型性格的人该如何与其相处呢？他扮演的好像是月亮的角色，随时需要太阳、需要外界来温暖自己，自己不会发热，不会很主动地去关心照耀别人，也不愿意为了一个目标积极地改变自己，通常是处在观望和退缩的状态。但是，作为婚姻的另一半，我是有情感需要的，我也希望得到他的肯定和体贴，尽管婚后这么多年他从来都没有当面赞美过我一句，我还是努力做我分内之事，希望能得到他的心，但是最后似乎有点事与愿违——我用力过猛，他做出了"惊天之举"！

他嫖娼、赌博，发泄过后发现也不过如此

请问有什么办法能激发他内心的热情吗？他告诉我说，他也在努力调整心态，但是我不知道他有没有找到正确的方法和途径。作为妻子，有什么我可以帮到他的吗？如果他的性格和人格是无法改变了，那有什么办法能让我在这段关系里可以相对舒服一点吗？至少不必再暗自期待，暗自神伤。我也尝试着拓宽生活的圈子，但是夫妻关系依然是一个绕不开的结，我不能当他不存在吧？作为女人，我也渴望得到来自异性的爱，而且目前来说，我希望能在婚内得到满足，如果我在外找情人，对孩子的伤害也会很大吧！

我此次想向幸知老师咨询的第二个问题是关于性方面的，心理专家李子勋说，年轻女人的身体和味道对中年男人来说有着无法抵挡的吸引力。

那么，男人真的是管得住人，管不住心吗？是有机会都要去尝试一下吗？激情上来就可以置道德和责任于不顾吗？我也尝试着和我丈夫探讨过这个问题，毕竟他嫖妓肯定都是找 20 岁左右，比我年轻很多的，我问他在不同的身体之间比较过后，他在我这儿还能不能得到满足，他回答说："我是尝试过了，但我发现那不是我想要的生活，所以你放心，我不会再去了。"这样的回答倒是和幸知老师在信中所说的话不谋而合，您说"他嫖娼，他赌博，他发泄过后发现也不过如此"。但是，我内心始终还是存在一种危机感，虽然我知道，如果换一个男人，他也可能会迷恋我的身体，毕竟新鲜感是个很重要的因素，但是，目前我还不想通过换人来找自信，毕竟我有孩子，我不想把家庭关系搞得太过复杂。

我下一步应该怎么做才好呢？

——苏琦

做女人，要学会在家庭中下放控制权

苏琦：

您好。

婚姻和工作其实一样，看你站在什么样的高度、用什么角色去审视它。在过去的七年里，在两个人的婚姻，与多个家人（包括你的父母和孩子)的相处过程中，你是这个家庭的主导者、管理者。如果我们不谈婚姻，说说工作，你想想，在团队管理中，领导都是怎么做的？亲力亲为的领导一定不是个好领导，一边要带领团队去完成一个目标，一边觉得团队成员做得都不够好，于是亲自抡起胳膊上战场而不懂得权力下放，很辛苦很累，然后发现团队不尽人意，倾注了所有的热情，却发现得不到温暖和支持，好像大家不够理解他一样。原因在哪里呢？角色。领导的任务是辅导团队成员走上轨道，给团队成员参与感和荣誉感，才能帮助他们去感受，去共同承担目标责任，而不是自己孤独前行，于是他们没有想法，只是服从安排。

这个时候，领导者是不是很辛苦？拼命努力，最后收效寥寥？在婚姻中，你又何尝不是如此？你是那个亲力亲为的领导者，管理着他，管理着你的家庭，也许他天性不愿意去争取什么改变什么，但是作为领导者，关键是表扬他鼓励他去朝着你们一致的目标去奋斗。"恨屋及乌"没用，拿长板对接他的短板也没用，他改不了，关键是学会去发现他身上的优势，去鼓励他，激发他，而这些鼓励和激发，才是他真正愿意发自内心去改变自己"短板"的出发点。

刚才说的是外在的观察。那从内在心态上来看，你要学会把他过去的"丑行"一词慢慢去掉。我接受过一个咨询，妻子出轨，丈夫气急败坏，在我面前说，他怎么都改变不了他妻子是"破鞋"的本质，他儿子永远都知道他妈是个"破鞋"……怀着这样的心态，夫妻关系是无法很好地改善的。所以，你也一样，要学会把"丑行"一词消解掉。否则你可能会想，他都做出这么丑陋的事情了，我容忍了那么多他还是不知道改善！当期待感超过了他改变的速度，那种不舒服的感觉又会重新回来。

另外，从两性关系上来说，很多男人都不是那么喜欢"黏"在一起，尤其你提到的"孤独回避型人格"的男性。他的家庭环境和生存模式，岂能一朝一夕改变完好。但是他理性，他不黏你，不代表他不爱你。一个月定期黏一黏，重温初恋，很好，但是每天黏着就很容易腻歪。你希望他爱你的方式是黏你，他希望你爱他的方式是给他空间。所以，我们要学会站在对方希望的方式上进行沟通和妥协。他的故我和理性是一种常态，你要学会把握一个尺度。他渴望温暖又害怕过分温暖希望独处的空间，而对你来说，也许觉得尺度难以把控，但更多时候你也要学会给自己空间。要知道，你的生活中除了丈夫，应该还有更多的事情可做。他缺乏爱，你一旦给他"适度"的爱，他一定会感激，只是他不知道怎么去表达，因为那么多年的冷漠，岂能一朝一夕改变，但是给予温暖的土壤，他会破土发芽，会回馈你的好。但是，不要把改变他当成你全部的寄托，迫切希望他去变成另一个更好的人。因为，改变是非常缓慢的过程，倒是你，要把对家庭和对他的侧重，减少一些再减少一些，也许家庭未必会因此变得更糟糕，不要只把拼命努力放在家庭里，你可以放在其他你值得热爱、修身养性、提高你个人魅力的事情上。

你在来信中提到，他对小姐说的话露骨到让你惊讶，其实这充分说明他在平时生活中有多么压抑。甚至有一天表现到让妻子都难以理解！所以，平常多给他宽松的环境，让他自己来决定做事情，让他来选择，哪怕他习惯性地来征求你的意见，都要鼓励他自己选择。哪怕他选择得并不是那么好,你总得让他伸出脚试一试,而不是把他的路都给铺好把轿子抬好,他再也不敢走了。至于工作,无论他表现如何,不要去指点他,因为你和他是互补型的夫妻,你擅长的你觉得容易的事他未必能够做好。你感性擅长想象创意情感丰富,他是理性的古板的。不是他对生活没有冲劲,而是不能以你的方式去冲,因为他可能更擅长理性思考、推理归纳等工作。

所以如何激发他的热情?陪他去做他喜欢做的事,而不要用你觉得热情的事情去揣度他"帮助"他,因为一帮助就成了压力。更多时候,你要学会把你多余的热情通过其他更能给你带来成就感的事情来消耗掉。

无论是什么原因,你的信任和家庭宽松的氛围,都会促进他用健康的方式去排解不舒适。性这个东西,是最急不得的,顺其自然最好,也不渴求说非要一个月多少次才算是成功的。有时候偶尔换换环境,可能兴趣又有一些。情调情调,全在变换风景地调情。

"自己没有经历过轰轰烈烈的恋爱,人生有点遗憾。"我能理解你丈夫的心情,不要觉得他自不量力。其实他的"回归",可能你还得感谢他有着从一而终的原生家庭传统。谈恋爱,不是结婚,他如果真谈,未必要找条件比你好的,比你优秀的。妻子太优秀了太强势了,如果来个哪怕不够聪明的小姑娘,一脸崇拜,就是喜欢你丈夫,听他的话,温柔,光这一点,我相信短时间恋爱的感觉就会回来。虽然最后两人未必修成正果。

你要学会在夫妻的相处中放低一点姿态,至少跟他平等,而不是俯视他指挥他,要懂得欣赏他,发自内心地去欣赏他的出色,像一个局外人一样观察这段婚姻。你是这段婚姻的掌控者,但不是唯一的,否则你一个人使劲,对方不使劲,婚姻虽然可以很辛苦地运营好,但如果哪天他向相反的方向使劲,你再怎么努力都没用。所以,要学会用巧劲,你使一半力气,鼓励他使一半,朝正确的方向走,才能事半功倍。

祝你幸福!

——你的私人情感医生 幸知

婚姻危机中的妻子,一直希望能够"打开心锁",以及"改变对方"。事实上,对方心里并不存在一把打开以后能豁然开朗重见洞天的"锁"。门后面没有一个对方想象中的完全符合自己期待的另外一个丈夫。门后面还是那个丈夫。如何与真正的他面对面相处,才是最重要的事。

Sharpshow 2014 年 9 月 17 日推送文章《王全安到底爱不爱张雨绮》,可以订阅微信公众号 Sharpshow,回复 liaoshang18 即可查看。

孙常宁:我倒产生了这样的联想,一个女班长在管捅了篓子的男同学。

Jane:妻子是不是兼具了母亲和姐姐的角色多于爱人和情人?

上官雨然:个人认为,嫖娼在某种程度上来说,不一定就是这个男主人公的品质问题,而是性格的双面性。其实女主人公咨询了几次,感觉她只是在寻找一些办法让她老公改变成她所希望的标准模式而已，与感情无关，与事情有关，从认识到结婚到养孩子，男主人公就是一个机械的服务器，而离开女主人公的视线后，男主人公的所作所为都只是本能的表现，尝试以后，正好又被女主人公发现，于是又一次更新改造升级版开始了！

李增芬：女主一直以自己主观的想法在了解自己的老公，互动模式缺乏有效性，所以对她老公的需求以及情感判断过于主观，因此她觉得老公累，身体单薄，然后克制自己的性需求，其实这也是剥夺了老公在婚姻关系中实现自我价值的机会。

王莹：在文字中我看到了女三非黑即白的状态，发现女主对嫖娼前后的描述都很用力。成长过程中很多时候是要慢慢处在灰色地带觉察，试着让出些主动权，启动丈夫的能力。

一米阳光：嫖娼是导火索，是丈夫对几年婚姻关系给自己找到的出口。从描述上看，丈夫情感表达方式趋于在原生家庭中的情感淡漠，或者叫回避。而来访者积极的情感表达很有可能给对方造成了压力。在这样的压力面前，丈夫不知道如何处理，开始不断地否定自己，然后出现赌博嫖娼等行为，以达到一种错误的精神满足方式。

但从丈夫悔改的方式尤其是净身出户来看，丈夫还是很在乎这个家的。也许这也是求助者希望修复的原因之一。女主对于人的完美和家庭的完美概念，需要有一个认知重建。对过去留下的伤痕，刻意去忘反而忘不了，在爱的重建中也许逐渐就释怀了。

张传利：女主很有礼貌，可能因为小时家教良好和成长环境好的缘故，比较有教养，所以对己对人都有较高的道德要求。

这本来应该是好事，但要求高有时也会成为亲密和人际关系的障碍，比如我看到女主对丈夫的训诫可以长达数小时。这就意味着丈夫和她相处的时候有一定的道德压力，也意味着自己某些非道德的愿望被压抑，因为被压抑太多，所以肯定要释放得更强烈，这是发展到嫖娼和澳门赌博的原因之一。

宋立：丈夫的情绪障碍是从公婆那里习得的，正是因为丈夫的情绪障碍才纵容了妻子在态度上对丈夫的一再"侵犯"，最终走上了出轨这条路。他该愤怒的时候不愤怒，该高兴的时候不高兴，公婆看悲剧时欢笑，这就是情绪障碍。情绪障碍的背后是认知障碍。所以，要找出丈夫一家在认知上有哪些障碍，就能搞清楚丈夫到底为什么会出轨了。小三骂丈夫是骗子，还一再跟他要钱，丈夫非但没有愤怒，反而更加讨好，这都是情绪障碍的表现。

马瑞：心理咨询，在某种意义上，和嫖娼一样，都是一个出口，所以，女主和他一起参与咨询，对他来说一定是有帮助的。让他觉得安全，然后打开心扉，需要一点点时间。

当女主能重新认可他的价值，经过反复思考、衡量、选择、心甘情愿地选择继续这段关系的时候，丈夫的这段历史会成为一件面料款式都还不错的衣服里面，一个不为人知的虫洞。知道，看见，但是依旧可以美美地穿上它出门，没必要每天盯着它发愁。事实上，有多少婚姻的里子上，有着不大不小的虫子洞呢？

她老公正是因为不自信,才会选择花钱去买。年轻的姑娘对他来说,同样是无法掌控的压力。他搞不定,一样会躲。他就是因为搞不定这个家,所以想躲出去。

她只要给他一种"搞得定"的感觉,哪怕是错觉,他就很开心留下来了。

最直白地说,男人需要自信,她没给他,他跑掉。她给他,给的比花钱买到的还多还好,就会天下太平。她是他妻子,她通过努力,会更了解他要什么。

我是佛吗？他真的爱我吗？

> "我嫁给他，不是因为我爱他，而是因为我的软弱。我不想让母亲生气，不想给家人带来麻烦。我只想让母亲意识到，我是个懂事而又让人省心的孩子。何况，我向来如此。"

幸知你好！

很高兴能够在微信平台认识你！自从添加关注之后，几乎每天都要看你的公众号文章，很多文章都深深地触动着我。每个夜晚，都想这样爬起来给你发邮件，对你倾诉，又好害怕纵容自己泛滥感情，然后一发不可收拾！

我差点成了落跑新娘

说说我的情况吧。我 1984 年出生，现在是个两岁孩子的妈。我全职带小孩。在别人眼里，我一直扮演着一个幸福女人的角色。儿子聪明可爱，老公虽然挣钱不多，暂时也足够我们母子俩生活。我很爱很爱我的儿子，并且一直都在努力地养育他，但我不爱我的老公。

我觉得我一直是个很缺乏爱的人，包括现在。在我记忆里，除了小时候我们全家人一起出去看过一场电影,看完后我很开心地在路上欢唱着回家,好像就再也没有那么开心过了。在我的记忆里,爸爸一直卧病在床,家里穷得揭不开锅,妈妈整天忙碌,夜里经常偷偷哭泣,而我坐在她身边不知所措。再后来,我13岁时,爸妈就外出打工了,我独自带着两个弟弟生活,没有外公外婆,没有爷爷奶奶,亲戚也不会照看我们。这样的孩子算留守儿童吗?反正我就这样迷迷糊糊地成长着,每天都很害怕地生活着,害怕来家里讨账的人,想着我要怎么应付他们;害怕别人总是对我指指点点,说我这里错那里错。没有人告诉我要怎么做,我每天都躲起来偷偷地哭。在学校里我也没话说,沉默到感觉自己都不知道怎么说话了。我也试着努力学习,但我的成绩一直很一般,花很多时间,却没有别人整天玩的成绩好,就像我自己一样,相貌平平,身高平平,智商平平。我每天想的就是,爸妈可以好起来,生活可以好起来,我死掉或者折寿来换取一家人的幸福生活都可以。很长一段时间里,我没有为自己活过,只要别人觉得开心,我怎么牺牲都可以。

也不知道是不是因为从小养成的胆小懦弱的性格,以致在后来的婚姻里,我也因为不想妈妈生气,不想因为我的不如意给人家带去麻烦,所以随便地就嫁了,其实我好想在结婚那天做落跑新娘!当老公对我提出结婚时,我害怕得不得了,但又一直没有离开,不是因为爱,而是因为我性格里的软弱。

老公生活在单亲家庭,爸爸有小三,妈妈是个不管家天天在外风流的女人。老公一直在他不该承受的年龄里承受一些大人的压力,跟我有同样不知所措的童年，所以这应该就是我明知道自己不喜欢他却总是离不开的原因吧，以为自己要去拯救世界一样，以为自己比他坚强，以为我离开，他会疯掉，然后宁愿赌上自己的一生跟他生活，给他创造一个幸福的家庭。好可笑！

我试着跟我妈说，我不想结婚！然后我妈很激动，说："你不想结婚干吗要跟他在一起，你这样做是不道德的，你不要搞这些事来跟我开玩笑，我受不起，我现在承受力很低，一点也受不了刺激，你两个弟弟已经很让我难过伤心了，你要懂事一点，让我省心一点。"林林总总，这就是我妈从小就对我说的话。

尝试去爱，却越来越不爱

后来，我就安慰自己，结就结了吧，反正他人老实憨厚，以后会对我好的，而且他在家里是老大，会很懂得体贴照顾别人的！再说自己年龄也大了，不嫁能做什么呢？再说，找不到自己喜欢的人，找个喜欢自己的也好吧，感情可以慢慢培养的！就这样，孩子都两岁了！我现在才知道，有些感情真的勉强不了，而有些人真的不是你想象中那么体贴你、爱你、照顾你！他除了老实，没有能让我满意的地方，他甚至无能到无法爱我。

从拍拖到结婚到今天，他从没有给我买过一件礼物，或者给我提过一次水果慰劳我的辛苦。我上班，他也上班，我煮饭他看电视。我想吃个香瓜，称完之后他觉得老板卖贵了，当着我的面退还了他，更别说别人省钱为自己的女友买哈根达斯的浪漫事了！他后来的解释是，他把我当他自己对待了！这是他最高境界的爱？他要是不爱自己，那我不是被他折磨到残废？这样吵啊原谅啊，以为他会改，但真的不能这样奢望一个男人！孩子出生了，我独自带着，孩子哭啊，闹啊，我每天饿着肚子，他从没有为我煮过一顿饭。我每天忙到凌晨两三点，他可以安然地呼呼大睡！甚至连帮我洗个碗，我们还要讨价还价一番！简直就真的觉得选择这样的婚姻，自己很无能！各种过分的举动，都让我怀疑，这究竟是单亲孩子的扭曲还是本来基因就不好。

本来尝试着爱，现在越来越不爱！怎么跟一个不爱的人做爱？怎么能爱下去呢！孩子的出生让我发现问题越来越多，而孩子的出生让我又有了无法离开的理由！因为自己童年的不幸，让我深知道爱一个孩子、给一个孩子幸福的童年有多么重要，家庭和睦有多么重要！我努力地养育教育我的儿子。我不懂，但我真的努力在看书，客观地教导他，希望他以后做个自由快乐的人，可以自己做主自己的人生！离婚，意味着改变现在，改变儿子的生活，生活要发生未知的变化。而我老公，不肯和平地离婚，我不想带着孩子跟他对簿公堂。那种痛，我不想让我儿子经历！

每天都梦见别的男人，我该怎么办？

幸知老师，更让我痛苦的是下面要讲的故事，希望没有让你感觉很乱！

我跟老公睡在一起，然后，许久做一次爱，没有亲吻，没有感情，只想快点结束。而每天梦里面，梦见别的男人！虽然事情过去很久，但我觉得，潜意识里在受着初恋的诅咒！况且根本就没有初恋！我无论怎么累怎么困，一睡下，我就梦见我初中的一个男同学，我在梦里看着他离开的背影很伤心，我在梦里深深地拥抱了他，那感觉很真实，是因为我想拥抱他的愿望太强烈了吧？我在梦里经常梦见我在远远地注视着他，希望他注意到我，我在梦里感觉我们差一点就要在一起了，然后我儿子哭了，然后我犯罪感很强地告诉自己，我已经结婚了，他无论结不结婚，我们也回不去了。

他是一个我们在不同时空爱过的人！他喜欢我，在我胆小懦弱、不知所措的懵懵懂懂的中学时代。我爱他，在他已经长大成熟在大城市里见识过花花绿绿的时代。所以，他后来对朋友提起，说那很搞笑，甚至觉得喜欢我这件事有点可耻吧？那些喜欢都是小孩子过家家的感觉。不值得一提！而我却深深地中了毒，因为他是至今让我笑得最开心的人，发自内心的笑，直到现在再也没有人能让我那么笑了。那种再也无法回去的痛。他也是追我的人中，对我的感情最纯最真、最能让我感觉到被人疼爱和幸福的男人。幸知老师，你能理解吗？那种爱，那种我那么需要的爱和呵护，只有他给过！以后或许就再也没有了！我欣赏他，喜欢他的小小才情，他的风趣幽默，直到现在我还一直保存着他送我的那幅亲手画的画，还有生日那天的音乐盒。或许因为之后再也没有人送给我，所以它更可贵！

以前我们生活在一个小村里，对外面的世界一无所知，所以他才喜欢我的吧，等他上大学后，见识了那么多彩的校园生活，那么多美女如云的世界，他也终于不再是以前的他了，而我也没有能力美丽到让他重新喜欢我。就这样，我直到大学毕业，才知道回不去了，我们真的没法开始了。我才试着去跟别人谈恋爱，网恋，姐弟恋，反正爱点很低，但每次都很认真地投入并且想跟他们结婚,对每个男人都很好,最后大家都跟我分手了,没有其他理由,就是因为我太好了,需要找个更好的男人爱我!后来,我遇到现在的老公,他的各方面都不是我喜欢的,他追我的时候,我很坚决地跟他说,我们是不可能的。后来竟然结婚了,因为我太需要爱的感觉,我渴望被爱,所以我总是尝试着开始,然后被人抛弃,而现在的老公没有抛弃我,而我不敢抛弃他,所以我勉强自己走过来了!

我以后的人生要怎么走下去?我真的无法对别人说我竟然还在梦见初中时候的男同学!

幸知老师,感谢你听我的倾诉,感谢遇到你!如果在我年轻的时代早点有这么发达的网络,我或许会生活得比现在更好吧?或午早点看到你,我会懂得更好地选择吧。不过,如果自己能长得漂亮点,也还是会不同的吧!

——困惑的鱼儿

你是佛吗?他真的爱你吗?

困惑的鱼儿:

您好!

有过缺爱、贫穷的生活,过早地担负起家庭的重担,照顾一个你并不爱的老公，全职带孩子努力为了孩子能够有个不错的未来……你是个"太伟大"的姐姐、妻子、妈妈，因为你只要"别人觉得开心怎么牺牲都可以"，你的心里一直住着别人，你一直活的是别人，而不是自己，你一直在为别人而活。可是这样伟大的你，幸福吗？

你结婚，不是因为爱而结婚，是牺牲自己，为了别人的幸福。你一直在扮演救世主的角色，救赎他人。以救赎他人为乐，你把自己当成了佛，而不是人。你认识丈夫之后，虽然你不爱他，但跟他在一起，你觉得他会并且能够理解你，因为你们惺惺相惜。一直扮演懂事、省心角色的你，加上道德枷锁的束缚，一直不敢想象"为自己而活"的生活。

你是佛吗？他真的爱你吗？

他把你当"自己人"，是因为他自私，如果他真把你当自己人，他就会在意你的感受，在意你的欢喜，而不是顾虑钱，他应该更顾虑你的快乐。但他甚至不知道如何爱你，他也不想学会爱你，当然这一方面可能是因为你的"纵容"而致。你不是佛，你是人，有人的七情六欲，所以你会有欲求。本质上他只疼爱自己，不疼爱人。你为什么会觉得自己的爱得不到回报而难受？一方面，他确实没有去体会爱你的方式，另一方面，你并没有因为爱他而感到幸福。"爱他而感到幸福"，我们说这是最高段位的爱，只要和他在一起，做什么你都觉得值得，但是你不爱他，所以你不可能达到这样最高段位的爱。你高估了自己。

本来就是尝试着爱，这样的爱还得不到回报，你又如何能爱得下去呢？我理解你的痛苦，你希望给儿子一个完整的家，你不希望让他重蹈你们的覆辙，可是——在咨询过程中我们常常发现，一个小时候受过家暴的女子，成年之后还是选择了一个家暴男当自己的老公，虽然潜意识里她根本不希望这样，她天天避免，为何命运如此薄情？错，这不是命运，是自己的选择，她小时候受到创伤，成年之后她潜意识希望这个场景重演，在重演的过程中避免暴力的发生，她要驾驭这个暴力——在你身上依然如此，你犯下的第一个错误，是为救赎老公而结婚，结果你的心神，让你无法驾驭，现在你在犯下第二个错误，你认为你可以给你儿子一个看起来和睦的家庭，可事实上呢？那是名义上的，你的儿子需要的不是名义上的扮演，就好像你名义上扮演了一个幸福女人的角色而内心痛苦一样的道理。母亲内心抱怨表面极力维护形象，父亲不爱母亲，那些不曾存在的亲密，从小就会根深蒂固的存在你儿子的脑海里。最后很有可能的结局是，你很辛苦，为了儿子，但若干年后，儿子不曾体谅，不肯为你的辛苦埋单。为什么？因为你的表率，不应该是拧巴而来的，你最好的表率，应该是自信自立自强，这才是无形中的能量，只有这样的能量，才能胜过所有的表率。让他觉得，妈妈很厉害，我希望长大后成为她这样，而不是内心挣扎"我父母的生活并不幸福，我希望日后我的家庭可以幸福"，你要学会做自己，有些事情，早些面对，比晚些时候面对要幸福很多，而幸福的你，才是孩子真正的榜样。他可以从小就有积极的心态去面对生活，他要明白，即使我父母离婚了，但是他们都是为了更好的生活，我妈妈也能很幸福地开始新的人生，她能战胜所有的挫折，我要成为妈妈这样幸福的人。我也会给他人同样的幸福。

接着说说你的爱与初恋。

从结婚，不，应该说从童年开始，道德感就一直束缚你，你拼命压抑自己的潜意识。其实，初恋不是一种诅咒，是你内心挣扎的潜意识，只有在梦境中它才复苏。可见在现实中你生活得有多么痛苦。他只是你内心期望的一个符号和象征。他是你情感的桃花源。

什么是爱？爱不只是不抛弃。你的丈夫跟你在一起，把你当成了一个物品，放在家里，他是当成了自己的物品，他不扔掉，摆在家里，他不顾及这个"物品"的感受，有口饭他给她吃，他喜欢什么也给她一些，而没有把她的感情捧在掌心。这不是爱，这是自私。

你现在还这么年轻，你的心态却在老去。你要记得，永远不要丧失对生活的期望。请学会重新做自己。无论从什么时候开始都不晚。我们虽然曾经活在童年的阴影里，但是我们成年之后，完全有权利找到一个真正的自我，活出一个真实的自己。阻碍你活出自我的，不是丈夫，不是儿子，不是责任，而是你自己。

我会一直陪着你走过这段最艰难的时光。不要觉得这辈子就这样了，我老公也不爱，我儿子我有责任培养，可是你过得那么难过，为什么要让自己的一辈子都成为这样的角色，都是为别人而活？你得彻彻底底重新梳理自己的情感，从头开始，永远不会晚。最坏的日子你都过了，你想想，还有什么更坏的日子呢？为什么不能重新开始呢，这些代价有多高？这些代价会比你之前付出的代价更高吗？你难道不希望未来过真正属于自己的生活吗？你的人生才过去三分之一，过去的生活，你无法选择，但是现在，你可以重新选择，自信自立自强，从出门找工作开始。你不希望你朝夕相处的儿子，长大后却不为你的辛苦埋单吧？只有你内心自信自立自强，只有你把情感的支柱从儿子身上转移到自己和自己的社交圈口去，这样自信自强的你，才能照耀你的未来，还有你儿子的未来。相信我。

有什么问题可以及时跟我沟通交流。祝你幸福！

——你的私人情感医生 幸知

其实再无条件的包容，也是在"有条件"的前提下做出的选择。我们都是有血有肉的人，何德何能，以人之躯，承受圣母之责？

Sharpshow 2014 年 6 月 11 日推送一篇文章《过了 30 岁，坚决不能放弃自己》，可以订阅微信公众号 Sharpshow，回复 liaoshang19 即可查看。

咖啡不是茶：小鱼的初恋，只是不甘于婚姻现状的一个心理投射，幻想自己应该拥有的或者向往拥有的。

喜乐：小鱼只是把初恋当成现在不如意生活的寄托。她缺爱，所以拉一个爱过来撑着，她只是爱着自己以为的爱情的样子。

简拙：羡慕嫉妒恨对应空虚寂寞冷。她在这儿占全了。

鼓掌绝尘：小鱼很难摆脱目前的困境，因比较自卑，性格懦弱。1984

年出生也不算大,想脱离也不见得不行,但应该很难下这样的决心,需要勇气。客观讲,两个不够阳光豁达的人在一起,没有互补只有相似,很容易形成悲剧。要么趁早,置之死地而后生;要么认清现状,心平气和。

天山雪莲: 小鱼有很多值得鼓励的地方。可她内心的缺爱和些许的悲情,总是会时不时地冒出来。所以她需要一个爱的充电器。或许还可以鼓励她找些现实生活中或网络中的好朋友,或是同样状况的成员,互相鼓励给她打气。目前来看,她的社会支持网络还不够。

冷月公子: 既然说到梦,我就从梦的角度来为小鱼分析。梦有很多种功能,其中一种叫愿望满足,意思就是它是对你现实中缺失的一种补偿。小鱼认为这是初恋的诅咒,实际上恰恰相反,这是潜意识想要帮助她走出困境。

因为她渴望爱,并且觉得生活空虚无趣,而她曾经初恋的男孩让她刻骨铭心,他的出现能够唤起她对生活、对爱的热情。仔细回忆一下梦中的情境,在梦中是不是比现实更动情?是不是与现实中的麻木不同?梦境是上帝给我们的礼物,因为在梦中可以进行自我修复。梦里面的初恋情人并不是真实的他,只是一个代表,一个符号,目的就是想说,小鱼,你依然具有爱与被爱的能力,只是你需要将这种能量从梦中传输出来,让现实生活中的你感知到。

小鱼的爱点很低,跟各种类型的人相处都很容易投入。而梦中反复出现的却只是初恋的身影,这也是在提醒她,值得投入的感情并不多,也不可以因缺爱而滥情,因为在她内心深处渴望的是专一而又深入的感情。

所以，小鱼，千万不要为了这样的梦境而苦恼，甚至羞愧，这只是住在内心深处那个充满了爱和力量的你，在一遍遍提醒着，你是一个感情丰富的女人，但此刻正面临着空虚失意的状态。即使很需要爱情，也不可以盲目寻找，当你迷失的时候，就回想一下梦境里爱和专注的感觉，那才是你现在需要寻找和学习的。

我如此本分，为何在婚姻中受伤害？

> 传统道德观念要求，女人必须本分，善良贤惠，懂得付出和忍耐，并且从一而终。可是我们也会看到，即使是最受传统道德观影响的女性，对于幸福的期待也是会产生变化的。这个时代，女性比男性成长要快，所以，也不得不经历一场痛苦的蜕变。

亲爱的幸知：

您好！

我经常关注你的微信，对你很信任。我在婚姻生活中遇到了困惑，也很痛苦，不知该怎么办，请你帮帮我。我和老公结婚快11年了，认识13年。老公36岁，我34岁。当年我们刚结婚时，很穷很穷，我们都是从农村出来工作的孩子，所以生活过得很拮据。我和他刚开始工作就在一起了。从恋爱开始，我就发现他的性格有些孤僻，不愿和别人交流，有时我们闹矛盾，他也不会说些暖心的话让我开心，但是他对他父母很好，平时在生活上对我也很细心，所以我以为有爱可以改变一切，就义无反顾地和他跨进了婚姻的大门。

冷漠的他很少主动关心我

婚后，我们都在一个边远小县城的政府部门上班，过着最普通的生活，还要还很多债务。他也不愿和我多交流，有矛盾时，他也很冷漠，每一次我都泪流满面，他都不愿帮我擦一滴眼泪。每一次矛盾后，都是我自己痛苦，而他基本上不会主动来关心我。过几天后，他才会轻轻地碰碰我作为试探，而我也就顺水推舟和好了。我深深地理解他的冷漠是他的原生家庭造成的，因为他的爸爸也是这样的人，比他有过之而无不及。我是传统的女人，我很重视我的婚姻，我觉得将就过下去也就行了。以前我们生活中的矛盾就是围绕一些小问题，有时会争吵，但都不涉及实质性问题，所以对感情的伤害不大。

2009年5月，我儿子出生了。因为没有老人帮忙照顾，我们要上班又要带孩子，自然非常辛苦，常人无法体会得到。而且他在单位办公室工作，人少事多，每晚他都会在九点左右去办公室加班，经常到十一二点，甚至一两点才回来。不加班的时候，他常和朋友去K歌，到半夜才回家。他尤其喜欢和他单位的一个五十多岁且很色的老头一起吃饭、喝茶，那个老头每次都会带女人一起去。我提醒他要注意身体，注意和那些女人的交往，他就说我不相信他。家里的事务大部分都是我在做，又要带孩子，很辛苦。

从2011年下半年开始，他总是和一些女人有联系。第一次，他当着我的面和一个女人打电话，声音很奇怪。我很好奇，回家后第一次偷偷查看他的手机，他已把号码删除了。我问他，他说是和一个男老乡的通话，我当即揭穿他的谎言，他说是其他女人叫他去吃饭，怕我多心所以删除了，还说不会离开我之类的话，我暂时相信了他。只是从此以后，他的手机就上了锁。

暧昧事件频发，却责怪我不信任他

到了 2012 年春节，他拿手机给我玩时，我发现了他和一个人的短信，直觉告诉我对方是个女人，我就问他是谁，他说是某镇办公室的人。我不相信他，就打电话给该镇的朋友一问，说是没有这个人，他又骗了我。

2012 年 5 月，他母亲过世。他单位的一个同事，就是上文说到的那个老头，带了 4 个女人去他老家，他说不认识这 4 个女的。处理完老人的后事，回到县城，请客人吃饭，他说想叫那几个女人来一起吃饭，我说可以，后来那些女人没来。中途他出来接电话，打了很久，我和儿子出来，发现他在和那些女人打电话，语气很关切。回家的路上，我也和他谈，让他注意一些，他骂我，还说有 3 个很好的异性朋友。

2013 年六一，我们带儿子去市里玩。有一天晚上，他以为我们睡着了，躲在卫生间和另一个女人打电话，被我在外面偷听到了。我就问他，开始他很强硬，骂我，后来还说是一个女的不知怎么知道他电话号码，他也不认识那女人，她十一点发短信问他在哪里，他就打电话给那女的，打了十多分钟。我觉得这不正常，如果是一般朋友，有必要等我们母子睡了躲到卫生间打电话吗？后来还有几回类似的暧昧事件，比如，他把一个女人的照片设为手机桌面，在 QQ 空间里面和别的女人互留暧昧语言，等等，我问他怎么回事，他都说没什么，说我不相信他。

每一次，当我发现他和那些女人打暧昧电话后，我都会和他谈，善意地提醒他，让他注意，别让人家勾引他，诱惑他。每一次和他谈，他要么大发脾气，说我不相信他，过不下去就离婚之类的话；要么就是由我在那说，他一个小时都不说一句话。

今年3月初的一个晚上，一一点多的时候，我听到了他和另一个女人的电话，聊到最后，他竟然亲了那女的。我问他，他承认了，是省城的一个女人，网聊几个月了，觉得跟那个女人聊得来，说不像我想象的那样，他们之间没什么事。我反问他："没事那怎么亲人家？没事有必要晚上十一点多打电话聊吗？没事有必要留电话给那女网友？"所有的一切他都无法回答。后来他说他错了，愿意和那女的断了，他说只是觉得聊得来而已，让我相信他。

我觉得好痛苦好无助，以前他和那些女人打暧昧电话，我都觉得应该没那么严重，觉得他应该不会真的走到这一步，因为我和他走到今天太不容易了。但是这次当一切真的发生时，我觉得承受不了。他的感情真的出轨了。他知道他这次的出轨错了，让我相信他和那女的能断。但是才隔了不到两天，我又发现他在卫生间打暧昧电话，我试着让他告诉我和谁打的，他不敢说，反骂我不信任他。

我现在不知该怎么办，我也不知道他是只和一个女人保持着联系，还是和几个女人有联系？他和她们是普通朋友还是暧昧关系？每次我一问到他这些女人的事，他都一句话也不说，要不就说没什么，叫我不要多心，每一次都骂我不信任他。

2013年10月,他出了车祸,同时还检查出患了乙肝,在床上躺了差不多两个月。我又要上班又要带孩子做家务又要伺候他,过着非人的生活。就是在这段最艰难的日子里,我整天为他端屎端尿,他对我仍然冷漠,没有一句贴心的话。在这段艰苦的日子里,我想,他经历了生死,应该会更成熟、更珍惜家庭吧。我愿意放下他过往对我的伤害,和他一起战胜病魔,一起走下去。但是,他才刚站起来两个月,就又和别的女人玩上了,我真的伤心,觉得这个男人怎么那么没有良心。

缺乏心灵沟通,终成出轨悲剧

我要说的是,这些年,我和他之间基本上没有什么心灵上的交流,谈的都是一些家里的事。有时想和他谈深入一些,他都不爱说。对我的病痛,他不理不睬。但我还是十年如一日地爱着他,关心着他,夫妻之间有什么问题,都会主动找他谈,但他都不配合,我觉得很伤自尊,也很伤心,觉得在他心里没位置,他不爱我了,要不他怎么舍得让我一次次如此伤心。在感情上,他明知道我不能容忍他和其他女人玩暧昧,却一次次地伤害我。其实我一直都想知道他需要我怎么做,但是他不愿说,我也不懂,所以造成了他今天的出轨。我觉得这些年我一直都在努力,但一切都是白费。他说这两三年他和那些女人的联系,根本就没什么事,我痛苦难过全是自找的。我更加伤心欲绝。

我还想说的是,这些年,虽然他和我有不少矛盾,但他很爱孩子,只要有空他都会陪孩子，出差也会尽快赶回家。晚上没应酬的时候，他都会陪我们母子散步，带孩子回家后才去办公室加班。他的工资也都给我，由我来安排生活。还有，他每天都会用摩托接送我上下班。总之，如果不是他老爱和那些女人打暧昧电话，木讷一些以外，在外人眼中，我们一家三口很幸福，是模范家庭。他有时也骂我："你说我不想你们，我去哪里不是第一时间赶回来陪你们啊？"但是人虽然陪着我们，心不在我们身上有用吗，幸知？这几年生完孩子，其实我也没有放弃自我的提升，经常阅读一些心灵方面的书籍，穿衣打扮也是愈发得体，所有的人都说我比以前漂亮多了，不相信我有三十多岁，在我们这个不大的县城，有很多人夸我是美女。其实我是一个很感性又很传统的女人，就算他一次次伤害我，我也从没想过要找其他的男人，只想让他回心转意。

　　幸知，我儿子还小，又很懂事，我很重视这段婚姻，不想孩子受到伤害。我真的好想让他和我一起好好爱这个家，爱我们的孩子，我怕我儿子受到伤害。我知道我这两三年也有做得不对的地方，有时可能也是过于敏感，缺乏安全感。小时候父亲逝世后，母亲和哥哥姐姐拉扯我长大，我吃了很多苦，也没得到多少爱。我现在也试着不多过问，做好我自己。但是两三年了，他骗了我一次又一次，我觉得很伤心。我想这次他既然承认错了，那我就以此作为契机，和他好好谈谈，找到问题症结所在，重新修复关系，但是我发短信给他，说出我想解决问题，修复关系的愿望，他也不回复。我不知该怎么办，我还能相信他吗？我想把伤痛放下，用女性的柔情去挽回他的心，可行吗？但另一方面，我又觉得有些委屈。我不知道该不该相信他能和那些女人断了,因为以前他骗了我一回又一回。我觉得很迷茫。

　　幸知,我写得很烦琐,只是想让你站在旁观者的角度帮我厘清一些思绪。我知道你很忙,如果有幸让你看到我的故事,你愿意的话就帮帮我吧。我的故事,如果你认为行的话,你也可以作为案例,但是请保护我的隐私,不要泄露我的邮箱。如果有幸用上了,请发给我看看吧。感谢幸知。

——小何

当爱不在,如何修复婚姻关系?

小何:

　　此时此刻,你一定想着,男人真是没良心的东西。贤惠善良、操持家庭、愿意守着他、与他同甘共苦的女人他不要,非要在外面玩女人,对妻子不理不睬。这样的男人我要他干啥?可是,我还爱着他,爱着这个家,爱着我们的儿子。我该如何做,才能让他回心转意?我做了,他就一定能回心转意吗?他还是不能回心转意,我该怎么办?

　　先把你内心的声音放一放。我们一起来回顾下你们在婚姻中各自的诉求。

　　你诉求的,是一个温暖体贴的他,是一个可以跟你说甜言蜜语的他。

　　他不爱说暖心的话,跟他的家庭背景和成长环境有关。有爱有恨,却都不擅长用语言表达。这样的男人,不擅长明白地表示爱意,也更会使用冷暴力。他理解他的问题所在，却不知道如何去示好。

"将就过下去"的想法，其实是在你内心根植了深深的不悦。只是因为传统道德观念的束缚，贤良淑德并且忍让的女性情怀，让你觉得你在付出和忍让，殊不知他可能也付出了同样的忍让（你可能疑惑，他忍让什么呢，先别急）。那些你认为没有酿成大错的"小问题"，是你们的疏忽，其实正是因为这些小问题的堆砌，才为感情伤害埋下了伏笔。

你所希望的，一定是他对你付出的认可与回报，但是他没有，没有得到情感满足的你，一开始是忍让的，久而久之会感到寒心，并有所抱怨。而他回到家里依然没有得到同样的情感满足，贤妇和怨妇角色的交织，让你们彼此都逐渐失去对对方的信任，让家里慢慢失去了应有的温馨。他不回家，而你索求爱，得不到爱，逐渐成了一种恶性循环。

他诉求的，是你们心灵交合，是彼此信任，是不被捆绑的爱。当然，这里的不被捆绑，不是指可以任意出轨。

他骂你，是因为他心虚，还有就是对你说话的口气不满。其实第一次你已经有所察觉，只是不愿意继续承认，"善意地提醒他，让他注意，别让人家勾引他，诱惑他"——婚姻中的出轨，就是你情我愿的推搡，哪有单方面的勾引与诱惑，哪有绝对的道德与说理。道德是婚姻的紧箍咒，却未必是维系婚姻幸福的砝码。你念咒，你苦口婆心劝诫，他忍耐，他痛苦，他都知道，却除了骂骂咧咧，没有勇气和能力去破除紧箍咒。

你以为"所有的一切他都无法回答"，那么你必然站在了道德的制高点，他既然错了，错了就改就好。于是你继续退让，留有余地，给他"改过自新"

的机会。可是婚姻不是法律,哪有什么改过自新,只有犯错后能否给到他足够的惩罚,惩罚到他愿意断了他的后路跟你心甘情愿再次维系感情。只有夫妻相互妥协着去修改过去的互动模式,目标一致地迎接新生活,婚姻才能"修复"。否则,一切说辞,都是对牛弹琴。

所有走到尽头的婚姻,根源都在于非原则性问题一点一滴的积累。没有任何婚姻是会因为"走到今天太不容易"而因此就进了保险箱。所谓时过境迁,对婚姻和爱情照样有效。

你以为共患难是婚姻爱情持久的符号,他总得有良心吧?你以为,你爱他的方式,是为他好,可也许站在他的立场,他本不是那么接受这样被爱的方式。他不配合你谈心,不配合和你进行更深度的交流,可能是因为你们价值观的不够契合,也可能是因为,他并不接受这样爱他的方式。

他之所以可以一次又一次地骗你,因为他发现,无论怎么骗你,除了你的唠叨,和更加小心翼翼地用你期望的方式去爱他,他得不到任何惩罚。我能明白,没有得到太多爱的你,更希望在婚姻中索要爱。从某种意义上来说,你们都不懂得如何去爱对方。你对爱的触觉是麻木的,你是多么希望知道自己该如何去爱他,却无法去发现。所以你们双方的索求,都无法很好实现。你采取了忽视,直到真的面临"原则性问题"才手足无措。他采取了逃避,用伤害家庭的方式,来弥补他的爱缺失。这样环境里长大的小孩,真的会因为生活在看似健全的家庭,而获得比离婚后家庭更加健全的人格吗?其实我是打一个问号的。

耐心倾听他的需求,也许是你曾经忽略的。未必通过询问,可以通过感知。把重心放在如何独自生活上,也许你有一天终将面对独自生活的日子,一定记得,关于爱,别人永远只能给予你锦上添花,但不能成为你缺失伤口的结痂。如果是后者,撕裂后一定流血不止。你要学会自己愈合,然后才能遇上更好的男子,以更加平等的方式,来爱你。

——你的私人情感医生 幸知

很多女人在多年的婚姻过程中,丢失了自我,把所有的心力全放在了老公和孩子身上。但是这样的爱,对自己真的公平吗?这样的爱,丈夫是否是全盘接受并充满褒奖?这是他短期需要,还是长期期望?你们双方的情感诉求能达成真正的平衡吗?婚姻中的你,不妨常常问下自己。

Sharpshow2014年3月10日推送一篇文章《传统的姑娘,到最后都成了loser》,可以订阅微信公众号Sharpshow,回复liaoshang24即可查看。

李增芬:小何,你从开始进入婚姻的时候,就了解他性格孤僻,不爱和人交流,你想在婚姻中用你的爱去感化他,可事实却是你们仍然无法交流。其实,他并非与所有的人都不爱交流,比方说他与别的女人打电话聊天,

可看出他有着基本的交流能力，性格或许也不像你所说的那样孤僻。那么他"不爱与人交流"，会不会是他不爱与你交流呢？你和他谈的"都是一些家里的事，有时想和他谈深入一些，他都不爱说"，也许证明了你们这几年的相处的模式已经僵硬化，你们的沟通需求并不一致。

一个人的安全感体系，不是只看两本书，或者让自己变漂亮一些，就可以马上建好的。

艳芬：女人在生了孩子之后，心思更多地放到孩子身上，会无意识地忽视男人的情感需要。而中国的大部分男人从小已经习惯于妈妈的照顾了，认为带孩子是女人的事，很少会在这个阶段给予妻子主动的理解和关爱，导致这个阶段是夫妻出现情感隔阂最严重的时期。

小何丈夫生活也是"将就"的，觉得跟妻子难以沟通，慢慢地就不沟通了，但情感的需要没有因此消退，这也是导致他出轨的原因。

小何从小对于爱有过度的渴望——"小时候父亲逝世后，母亲和哥哥姐姐拉扯我长大，我吃了很多苦，也没得到多少爱"，她希望在婚姻生活（新的亲密关系）中，能够通过自己的付出获得这份爱。在这过多的付出过程中，她失去了自我，使自己的爱不那么被珍惜。

人的一生，深刻地体会自我需要是非常必要的，只有一个充实自信的自我，才不会去时刻向别人要爱，才会散发出人格的魅力。

万物生："爱是很复杂的一种情感，爱里面本身就是有恨的。"就像母亲有时也憎恨婴儿对她的过度的吮吸和索取，但是这不妨碍她爱婴儿，重点是在"爱"与"付出"中，小何到底能不能真正感觉到快乐。

CHAPTER 4

生活，在爱与痛的边缘游走

当我和你离别时——

我不想把话隐藏在心上,

那时我是多么爱你啊,

尽我所能地爱得发狂。

但是我们的相会我并不愉快,

我倔强地一声不响——

我也不想了解你的

深沉的、悲伤的目光。

你总是同我讲起

那亲爱的家乡。

但是那种幸福,我的天啦,

现在对我已成为异乡!

相信吧:从那时起,我生活了很多时光,

忍受了很多的悲伤……

我也把很多的欢乐,

还有很多愚蠢的眼泪都一概遗忘!

——屠格涅夫

在这一章里,几乎没有欢乐,更多的是与泪水和失望有关的爱情。因为欢乐已然成为过去,笔下唯伤。但是只有伤过,痛过,才能察觉爱的珍贵,才会在爱的时候,知道如何爱,好好爱,并珍惜爱。

痛并不可怕,可怕的是,痛过之后失去了爱的能力。

与家暴男的婚姻让我人财两空

> 她的两次婚姻都没有征求过父母的意见。她觉得自己的婚姻草率而又随便。她给他钱。他监视她，控制她的生活，殴打她。她只是想倾诉。她甚至不知道，她是不是有伤需要疗。

幸知，您好：

我已届 37 岁，10 天前第二次离婚。

就算写一篇纪念的文字吧，总结一下我的人生。也问问情感医生，我的问题在哪里。

结婚后，无法满足他要求的我出轨了

第一次婚姻是跟中学同学，第一次恋爱就结了婚。但他不是我的初恋，我的初恋是我的初中同桌，我暗恋了他整整 7 年，大学期间才把这个故事讲出来从而释然。

我的确是个不爱讲的人，总是埋在心底。现在也是。

大学没有恋爱，毕业后回到老家，中学期间喜欢我的男生找到我并确

立了恋爱关系，后来才知道刚开始他还没有跟他当时的恋人分手。

他是个很好的人，给我印象最深刻的是，他有一对完美的父母（我并不是埋怨我的父母，我的父母也对我付出全部），母亲相当细心、温暖、善良，对儿子的了解无人能及，不需要语言即知内心需要，母子俩很默契。我衷心赞美他的父母。也许是因为这样，他细致、敏感，想要一个同样有默契的伴侣，觉得我应该能猜到他的心思。我的家庭里，我是姐姐，还有妹妹，我们是自己长大的。家境不富裕，我们年幼的时候父母都很忙碌，我小时候印象中的妈妈眉头总是紧锁的。我也曾经历过青春期的叛逆，但后来全部释怀，对父母只存感激。

在和他恋爱之前我没有情感经历，除了那场暗恋。晚熟，不知道男人、女人的区别，不知道自己想要什么，20多岁了还只有纯纯的爱，显然太不合时宜了，特别是对于情感有丰富需求、有数次情感经历的他，我不能满足他的需求。那时的我感情像一张白纸，备感委屈。

正在此时，我被一个已婚男人引诱了。

我爱上了他。

我男友在外地出差，我这样没有经验的人当然没法隐瞒。我飞往深圳，痛哭、自责。可能他并没有真正赢得过我的心，我们在一起已经近三年，我没有憧憬过婚姻。他则希望有个完美的结局。就这样纠结了半年，我们登记结婚了，那年我27岁。结婚后，与那个已婚男人仍在来往。

已婚男人知道我的每一步，去深圳、回来、结婚，等等。结婚前我年轻的第一任丈夫甚至与他面谈过。我那时的丈夫并没有提及过此事。后来已婚男人告诉了我，见面之前之后都有告诉我。有一次看电影聊天，我说，海伦不知道是一个什么样的美人，竟会引发两个国家长达 10 年的战争。他淡淡地说，如果他和我丈夫是匡王，那也是另一场特洛伊战争。

我第一任丈夫是个好男人。我们离婚后，他与在我之前的那个女友结婚了。那个女人就是那种聪明、有心眼、懂方法、能够满足他内心和情感需要的女人，唯一一个让他当时会选择我的原因是，那个女人学历不够高，年纪轻轻就出来混社会，可能会有一些不良的嗜好。这里没有恶意。期间他约我出来见了一面，没有说什么有意义的话。现在他们有一个可爱的儿子。

那个已婚男人的故事还在继续，我爱上了他，直到现在仍然爱。他有个女儿。我们在一起聊天，一起旅行，无所不谈，没有矫饰，没有伪装，对彼此的阴暗、自私并不讳言。他教会了我很多，让我成长，总之他偷走了我的心。七年半之后，我离开了他。

我的同居网友，竟是个家暴之徒

两个半月以后，我让一个在网上认识的男人（跟已婚男人同龄，大我 12 岁）住进了我的家。

噩梦开始了。

可能我见过的男人还是太少了。

他一来就控制了我，站在道德的制高点上，不能同居而不结婚。

我不知道为什么，我对婚姻从来不向往，即使跟我爱的人在一起，我也没想过穿婚纱这种事。

但是我又结婚了,在认识那个男人一个月以后。我对婚姻怎么就这么草率呢!

我的两次婚姻都没有征求过我父母的意见。

在我很年幼的时候,我妹妹还在襁褓中(我大妹妹5岁半),父母经常打架,地上翻滚那种,整天倒的垃圾都是家里的碎玻璃片、碗片之类的。念中学时父母也经常冷战。我对婚姻的态度也只能这样追溯了。他们现在像大多数多年熬过来的老年人一样,一起生活,和谐、平淡。我爱他们,就像他们也爱我。我和妹妹都觉得他们爱我多过妹妹,不知道这是我们的错觉还是真的有心理或是情感上的差别。我小时候身体不好。

再说那个给我噩梦的男人。

典型的偏执型人格障碍。

控制我的生活,我的交际,我的通话、短信。在我面前离间我和我的家人,真是荒谬!我不能跟多年的朋友来往,更不能有新的交际。工作以后都跟他在一起,中午也会到单位来和我吃午饭。出差不能跟来的话,随时随地不能漏接电话,否则又是一场折磨。单位同事看到,还以为我们俩多恩爱呢。

他没有工作,职业炒股,把我婚前的另一套房抵押银行贷出76万,加上我的投资黄金,我父母给的10万元嫁妆钱,拿去炒股。

没钱没关系,我一个人赚钱也可以养家,只要他对我好。

但是,他殴打我。

因为有人给我发短信,上面写"亲爱的",因为有人发短信祝我情人节快乐,他甚至打电话去威胁我无辜的同事,语言恶毒,闻所未闻,对我的羞辱、谩骂更甚。我从来没有哭过,从来没有跟任何人说过任何事,因为说了也没有用。

我并不能说他是个坏人,他是一个不正常的人,我对他的同情多过憎恨。

他出生的家庭算是优越,但他恨他的父母,认为他们没有给他足够的爱(他原话不是这样说的,我是理解后翻译的),父母没有给他买过冰棒,母亲强势,但物质条件在那个年代算上层吧(父亲是某集团公司的老总),因此他有强烈的优越感。他少年时期没有好好读书,但他从来都认为自己聪明绝顶,若被小商贩小伎俩给欺骗,是绝不能容忍之事。他不容许任何人看不起他。年轻时因为老爸的关系在公司做销售,就赚了大量的钱。不过,第一次婚姻什么也没有留给他,有一个女儿,不在一个地方,也几乎没有联系。他女儿本命年还是我把我的一个首饰给他让他给女儿寄去。

他跟他前妻分居7年才离婚。可能是因为财产吧,我不清楚,反正他到我这儿来就身边只有十几万元钱,都在股票上。

我并没有邀请他来,我只是没有拒绝。

他来了以后,就再也没有离开。

他倒不是真的看中我的钱。他是那种道德底线非常高的人,欺骗女人钱的事他是做不来的。他认为他炒股是赚得到钱的,因为他是专业做这个的,以前也的确赚到过钱。他内心是想要赚钱给我的。他没有赚到钱也就不会乱花钱,从来都买最便宜的地摊货。但是他又怕别人瞧不起他,总是买很多。有时候买水果,可能半斤就够,他至少买两三斤,靠量来撑门面。

我赚的钱也不让我随意花,从来不让我逛商场,只逛超市。

我不是会撒谎、存私房钱的人,所有物质上的东西全部给他。

这并不能满足他,可能他内心还是能感觉到我其实没有办法爱上他。

我瞧不起他,没有话跟他讲。他要做什么就做什么,要买什么就买什么,买好的给他,我对他从来没有提过一个要求,我自己也不再买什么,反正衣服、鞋子也够多。

不过股票一直亏。

细节就不讲了,太多了,我没有流过泪。

这次我要出差半年,他来不了,监视不了我,他就烦躁。电话里动不动就吵。我把电话关机他就打电话到我出差工作的单位,说有急事找不到我。

有一天,他跟我通话的时候,一起吃饭的同事说"还不来,都要感情转移了",他听到了。

他认为是我作风不检点才有人说闲话,他走到哪儿听到别人议论,都认为说的是我。

因为我是离婚7年后再婚,因此在了解过程中,我杜撰了一个两年的恋爱故事。从此这成为他判断我生活不正派的确凿事实,同居不结婚!各种污秽言语……

回到出差这件事,他因此到我单位找我领导(我不明白这跟领导有什么关系,又不是幼儿园找家长),我想任何人一听都知道他不正常。

也因为这样,我第一次在同事面前把跟他的所有事讲了出来,也是唯

——次我哭泣，感谢我这些同事，终于给了我一个决定的勇气。

回到家，当然少不了殴打，这次最严重，他踩我的右脚，我的脚肿得像馒头，幸好没有伤到骨头，我可以踮脚跟行走。7月4日他打了我，情绪平复下后给我上药，我在家养伤，他出去买菜，等等。

就在这期间，我准备好了诉讼离婚需要的所有材料和出走的行李。

我是不是有伤需要疗？

7月10号中午1点，他睡午觉，我瘸着腿，拖着行李箱，直奔法院，资料齐全，立案成功。

找个小旅店住下。

下午3点过，他醒来给我打电话，我告诉他法院见。

他下午6点半冲到我父母家，细数我的各种不是，尤其是生活不检点，跟别人在外同居两年 他跟我爸吵架，各种恶心的脏话、威胁的话……他们不跟我说，我也知道。

等待传票吧，期间我偶尔接他电话，他有劝说、威胁，等等，因为法院留了我电话，我不能总是关机。

他知道立案了，很奇怪，他不愿意，或者说害怕上法院。我告诉他法院也是可以调解的，跟民政局离婚一样。他可能知道无法挽回，同意民政局离婚。父母不相信他，害怕他耍花样，只是要我撤诉而已，因为一旦撤诉要半年以后才能起诉。我愿意试一试，因为民政局最快捷。以我对他的了解，我觉得他说的是真的，他会在民政局跟我离婚，但是我也没敢撤诉，只是把结婚证借了出来，离婚成功再去撤诉。

他准时到了，7月15日下午2点。我提前到了，把所有要填的都填好，只等他来签字、照相。

还好我爸陪我来了，他去了两次我家，跟我爸已经撕破脸。我妈没来，演白脸。后来我还是看到她悄悄地来了，戴个帽子在远处，弄得我差点笑场。唯一真正爱我的父母啊。因为他恐吓得那么厉害，他们都害怕他泼硫酸什么的。

他把我喊出去，说想说些话。我爸在3米外站着。看得出，他有很多话想说。他一直就有很多话，可以不停说6~8小时，除了羞辱、谩骂外，还要教我什么是爱，什么是幸福，告诉我这个世界上我只有他可以依靠。真的是有了他之后，我跟我父母的关系更紧密了，我们都不说，不表达，但是都在。

在外面站了3分钟后，因为我爸在，他也不敢把我拖走，只是问我要个理由，我说："如果你现在都不知道理由的话，我实在没有话可说。"回民政局顺利地办完手续，过程中他很有礼貌地问工作人员一些问题。过程有10多分钟吧，我和我爸先出来走了。我妈在暗地里看到他一直目送我们拐弯才从反方向离开。

我的确很同情他，他是一个可怜的人。我没有找他要钱，贷款债务我个人承担，他股票账上的100万剩到30多万也都给他了，我的房子让他再住两年。他并不是坏人，我不想把他逼到死路，害怕他后续伤害我家人。

但是害苦了我的父母，银行贷款8月底到期，那么短的时间到哪儿去筹 76 万还给银行！

我的父母没有说一个不字，没有说一句责备的话，只是说我太善良了，说我会有好报。我们甚至没有抱头痛哭之类的场面，他们都跟我一样平静。会常常聊起他，他的偏执、可怜和可怕。不会让我一个人在家。

我目前在家啃老，过两天再去工作。

法律上，他已经跟我没有关系了。但是我们都不知道他会不会报复，至少在之前他是说尽了狠话。

离婚后一周，他给我打电话，要约我吃饭，问我在哪儿，让我回去。他总是觉得我是受人蛊惑。我不再接电话，发短信，骂两句再哄两句。

事情还没完，但是我不会再对人讲起了。除了参与的同事、家人，我的朋友没有人知道。丢脸呗！那么独立、现代的女人，居然会发生这样人财两空的事，还有一屁股债呢！

我的故事说完了，心理学家总是说，都是内心的需要。我从来没有倾诉的需要，即使面对我的闺蜜，我的秘密仍然是我的秘密 没有人知道我那个爱过七年半的男人。我现在仍然觉得，有一天我会再去找他，而且我内心觉得他也跟我一样。

我可能是奇葩吧。

我甚至不知道，我是不是有伤需要疗。

那么，你告诉我吧。

——春雨如酒

宠虐不惊背后,是你的注意力需求

春雨如酒:

你在来信结束时问我,你是否需要疗伤?这得看你是否希望人生的后半段能够换个方式重新生活。被殴打的伤痕、情殇,以及"有一天我会再去找他,而且我内心觉得他也跟我一样",如此对一个男人的依恋,都是你摆脱不掉的梦魇。如果你只想生活在这场梦魇里不愿寻求解脱,并自认为这是一种宿命,那任谁都帮不了你。

你喜欢找年长的男人,已婚的男人(因为有家庭,所以看起来有责任感),让自己得到足够的安全感。你的内心,一直没有"安全"两个字,所以你没有对婚姻的憧憬。因为你很清楚,一纸婚书保障不了安全感。

父母年轻时并不成功的婚姻,你在襁褓中他们就打架的婚姻,让你对婚姻心存芥蒂。

最后一个网上认识的男人,你甚至不知道爱不爱他,却能够走在一起。你只想寻求一份爱,把它当成人生的救命稻草,哪怕缠绕到你喘不过气,哪怕被控制被牢牢束缚,你依然"享受"着,宠虐不惊。只要得到关注,你便觉得人生安好。

他很荒谬地控制你,控制你的生活、交际、通话、短信,离间你的家人,但是你是心甘情愿被控制。你索求爱，那些在你年少时无法获取的爱，你要加倍地要回来。即使这样的爱，控制到几近变态，甚至衍变成殴打，你却不得不承认，你乐于这份控制。你只要他爱你，无论这样的爱是不是自私霸道，哪怕把你投资的钱都拿出来为其所用，哪怕为了他背负债务，在他人眼中"人财两空"，你都不在乎，只要他爱你。

我写过很多文章，探讨为什么女生会爱上渣男。你所说的这个男人，几乎符合了一类渣男的所有条件，用你的钱，拥有你的人，干涉你的社交生活，把你当物品，想控制就控制，想殴打就殴打。但是，他符合你对"注意力"的需求。你是多么希望被人爱，被人注意啊！

这是你潜意识中幼年生活的重演，你的父母打架，长大后你重演了这样的暴力。在内心深处，你期望通过这样的重新演绎，来驾驭暴力，赢得注意力。你希望在演绎中获得胜利，来满足你内心一直无法被满足的需求。你的"胜利表现"，是被关注，是忍让，是同情，是希望自己成为他的救世主，以救世主的方式去普度他，通过同情和普度，来实现"操控他"的愿望，只是他的暴力，超出了你的驾驭能力。所以，你一面同情，一面痛苦。离婚后，你与他并未彻底恩断义绝，适度的联系中，你用哄用骂，来继续履行教化他的"使命"。

这个男人是爱你，一开始就是怀有目的的爱，他想控制你的全部，这恰恰也是他年少经历的投射。

对他而言，少年时候的他和他的父亲，在家庭里是被强势母亲操控的对象。他强烈的优越感来自内心强烈的自卑感。他用家庭经济条件的优越、所谓的聪明绝顶来掩饰内心的自卑。他希望自己长大后，可以出人头地，成为符合社会价值观意义上的成功人士，赢得权威，成为事业的操控者，所以他总以赚大钱的心态去炒股，虽然最后并未成功。而这种没有成功赢不到的操控力，转嫁到你身上，成为情感上的操控者。我不知道他在第一次婚姻中扮演一个什么样的角色，但是在与你的感情中，他完完全全地实践了他驾驭的能力，包括和你提出结婚，来满足他多年来没有实现的愿望，在家庭中操控女性来获得权威。他操控你的一切，来实现他的虚荣心。即使离婚后，除了羞辱、谩骂外，还要教你什么是爱，什么是幸福，告诉你世界上只有他可以依靠。

你把所有的物质都给他，无非只是为了赢得他的爱。你不知道自己爱不爱他，但是你依恋于他的操控，让你觉得他在乎你。这就够了。

你们俩都有伤。

离婚之后，记得搞清楚，真正地选择离开，不是为了给他逼上死路，恰恰是让他学会新生。

对于那个你念念不忘的男人，你并未详述七年半后离他而去的原因，反而只是一笔带过。在结尾来个突然的心有灵犀式的表白。这样的留白，这样的抒情，小说式的言语，也满足了你的"表演型"人格。

在情感和物质上，你对投资回报的概念均很模糊。如果你醉心于扑朔迷离的爱情生活，并希望下半生依然如此，你愿意在幻想的世界任意驰骋，你愿意享受伤害，那么我尊重你的选择。如果你希望有所改观，就要学会做一个有积极世界观和人生规划的人。正确对待自己的成长与婚姻，走出小我的世界，知道什么时候该舍什么时候该得。只有这样，你才能真正获得新生。

——你的私人情感医生 幸知

需要疗伤吗？有问题吗？关键是个人内心的诉求。如果觉得这样挺好，那情感医生的帮助，也仅仅只是一次被赢得注意力的满足。

Sharpshow 2014 年 4 月 10 日推送文章《擦亮眼睛，辨别渣男》，可以订阅微信公众号 Sharpshow，回复 liaoshang15 即可查看。

喜乐：在春雨如酒的倾诉中，我没有感觉到强烈的痛苦和想改变什么的欲望。她似乎从来不在乎被伤害，她像一个圣母，能包容一切。她只是需要一个人听她倾诉，甚至是看她表演。

咖啡不是茶：第一段，太仓促，为了摆脱暗恋失败，寻找一个安全港湾的恋爱模式。一边说没有恋爱经验而无法满足男友，一边与有妇之夫纠缠在一起。第二段，说是引诱，实则自己也有责任，以至于离婚之后也纠缠不清。第三段，放任别人住进自己家，在明知不应该继续而仍然去结婚的情况下。其实，有些伤害是可以提前预见的。她的生活离不开男人，而她在选择男人的时候又不明白自己需要什么。

八尾猫儿：结婚和离婚都不是儿戏，别把自己的人生变成一场笑话，别把自己的悲剧当成催泪的机器，同情人人都会，但同情过后没有几个人能真正帮你解决问题。

天山雪莲：一个人愿意付出爱的原因有两个，一是小时候得到了很多的关爱，内心充满爱，能量充足因而舍得付出；二是小时候缺乏爱，因而把这种内心对爱的渴望和需求转移到他人身上，乐意为对方付出爱。显然春雨是后者，她对第二个男人偏执性格所造成的伤害似乎并不太介意，同情他甚至有点享受这种付出。

四月白：她不会主动去爱谁，只要别人给的爱足够多，足够强烈，不管对方是什么样子她都来者不拒。她享受的只是被人紧紧抓住的感觉。

花径泉音：在童年时受到压抑的愿望，必然要在长大成人后某个时期得到伸展和补偿，否则很容易产生心理扭曲。这也就是春雨如酒会产生圣母情结的缘由之一。第一次婚姻中，遇到那么好的丈夫，她却背着他和别人偷情幽会。按常理来说，她的第一次婚姻还是比较令人羡慕的，如果她懂得珍惜和学会在婚姻中成长的话。

"他是个很好的人，给我印象最深刻的是，他有一对完美的父母（我并不是埋怨我的父母，我的父母对我付出全部）"，从这句话里，可以看出她有种自知不如人的感觉。在这样的心态下，急需一位能够让她站在两性关系的制高点的男人出现，让她去展示自己圣母的一面，去"完美地宠爱对方"。

在第二段婚姻中,她遇到的渣男,明明什么都不能给她,但就是能满足她的圣母情结,所以在她明知在这段关系中自己将会失去很多的情况下,依然义无反顾地投入进去,即使这个男人对她恶言相向、暴力、监视,把她的财产据为己有,春雨如酒也就是简单地抱怨,自身并没有想改变多少。直到这个男人的所作所为严重影响了她的生活和外部同事关系,她才开始采取自救,选择离婚来结束这场噩梦。

当凤凰男的霸占欲肆意疯长

> 关于凤凰男的故事,幸知听过很多。姑娘们不用谈凤凰男色变,凤凰男看到也不必自卑或者上纲上线,在这里,只是描述一个现象。至少,凤凰真的不是贬义词。它的含义,约等于破茧成蝶。如果你也正在爱着一个凤凰男,我希望你清楚地知道自己为什么爱上这样一个男人,你是否可以和他以及他的家族和平相处。

幸知:

您好!

今天偶然从朋友圈的分享中打开了您的话题页面,才知道还有这样的倾诉方式,觉得心里的话终于可以说一说了,内容有点长,还请您耐心看完。

我是一名在读的医学博士研究生,今年29岁,是一个性格很开朗的女孩儿。

2012年7月,我硕士研究生毕业。在老师的推荐下找了一家诊所工作,在这个诊所里,我认识了我现在的老公(可能过几个月就应该称呼"前夫"了，呵呵）。当时我正在谈的男朋友是和我一个学校的博士研究生学长，他是个官二代，家庭条件各方面都特别优秀，但是他给我的感觉就是外人，没有一家人的亲切感，只是觉得他各方面条件很好，所以毕业的时候就订婚了。但是我最后还是和现在的老公走到了一起，为了方便描述，我将现在的老公简称 S。

他的热情、体贴和细心让我觉得很满足

S 是一个很地道的农村孩子，16 岁就去了部队当兵，后来考上了军医学校，是一个很独立、很自我的人。由于我当时的男朋友是一个什么都听他爸妈话的乖孩子，刚认识 S 的时候，S 给我的感觉就像春风化雨，格外亲切和踏实，与当时的男朋友形成鲜明的对比。我感觉这辈子终于找到了如此亲切的人，可以把一生都托付给他。他那时候对我特别体贴、细心，会想方设法讨我开心，会每天半夜偷偷去我的校内网看我以前的照片，会为了我一句话，借车带我去郊外看风景。从枯燥的校园恋爱一下子变成了充满浪漫色彩的社会恋爱，那种变化是很有冲击力的。那时候我做了决定，我不要和那种冷冰冰的家庭走到一起，我需要的是热情的、踏实的感觉。就算 S 来自农村家庭，无房无车，也不要紧。我们两个人的收入都很高，只要我们努力，以后都会有的。

但是很快，问题出现了。因为我们两个都没有北京户口，所以他想到了一个办法，让我去读博士研究生，毕业了重新找工作，落实户口。我想着一切为了他为了我们的将来，可以去试试。那时候刚认识他五个月，

2012年的12月,我报名考博士了。2013年的3月,成绩下来了,我顺利考上了。在准备考博士期间,他对我关怀备至,打洗脚水,剪指甲,都是他来做。他总是说:"你不要考虑赚钱的事情,你就好好上学,争口气,以后我就指望你了。"我以为我找到了世界上最好的老公。然而,考博的事情并没有想象的那么简单。我来诊所还不到半年,这个时候考上博士走了,是违约的,触怒了诊所的老板。最后由于老师的推荐和劝说,老板同意我继续留在诊所兼职,这样就会有一部分收入。所以我一边上学,一边工作。尽管非常累,但是我觉得这一切都很值得。

一转眼到了2013年5月,诊所的好多同事都已经有房有车。他虽然已经工作五年,但是太爱玩,一点钱没攒下。考虑到结婚的事情,他非常想买房子。我觉得不一定非要有房子才能结婚,毕竟房价太高,但是他一心想要买了房子再结婚。就在这个时候,最初的错误开始了。我在没有领证的情况下,向我爸妈要了50万,他借了90万,付了140万的首付,在北京买了房子。买上房子后,我们高兴了好久,很快就进入装修阶段。

房子都买了,他却不想领证

2013年8月,装修开始,噩梦也开始了,我们不停地吵架。他是一个控制欲特别强的人,严重到我穿什么内衣内裤,点菜吃什么,他都要管,必须听他的,稍有意见相左的时候,他的处理方法就是甩脸子走人。装修过程中,很多时候我们两个人意见有分歧,都必须按照他的意见。其实,我是一个很好商量和沟通的人,但是每次发生矛盾后,他绝对选择逃避,绝对不会和我沟通。钱我出,但是东西必须他认可。我记得我特别喜欢一款瓷砖,是厨房里用的,真的特别特别喜欢。我甚至为了求他同意,一边哭一边苦苦哀求,说只要你同意用这款瓷砖,别的什么事情我都听你的。但这仍然不行。当时我的感觉就是,他怎么突然变得像石头一样冰冷,感觉不到他对我的一丝怜爱了呢?他性格里带着一股着魔般的倔强,这一点,在后面几次大的争吵中体现得淋漓尽致。因为没有钱,我们一边赚钱,一边装修,所以进度很慢。4个多月的装修,我们几乎每天都在吵架,我身边的所有人都劝我包容、忍让、理解,劝我不要操心,不要管那么多事儿。所以每次我都回头去找他,求他原谅,这样终于装修完了,也到了2013年的年底。我们两家都催着结婚,因为他比我大四岁,年龄不小了。但是,让我想不到的是,他竟然不想领证。理由就是,觉得不到时候,可是我想不通。

在认识我之前,他有一个谈了五年的女朋友,大学同学。我听S说,是因为他发现她和别的男人一起出去玩,怀疑她出轨了,所以分手的。这个女孩儿后来回头找他,求他复合,但是他一直不见。最后这个女孩儿在他家门口割腕自杀了。他把这个女孩儿送到急诊,救过来了,之后就再也没有见面。这个女孩儿据说很长时间都寄宿在诊所的一个老师家,但是S再也没有见过这个女孩儿。我听说这个事情的时候,觉得S特别狠心,但是因为当时正在热恋中,甚至还暗自可怜这个女孩儿,因为最后S选择了我。这时候,他不想领证,我开始感觉到S其实心里没有完全放下他的前女友。因为有一次他喝多了酒对我说:"在你这里,我只付出了三分感情，还有七分多我没有拿出来。你不要问为什么，我也不会告诉你。关于我以前的事情，我不说，你就不能问。"你说，我当时傻不傻，我就认为他喝多了酒说醉话，没有放在心上，但事实证明，这都是实话。

后来，由于S老家计划年前办婚礼，时间紧迫，他不得不屈服，领证。我当时虽然心里不是滋味，但是觉得既然买房子的钱都拿了，为什么不领证呢？有时候人就是很可笑，愚蠢得可笑，自己一辈子的幸福和50万相比，哪个更重要呢？我当时真是对他百分之百的信任，把一生的幸福都托付给了他，并且相信他值得托付。结婚证领了，接下来就忙操办婚礼的事情。但是不知道为什么，可能是冥冥中对这段婚姻的不信任，或者一直深埋在内心的理智告诉我：你们两个不合适，都是你单方面在苦苦勉强。领完证后，我放声大哭，感觉此生此世再也没有回头的机会了。

接下来就是操办婚礼，他是南方人，我是北方人，风俗习惯相差很大，因为我是嫁给了他，所以具体如何操办，都要遵循男方的风俗。但是我们家嫁女儿总得准备嫁妆，因为我父母和重要的亲戚在婚礼当天是要到他家参加婚礼的。婚礼筹备过程中有几个简单的小细节需要沟通，我问他家有什么要求，怎么问他都说没有任何要求。结果到了婚礼当天，他却嫌弃我这个没准备好，那个没准备好。我们不断地吵架，从婚礼的筹备开始就不停地吵架。他老家条件特别简陋，甚至连沙发也没有，进到家里，就像个仓库，四面是墙，一张麻将桌，四个长条凳，什么都没有了。我领证前，从来没去过他家，也根本不在意这些事，但是没有想到会这么差。但这些都不是问题，我们两个以后好好过日子，一切都不是问题。

怀孕像层层枷锁束缚着我

在举办婚礼的前一天，我查出来怀孕了。起初我还以为是来例假了，后来才知道是先兆流产。南方的冬天特别阴冷，我自小在有暖气的北方长大，加上当时怀孕初期，身体状况不好，又总是吵架，所以更加重了先兆流产。当我把怀孕的事情告诉他时，他并没有表现出多么高兴，只是在喝醉了酒的时候抱着我说，是不是有了，真的有了吗。我知道他内心肯定是高兴的，但不知道为什么，我高兴不起来，我甚至有点害怕，感觉就像原来身上的枷锁，又重了几层。

婚礼办完，我们就一起回北京了。由于我爸妈要在家准备回门宴的事情，加上老家要搬家收拾房子，我妈实在脱不开身到北京照顾我，他就把他妈从老家接到北京，照顾我饮食。噩梦开始了。他妈妈说话，我一句也听不懂，而且南北方饮食差异很大。我怀孕不到2个月，孕期反应正重的时候，心情也极差，脸色自然不好看，食欲自然不好。我没有想到，S会把我的这些表现归结于我对他妈妈不尊重。我为了能更好地和婆婆相处，忍着反应，自己下厨房，一点点告诉婆婆我的饮食习惯。平时我们两个下班回家，都是我做饭，一般的饭菜我都能自己做，其实是不需要他妈妈在北京照顾我的。但是，S 小心眼，我不敢跟他说让他妈妈回老家，不需要他妈妈照顾，我怕他敏感，以为我讨厌他妈妈。所以就这么小心翼翼地相处，结果还是招来一顿暴揍。

那天中午，我要做火腿肠炒西葫芦。我不爱吃肉，想着做点火腿肠炒炒也行，他妈妈不知道我要什么样的火腿肠，所以我自己去超市里买。回来的路上，我跟他抱怨了几句。我当时特别饿，还要自己回家做饭，又一想他妈妈虽然在家里，但是什么也做不了，就连最基本的去超市买火腿肠她也做不了，所以心情自然不好。我抱怨说："真是的，什么也做不好。"他脸色不好看，我也没有继续再说什么。

回到家，我一看，他妈妈把肉切好了，我进了厨房把火腿肠拿出来，边切边说："今天中午咱们不用肉炒，用火腿肠炒。"就这一句话，他在厨房外面大发雷霆，撵着他妈出来，说让我自己一个人做饭，不用他妈管，我爱做什么做什么。我当时一下子就火了："我和你妈说话，你插什么嘴。就算是我要自己做，你也不能这么说我，你是我老公，你来帮帮我也是应该的，怎么能这么说话？"他一脚把厨房的门踹烂了，我也从厨房出来和他吵。这时他过来掐着我的脖子，把我按到沙发上一顿打，全部打在我脸上，我的左耳一时什么都听不见了，全是耳鸣的声音。我宁愿他打在我身上，也不愿意他一巴掌又一巴掌地打我脸上。我想到了死，但是我又不解恨。我站起来去打他，但是我身上带着孩子，而且我只能够到他的肩膀。我打他一下，他接着回头来继续打我的脸。他妈妈竟然给我下跪磕头，求我别打了，可明明是她儿子在打我！我欲哭无泪，想死都不知道该怎么去死。

家里乱成一团，他妈妈开开房门就走了，剩下我们俩。他竟然这时候拿螺丝刀去修那个被他一脚踹烂的门。我在沙发上坐着浑身发抖，脸上发烫，估计都被打肿了。他不停地骂着我："扫把星，败家货，生个孩子也得夭折。"他还骂我不如他前女友好，诊所的关系处理不好，家里的关系也处理不好……无数难听的话从他嘴里说出来，我竟然笑了。我什么也没说，因为我饿了，我觉得我肚子里的孩子也应该饿了。我走到厨房里去做点饭吃，我切一点，他走进来给我倒掉一点，我做什么他倒什么，一碗西红柿鸡蛋汤我要热一下喝，他一下就泼到我身上，不让我吃，边扔东西边骂："你别想吃东西，不让你吃。"我没办法，家里只有我们两个人，我不能和他吵，不能再让他打我，我就走到卧室里躺了下来。我觉得我整个天都塌了，身子下面呼呼地流着血。我却流不出来一滴眼泪。我就想着他走吧，每次吵架他都会摔门而去。我等他骂完了，走了，我能出去吃点饭啊。就这样，我躺在床上，与其说冷静，还不如说死了。他修好门，骂够了，一脚踹开卧室的门说："我妈走了，她要是有个三长两短，我和你没完。"然后，他开门就走了。

  我躺在床上，想着他这句话。他妈是从农村来的，到了北京，除了会走路，连自行车也不会骑，什么字也不认识。她这么走了，会去哪里呢？我前几天费老大劲教他妈怎么用手机接电话、打电话，她当时学会了，不知道她这次走，带没带手机呢？我拿出我的手机给他妈打电话，幸好接通了，我问她在哪里，她说就在外面。我说："妈，你回来，我做好了饭，回来吃。"我挂了电话，擦擦眼泪，去厨房里，重新拿出饭菜，做饭。一会儿他妈回来了，就好像什么事情也没有发生，坐下来，吃饭。

只要我打掉孩子,他就跟我离婚

我觉得,我还是抱着希望的,我希望 S 能认识到自己的错误,回来承认自己的错误,哄哄我。毕竟,我还是他的妻子,毕竟,我身上还带着孩子。但是,一切的希望就好像做梦一样,看似存在,实际不存在。

过了 12 天,这 12 天里,他就是冷暴力,就像之前每次吵架之后的冷暴力一样,对我不闻不问,没有短信,没有电话。每天晚上吃完饭后,他要么躺沙发上和他妈看电视,要么不回家住,去新房子(因为刚装修完,新房子味道大,我当时还是住在租的房子里)。我常常回到家里,发现一个人也没有,不知道他去了哪里,也不知道他妈妈去了哪里。这 12 天里,我找遍了所有认识的朋友和同事,求他们劝劝 S,让他认识到自己的错误,回到我身边,因为我不想轻易放弃婚姻,我愿意给他机会。

第 13 天,我爸爸给 S 打电话,想问问回家的火车票买了吗,家里的回门宴都准备好了,请帖都发出去了,喜糖也准备好了,婚纱照也放大了,婚房也布置好了。S 没有接电话,我爸爸打了十几个电话他也没接。我爸爸知道出事了,给我打电话,这时候我才把事情告诉我爸爸。爸爸很冷静,说没关系,家里的婚礼取消,不办了,让我妈来北京,把孩子打掉,不要了。

我不得不与 S 沟通,即使我半夜醒来难受得要死。我跑到沙发上求他回到床上陪陪我,他冷面拒绝。我一提他打我的事情,他就摔手机,然后摔门再次离我而去,我再打电话他就不接。我明明知道这个男人能狠心看着相处五年的女友割腕也不闻不问,所以对我这么狠也是正常的,但我还是决定和他好好谈一谈。我说:'你打过我之后,孩子又不好了,之前的先兆流产,又加重了。咱们从结婚前到现在,一直在吵架。我不想要这个孩子了,我想以后咱们俩好好调整状态,要个质量好的。"他自始至终就是一句话:"你只要打掉孩子,咱们就离婚。"

其实领完证回来,几乎每次吵架,他都会提离婚。有一次下班了,我们两个一起走,走到楼下的大门口,他突然说:"我觉得我们俩得好好谈谈,我们两个不合适,早晚得离婚。"我和他吵,生气,他冷暴力,我回去哄他,再和好……反反复复这样,我实在是自欺欺人,我就是不敢承认一个事实——我们其实根本不合适。

我开始整理这说长不长,说短不短的一年零三个月的回忆。似乎从一开始,他就不是因为多么爱我而买房子,不是因为多么爱我而结婚,不是因为多么想要这个孩子而让我怀孕。他一开始肯定是爱过我的,那种迫切想摆脱他对他前女友的愧疚感,那种被我的热情活泼所感染的新鲜感,成功地使他选择了我。

他是个特别爱面子的人,爱到什么程度呢?举个小小的例子,房子一定要装修成样板间的样子,样板间采用的是什么颜色,什么款式,甚至什么花纹,他一定要想方设法做到,不惜一切代价。小小的不到 70 平方米的房子,单铺地面的瓷砖,他就找了三家不同的卖家,给我们铺瓷砖的工人都说从来没见过这么挑剔的人。大到装修,小到买筷子、刀叉,都必须按照他的"风格"——所谓欧式风格,所谓美式风格。他不是为了生活,不是为了两个人而去做这些事情,他是为了面子。他一遍一遍地请他的朋友同事来新房子里参观，我很开心他能喜欢，但是我现在才明白，他开心是因为别人的肯定，而不是我的肯定。我放眼望去新的房子、照片墙、开关、瓷砖、沙发，等等，到处都是我们俩吵架的记忆，我开心不起来，我统统都不喜欢。我如果是那种风淡云清，什么都不在乎的人该有多好，可是为什么我连自己的家里也不能弄成自己喜欢的样子呢？

可能我们真的不合适

过年的时候，我买了一个座钟，很小的，放在客厅的边几上。颜色专门挑得和边几一个颜色，就怕被他嫌弃搭配不好，买之前也是经过他同意的，只是具体的款式我没有先拍图片给他看看（之前买什么东西我都必须先拍照片给他看，他同意了才能买）。结果从年前到现在已经4个多月了，那个座钟一直被他放在阳台的角落里，他不让我摆在桌子上，因为他觉得不符合"风格"。我连自己买个东西拿回家里来，他都不允许，他都不让我用。我能怎么办呢？天天吵架吗？

我想维持婚姻，我想通过时间的磨合，两个人能回到从前。可是这次，他突破了我的底线，如此泯灭人性地实施家庭暴力，我无法再容忍。但我仍然给了他近半个月的时间，我给他机会，我看他究竟能不能主动一次挽回我们的婚姻，挽回这个家庭。但是他没有，他仍然把我扔在一边不闻不问。我跟他说，孩子不好了，他的回答就是孩子没有了就离婚。我无可奈何，我还有我的爸妈，我不能看着两个老人因为我遭受折磨。

我妈来到北京，陪我（与其说陪我，还不如说逼我）去住了院，孩子已经超过 3 个月，只能引产，做不了流产了。直到这一刻，他仿佛才意识到问题有多么严重。他上天下地到处找我，打电话发信息给我，不停地说之前的回忆，说我们一路走来不容易，说孩子是一条性命，再不提打了孩子就离婚的事情。他也开始到处找老师和同事劝我留住孩子。可是事到如今，没有人再出来劝导了，因为之前大家劝他回头的时候，他倔强，他爱面子，他不接受，他扭头就走，大家都放弃了。他绝望了，跑到医院来闹，哭，求我，但是一切都来不及了。这个孩子，从一开始先兆流产，到后来的家庭暴力，不断吵架，哭，绝望。即使医学上检查不出任何异样，我也不能要。

　　孩子引掉了，我的第一个孩子，我像死过一次一样。在医院住院 7 天，我回到老家养身体。他知道孩子没有了，又恢复了之前的冷暴力。到今天为止，我回家已经两周了，他依然不闻不问，没有任何短信，没有任何电话。我知道，他恨我，他恨我把孩子打掉了。但是他是真的爱这个孩子吗？他如果真的爱，为什么要如此对待孩子的妈妈呢？一个男人，会在吵架的时候提到我不如他的前女友；一个男人，会经常提分手、离婚；一个男人，会在吵架之后选择冷暴力的方式，每次都等着我回头找他。我以前不相信，也不会去相信的一句话：两个人之间，如果主动的不是男方，一定是不正常的。我现在才真正相信了。我一直以为，我们两个之间是有真爱的。所以，我决定打掉孩子的时候，并没有决定离婚。因为我认为，孩子没有了，还可以再要。但是两个人不合适了，再在一起也没有意义。我在孩子和他之间，是选择了他，我更看重我和他之间的关系，如果这层关系不牢固，受到质疑，那么有了孩子，也是对孩子的不负责任。所以我选择了从我自己身上割肉，身体和心灵的痛苦，我愿意同时承受，只要他能回头，不要这么对我。

他音信全无，我该怎么办？

前几天，一个从头到尾都了解我们俩、从认识到现在都清楚情况的一个朋友来看我，她说："你以为 S 是真的想要这个孩子吗？他不喜欢这个孩子。"我很讶异："怎么可能，他特别想要这个孩子，要不然怎么会想尽一切办法阻止我打掉孩子呢？"她说："他想要留住孩子，是因为他周围的人都有孩子了，他觉得他也应该有，如果他现在没有了，他会很丢人，很没有面子。"我恍然大悟。一切的疑问都迎刃而解。我以前问他，你究竟爱不爱我，你为什么不愿意领证，等等，他的回答是："我不爱你，我会和你一起买房子吗？我不想和你领证，我怎么会和你一起买房子？"但是现在我才发现，这些都是借口。因为他周围的人都买了房子了，所以他也要买。他周围的人都已经结婚了，所以他也不得不结婚。他周围的人都有孩子了，所以他也必须有孩子。多么简单的逻辑。在这套逻辑里，有面子，有里子，有完整的感情经历，有很负责任的吃苦耐劳，但唯独没有我。所以，为了满足他的面子，他不会在意我的喜好。他觉得只要孩子没有问题，打我不算什么。他亲口和别人说："我只是打了她的脸，我又没打她的肚子，孩子怎么会不好呢？"我和我的小伙伴们都震惊了，这句话怎么能出自一个学医的人之口呢？可见在他的内心里，我真的只是生孩子的工具，虽然这句话听起来非常残忍，但是作为孩子的妈妈，我要说，连妈妈都无所谓的人，要孩子干什么呢?

事到如今,他仍然音信全无。家里所有的人都要求我离婚,但是我还是有些舍不得,毕竟付出那么多,换来这样的结果。我不知道需要多长时间才能真正走出这段阴影,我甚至一度因此怀疑我从小到大所受的教育,我所建立起来的人生观和价值观。我一直坚信付出会有回报,我一直坚信爱情和婚姻可以很好地融合在一起,我一直坚信我的直觉,他就是这辈子我要托付一生的人,我一直坚信一心一意全部付出必定会得到幸福的生活。可是这一切的一切,无不赤裸裸地向我展示一个不得不承认的信息:我们两个的婚姻已经结束了,从一开始就是错误的,是我的懦弱和容忍导致了今天的结果。我不能再抱有任何幻想。但是我还是想知道他现在的状态,他究竟在想什么。这么不闻不问权当我不存在的做法,是为了什么?

期待您的回信!

——皮皮

幸福需要维系彼此的尊严,而非苦苦哀求得来

皮皮您好!

很不幸,你遇上了一个有霸占欲的凤凰男。

关于爱情的钟摆效应,我也多次提过。一个给不了你任何亲切感的官

二代家庭，它像是封锁的空中楼阁，在压力之外，没能给你情感上的踏实感。这个时候，接地气的凤凰男，用一种完全不一样的生活方式，满怀浪漫激情的恋爱，会迅速俘虏你的心。相反，如果你预先接触一个来自贫寒家庭的男生，并遭遇现实生活中种种的物质困境，这时候的你，遇到一个官二代家庭，或许会感受到物质与金钱的"亲切感"。这就是爱情的钟摆效应。很多婚姻中的一方，从恋爱走入亲情，一旦遇到一个跟自己伴侣完全不同的人，反而出现出轨的可能。也是这样的原因作祟。

如你这般做出抉择的女性，多数善良并且自强。爱情远远大于物质——拥有这个观点的女性，往往有着很好的家庭教养，或者自身有着强大的小宇宙。

他对你的关怀，打洗脚水，剪指甲，我相信这些温暖的时刻让你铭记心间。在你之前，我收到了另一个关于凤凰男的故事。姑娘说："因为没钱，我们租过阴暗的草厦子、暴晒的阁楼，过了两三年的苦日子，也曾经因为贫穷而萌生出放弃和他在一起的想法。但那时候我们很相爱，现在回想起来，依然觉得那时候是最幸福的。"这句话曾让我的同事泪流满面。和你一样，在那一刻，你会觉得，你找到了世界上最好的老公，你的真命天子。

很不幸，你们俩的理性幸福不成立。控制欲和绝对服从，也许是你丈夫的"职业病"，但是这带到夫妻关系中，就成了矛盾壁垒。好夫妻需要共生，在共生的过程中，必须要学会相互体谅，各退一步。夫妻相处，也是一门妥协的学问。在结婚之前，其实你已经意识到了种种不和谐。他从不退让，你难过地退让，这一定不会是成功的夫妻关系。幸福需要维系彼此的尊严，而非苦苦哀求得来。

妥协这门功课，不仅仅是在夫妻关系中，还包括在婆媳关系、工作关系中，都是如此。婚后的你，还面临与婆婆之间的阶层冲突。南北方的饮食差异，教育背景的差异，语言文化的差异，都会让你们相互之间的理解充满矛盾。这个时候，丈夫本应充当好"和事佬"的角色，但他不仅没有，而且还产生家庭暴力。作为孕妇，本身敏感，却又忍让，在畸形的家庭关系中，跟婆婆之间也会产生隔阂。也许你在尽力做到最好，也许你婆婆也是，但是终究摆脱不了阶层冲突。你可知道，在你婆婆下跪的瞬间，一个农妇的绝望，一个还不会去大超市买火腿肠的老人，小心翼翼地照顾和她语言不通的媳妇，切了肉丁却不知道什么样的口味适合媳妇的无助感，走出家门不知道世界在哪里的无力感，除了磕头让儿子媳妇别再打了，还能如何？

你爱他。因为你爱他，所以在进入理性幸福前，你毫不犹豫地向父母要了50万凑成房子首付；因为你爱他，婚前明明遇到各种各样的问题，你都在一而再地退让和忍让，认为忍让也许会让夫妻关系变得更好；因为你爱他，结婚后，家暴后，一个人的你，面对空荡荡的夜，甚至找遍了他所有的朋友和同事，只为了他能回家；其实，你俩的婚姻早已万劫不复。

他是一个自卑而又自负的凤凰男。这也是凤凰男中的典型。他很有毅力，为了获得社会意义上的成功愿意忍辱负重。对待割腕的前女友，他不藕断丝连的做法，虽然残忍，却倒也没什么问题。他的决心很强烈，哪怕他依然爱她,只要他觉得不适合,就能果断分手。他对自我包括自我风格的要求极其苛刻。对他而言,家庭风格不是夫妻风格,是他一个人的风格,妻子只是一个绝对服从的附属品,是一个摆在家里的花瓶,她不应该有思想,或者说有思想也是为了屈从他而存在。他的家庭、妻子、孩子、家装,等等,都是为了获得社会价值观上的认可,为了获得别人对他成功的认可。

也许痛苦和悲情渲染了你的语言,也许你还在心存侥幸地希望你们还可以幸福地走下去,因为你问我"他在想什么",他的冷暴力,你的不甘心,其实应该在这一刻统统结束。你需要冷静反思,而后选择新生。不要从此对爱情悲观,也不要因此走上选择爱情的极端。再爱上一个人的时候,多想一想,你们的理性幸福是否可以来临?你们是否做好了相互妥协、合二为一的准备?走进婚姻之后,最坏的情况又是什么样的?你可以接受吗?

祝你幸福。

——你的私人情感医生 幸知

所有的姑娘们都应该记得,爱情中无条件地对你好,一定是暂时的。来自荷尔蒙的幸福,一定要转变成有共同价值观、和谐共处、互相照顾、共同进步的理性幸福,才会最终获得真正的幸福。只有后面的幸福,才经受得起时间考验。

Sharpshow 2015 年 1 月 12 日推送文章《没进化完全的凤凰男不能要》，可以订阅微信公众号 Sharpshow，回复 liaoshang20 即可查看。

我爱巧克力：在两人交往时间不是太长、感情还不是特别深厚的情况下，男的对你特好、超好，还是应该警惕，一定要学会还原他潜意识里的真实动机。

天山雪莲：她的前任是乖乖男，这个男人，让她觉得很独立。和前任是完全相反的类型，所以她会被吸引，那缺失的温暖在现任这里找到了，所以奋不顾身，却是刚出狼窝，又入虎穴。实际上两个人的价值观方面都不匹配啊。

Cherry：女主她对自己的原生家庭没有交代太多，所以无从知晓她内心世界的形成。但是毫无疑问，这个男人在初期给予了她很多的爱，所以她觉得自己是"被爱"的，而且爱足够满溢到冲昏了她的头脑。

通过"被爱的感觉"，她证明了自己的存在。我们可以看到女主并没有太多的主见和立场，甚至分辨不清什么是适合自己的，对待生活没有太多规划。所以，男人对她好一点点，她就掉入了所谓"爱情的漩涡"，觉得很幸福。

也因此，后期，即使男人对她百般冷淡，她仍然给他找借口，回忆他对她的种种，下不了狠心。

当男人说出那句话"我以后都靠你了"，其实女主应该有所警惕，他的爱是绝对的"有条件的"。

冷月公子：一开始看你诉说的时候，我觉得很惊恐，这不是合不合适的问题，你找的这个人根本就是进入魔障了。但是看到最后我释然了，因为我觉得你也进入魔障了。你自己可能都没有发现吧？

面对他的残暴和恶劣，你是那么的痛苦却那么的理性，你的文字是如此流畅引人入胜，你的感受是那么发自肺腑使人揪心，使人落泪。然而面对这一切，你只是承受着，毫无还击之力，甚至任由自己"死"在床上，却还舍不得。

我不得不说，你的理智除了让你更加投入地玩这个受害者游戏以外，毫无用处。想法是什么？想法是做法的引航灯，我们生存的世界和所处的关系都由"做法"构成，我指的不是表面上的做法，是由内心深处引领着的做法。

事到如今，他在想什么，他这么做是为了什么，重要吗？难道你自己不清楚吗？当你这么问的时候，就说明你依然沉浸在这个故事中，你只是在向"观众"寻求一个互动罢了。

你告诉我这样一个悲惨的故事，这是你有能力改变却不作为而导致的结果，你让我感同身受地体验了一把受虐的快感，然后我不知道该说什么好了。

性不和谐，20年婚姻走到尽头

> 性不和谐，只是个表象。或者说，是家庭中诸多不和睦的一个直接反映。我们一起来听听她的故事。

幸知老师好：

一直犹豫发不发求助信：觉得道理其实也懂，只是生活中恐是另一番情景。嫌手机上输入太麻烦，一拖再拖。看到你提供的邮箱，终于决定讲出来求助了。

迷迷糊糊走到谈婚论嫁这一步

我今年38岁，先生40岁，女儿12岁。我们同一届大学毕业，毕业后因为我们各自的大学室友分配在同一家单位，呼朋唤友出去玩就碰到了。他曾经谈过恋爱，跟一个高中同学，毕业后分手了，分手一个月后我们相识，我当时是白纸一张。两人没有一见钟情，只是事后知晓恰是同一天生日，感觉距离拉近了不少，尽管当时不满意的地方也很多。最典型的是家教的不同，他的父母是小城镇国企工薪市民，所以上进心不强，而我虽也在小城镇长大,父母却一直教导我不要依赖男人生存,要自立自强。尽管我很不中意这一点,他似乎也不太中意我的独立,但不知怎么就谈婚论嫁了。

谈朋友时也没觉得喝点酒抽点烟有啥不好,可婚后却见不得他抽烟喝酒,尤其是喝酒。他喜欢凑热闹,没事就跟同事或朋友去喝酒,我经常提醒他别跟单位里的工人(外来务工者)走那么近,不是看不起,只是觉得人要往高处走,读了个本科出来,应该和工人的生活是两种情境,应该和工人的需求也是两种情境。他却不愿再读书更不愿再考试,于是他喝他的酒,我读我的书。喝多了酒回来就喜欢 XXOO 运动,我却最不喜欢他喝酒后的粗野,所以我并未感觉到性生活的和谐。

婚后没啥大矛盾,只是性不太和谐

婚后也没觉得有什么大的矛盾,只是他经常不希望我和其他异性相处,无事生非地怀疑这怀疑那,于是我也两点一线上班后就回家,兼职的业务我都推掉了。二人世界一年,我觉得简直是在浪费青春,于是提出来养个孩子,虽然我并不那么喜欢孩子,但总觉得是个任务,逃避不掉的。他还想玩两年,我却坚持马上要,否则我就不生了。于是一次中的,有了女儿。

有女儿后,那段时间有点妇科炎症,我们俩 XXOO 运动频率大为降低,因为我直白地告诉他我很痛。慢慢地,从一月一两次降到一年三四次,现在竟然大半年过去一次也没有。我们并未分居两地,期间我也会有强烈的需求,但他总是以身体太累心烦为由拒绝,确实他单位的事情比较杂,我也就作罢。也和他正式谈过好几次,他说可能是年龄大了,我嫌痛不要,不要就真要不动了,他自己也去吃过药,却没效果,当然时不时我的无名怒火在累积。

他体检年年三高,啤酒肚越来越大,喝酒后睡觉鼾声如雷。他本来不是做销售的,可同事总拉着他去干销售的活,陪客户喝酒。我跟他争论 N 次了,叫他不要那么傻,随叫随到,酒保的活他干,提成的钱别人拿,我和他结婚可不希望跟个酒鬼过日子。可还是每周总至少有两次出去喝酒,不到晚上 11 点不会回家。我挺不愿意见他醉着回家,白白被同事利用,况且醉酒后我就没机会 XXOO,本能地反感。

去年冬天一个晚上他又喝多了回来,照例在厕所折腾半天,估计是难受,在床上拼命摇晃,不但自己睡不好,我也没法睡。我骂了他几句,让他不要再摇了躺下去,好不容易睡了,结果后半夜他控制不住直接吐在被子上,一塌糊涂。我大吵大哭了一通。

我的隐忍居然换来老公的怀疑!

上周他又一次和同事出去喝多了,我看着他眼神迷离,在厕所里又呕又吐的,就气不打一处来,要知道为喝酒这事可是吵了不知多少次了。结果这次他酒后吐真言,哭着跟我说:"你以为我喜欢喝酒?我是有苦说不出啊!你太精明了,算计我,我怀疑女儿是不是亲生的,怎么一次不用套就有了?我这么高女儿为什么这么矮!我对你都没感觉了,怎么可能亲热得来!"我听了真是如五雷轰顶,顿时胸口发闷连哭都哭不出来。我从来没料到我跟着过日子这么多年的老公竟然怀疑我到这地步,还一直压在心里没跟我说过!我隐忍着不快乐地过了这么多年竟然没换来一个好,两个人都是痛苦的!

我哭了一通，思前想后对他说："亏你也是大学生一个，心眼却小成那个样子，电视剧看多了吧，把情节往自己身上套。如果你想验DNA，随时都可以去验，如果你想试试能不能再一枪中的，也可以再试一次，我正想再要一个孩子。"我问他到底是不是不想跟我过下去了？他说他错了，希望从头来，我提出来让他戒酒，他说他会有数的，不会喝多。

结果前天他出去应酬又喝多了，回家他拉着我想抱抱我，我歇斯底里地本能地把他推开了！我讨厌他醉酒后的亲热！我明显地感觉到他在人为地努力，我也在小心翼翼地应对维护，可我心里却有个声音在说："尽管我们都想挽回这段婚姻，想给女儿一个完整的家，却怕是很难再重建信任了。"

我并不觉得离婚对我来说是件多大的事，没有情爱的婚姻离和不离又有什么不一样？可我心有不甘，近20年的关系就这么走到头了？谁都没有原则性的错误，就这么分了是不是也可惜？我不想女儿没有完整的家庭，在没有定论之前我不想对家人提起，也不能跟亲密的朋友提起，我该怎么办？

——迷茫的莹

生活的沟通，和性的沟通，本源上是一致的

迷茫的莹：

生活的沟通，和性的沟通，本源上是一致的。在日常生活中夫妻如何

沟通，在性问题上也同样如此。

你丈夫喜欢在外面喝酒后回家XXOO，而你却拼命反抗，不喜欢他的酒气。生理的原因加上心理的原因，让你在沟通过程中带着怒气。怎么办？一定是两人试着各退一步，比如你，在他不喝酒的时候去营造一个调酒的环境，比如两个人一起开一瓶葡萄酒，在家里一边聊个轻松的话题，或者共同看一部调情的电影，再喝一点酒，可能感觉又会不一样。

他喜欢喝酒，在婚前就是，所以是无法改变的，除非他自我意愿特别强。婚前喝酒，婚后只能包容，关心他的身体，要求他不"酗酒"即可，一定不能比婚前更变本加厉地要求他停止喝酒。他是个成年人，不会真傻到被人卖了还帮人数钱，他之所以"无偿干销售的活"，是有原因的。

你之所以不接受酒后性行为，一方面可能是因为酒气，另一方面其实是心理的原因，是丈夫跟一些你所不喜欢的狐朋狗友搅混在一起，让你觉得很不舒服。为什么他常常出去喝酒？有一天他酒醉后说了真心话，家庭气氛的压抑，你每天对他的"教导"也让他觉得压抑，不愿意沟通或者觉得沟通无效，破罐子破摔好了，于是宁愿在声色场所买醉度日。

性沟通出现问题，追根溯源，是两个人生活上的沟通方式也出现了问题。性，只是其中一个反映。

我们的生活需要磨合，性也是如此。有一开始就水到渠成非常和谐的性，也有一些夫妻，在人生观价值观各方面都非常和谐，唯独性方面不行，怎么办？只能去改善，不改善，不面对，只逃避，一定会出问题。在婚姻内，爱与不爱，与做爱无关。做不做爱，与爱有关。所以，如果你的另一半不愿意跟你做爱了，原因是不爱你了，那什么办法都没有，他可能会愿意跟你共同履行照顾孩子的责任，但却不愿意勉为其难地跟你完成性事。如果他爱你，只是因为感受不好而不做，那是可以进行调整和改善的。

XXOO本来是两个人身心愉悦水到渠成的事，但有几点可能是夫妻性不和谐的共性：

一、XXOO是为了要小孩，妻子一到生孩子的最佳时期，比如排卵期，迫不及待地要求丈夫配合完成任务，有时候丈夫勉为其难地配合了，妻子生完孩子之后，又把注意力全部集中到孩子身上，突然有一天，就发现两个人好几个月也没有一次了，丈夫再也不愿意配合了，阴影也因此留存了。

二、XXOO一定要真诚，比如一方没有高潮，或者一方要求另一半做一些对方不愿意做的事情，因为道德束缚等原因，并没有去帮助另一半达成他想要的愿望，或者一方有想法，但是觉得不好意思说出口等。我们希望XXOO的时候，伴随夫妻最真实的想法，一方要去理解另一方，不要觉得，另一半的要求太过分了，这是小姐做的事，我为什么要做，等等。在两个人的性关系中，没有屈辱这一说，而是对对方的包容，鼓励对方说出自己的想法，也要说出自己的想法，双方去帮助对方达成彼此的愿望。正确地坦荡地去面对性和对方的需求。要知道，你今天把对方的话压制下去了，明天对方就再也不说了。

三、哪怕再想吵架，都不要留在XXOO的时候去说，而让未来的性关系蒙上不舒服的色彩。它不是一种要挟，更不是一种可以交换的给予。女方不应该以我第一次给你了，我把身体都给你了，你就应该怎么怎么样作为理由去要挟对方，或者说，你到底这个事情做不做，如果不做咱们就别发生关系了……性不是一种物品，更不是一场交易，它一旦变成交易物存在，一定只是一个瞬时而不是长久的工具。

在两个人相爱的前提下，女方可以温柔地强调自己需要，一个不自私的丈夫，他会因为满足了妻子的需要而感受到快乐。在性沟通上，一定不存在一方去付出，另一方坐待收获。恋爱有成熟期，性关系也是如此，两个人的交往，一定是双方均衡付出，才能够保持长久关系。比如有姑娘说，我喜欢前戏，我丈夫不喜欢，怎么办？一样需要沟通。也许在前戏的时候，男方需要付出多一点，那后续的过程中，女方再付出多一点，满足男方的要求，性和谐在双方彼此的默契和妥协中就达成了。

中国女性最大的问题是，在性问题上，女性不善于说，或者不善于探索。很多女性不知道自己如何才能达到性高潮，同样不知道如何得到另一半的帮助来达到高潮。我们所受的文化教育是"男性文化"，因此，在大部分亲密关系里还是处于男人主动索取，女人被动配合的状态。一方面，女人往往不善于表达自己的感受，再加上男人的性教育大多是从非正规渠道获得的，所以很难达到理想中平等、和谐、愉悦的性关系。在性关系上，我们尤其需要彼此尊重。

在这里，我还想强调一点，性自立。对一个拥有独立人格的女性来说，男人是爱情的催化剂，而不是生命中的救命稻草。你不能要求天上掉下一个王子帅气多金对你又好，又能带着你快乐。在性上同样如此，你不能奢求遇到一个男人就是器大活好，天生会调情，还懂女人的 G 点在哪里。这样的男人可遇不可求。不过，你首先要知道，自己的 G 点在哪里，你得学会引导帮助对方在你的指导下调情。这要在无形中完成，而不是很强势地要求对方为你完成这样的服务（除非对方喜欢你的强势）。你只有了解自己的身体在先，告诉他你的身体密码，再去了解他的身体他的需求，才可以真正达成性一致。只要你们是相爱的，一定可以在性上沟通得尽善尽美。这是一场两个人的大片，无论他是皇帝你是妃子还是他演绎一个警察你是被鞭答的小偷，这样的戏码，你们可以上演到山无棱天地合。只要你们愿意。

回到你们的问题上，我总结三点：你的青春未逝，一定要找点自己喜欢做的事，去寻找成就感；不要苛责丈夫，他的能力和上进心，20 年了想必你很了解，"教育式"的沟通，训斥不出一个好丈夫；在调整好你们生活沟通方式的同时，调整好你们的性沟通方式。

祝你幸福。

——你的私人情感医生　幸知

有时候时间就是个烟幕弹，让你看不清楚。10 年，20 年，甚至更久，就能证明我们的爱情没有分离的可能了吗？都 20 年了，老夫老妻了，他（她）早该习惯了，于是再也没有改变的动力。殊不知，婚姻的质变是由无数量变堆砌而成的。刚刚好，到第 N 年，它就塌了。

Sharpshow 2014 年 10 月 6 日推送一篇文章《假如婚姻只有五年》，可以订阅微信公众号 Sharpshow，回复 liaoshang21 即可查看。

幸知后援团

八尾猫儿：我个人的观点是，一切生理上的好恶，都是心理上的反映。心理上的排斥导致生理上的排斥，他们之间存在价值观和生活习惯的问题。

四月白：这个不光是性生活的问题吧？他们夫妻俩在价值观上就有很大的分歧，一个是安于现状，一个是不断上进，而且当事人对对方的不上进有很大的不满足，有种怒其不争的意思。时间久了就会形成怨念，这种怨念丈夫是可以感受到的，所以会演变成对家庭的不信任。

天山雪莲：结婚二十年，矛盾不是一朝一夕形成的。一、他们进入婚姻的时候太仓促，尽管当时有很多不满意的地方还是结婚了。二、由于对对方的了解不够，或是对各种不一致的忽略导致婚后生活上的不和谐，主要是：1.价值观不太相同，其中是家教不同，体现在一个保守，一个上进；一个爱玩，一个爱读书；一个爱结交酒肉朋友，一个爱结交比自己更厉害的朋友。2.生活习惯上的不同，一个讨厌喝酒，一个爱喝酒 喝酒后睡觉打鼾等等，因此导致性生活的满意度不同。3.由于生活上的矛盾，想用孩子缓解问题，而后由于孩子来得太快引起丈夫怀疑，造成矛盾越来越多。三、这种种矛盾造成感情上的消耗，丈夫说没感觉了才不想有性，这是心理上的排斥导致的生理上的排斥。

最后一点是，沟通方式也存在问题，解决矛盾并没有交心说出自己最真实的想法，比如，丈夫怀疑孩子是不是自己的，一直憋在心里，用喝酒来麻醉自己，而妻子也很委屈，两个人都很痛苦，也是源于沟通存在问题，双方都不了解对方的想法。

咖啡不是茶： 沟通和性，是婚姻的两大基石。

同性爱：45 岁的我爱上 60 岁的他

> 他"无可奈何"地发现，自己是一个同性恋，却排斥进入这个群体。他觉得这是个肮脏的群体。在直男的世界，他痛苦无比。他想把喜欢的人扳弯，或者哪怕远远看着，也是好的。至少，这看起来纯粹而又干净。

幸知：

您好！

我不知道你是怎么看待同性恋的，不管认可也好，歧视也罢，幸好不相见，有些话我还是敢于表达的，也谢谢你的阅读，内心深处，我还是很鄙视自己的性取向的，但是有什么办法呢？生下来就是这样的，很无奈，还是希望你能读下去。

我 45 岁，已婚，妻子很爱我，能里能外。我们有一个 16 岁的儿子，儿子特别懂事，学习也好，所以我对家庭方面还是很满意的。但是我的内心很挣扎，因为活到这个岁数了，我的心理状态是很欠缺的，可以说是扭曲的，我特别想去爱，爱一个自己爱的人，而不是像现在一样，只会活在妻子的爱里面。因为即使她对我再好,我也找不到被爱的甜蜜,这样对她也是不公平的,她也有时候会埋怨我,说我不会疼人,但是我的苦楚,怎么跟她说?我只有沉默。

我的感情故事,除了跟妻子的,其他的相对空缺,因为在小城市,找同志并不容易,我也没有用心去找过,因为很怕彻底进入这个圈子,那里面是肮脏的,充满了细菌,并不是我喜欢的生活,我想遇到一个与自己真心相爱的人。在工作中,生活中,还是有自己喜欢的人的,他们也看出了我对他们是什么感情,只是他们都是直男,根本不拿我的感情当回事,这样反复痛苦了很多次,我都默默承受了。

最近的一段感情,是跟一个62岁的小老头,四年前我们就因为接孩子见过面,他是接孙女,我是接儿子,见到第一次,我的心就动了,但是我性格内向,不喜欢主动跟人搭讪,所以一次又一次,只能远远地看着他,期待着下一次的相逢。这两年我们没碰到,因为他不去接孩子了,慢慢地有些淡忘了,但是有一次我偷拍了他的照片,所以还是会拿出来看一看。

去年夏天,忽然我们又相遇了。我开了一家小店,需要每天去物流车上接货,有一天,忽然看到了他,他穿着一身保安的衣服,原来他到附近的一家公司当门卫了,我从没因为他的身份和年龄嫌弃过他,因为我相信眼缘,他看上去特别舒服,印象中总是干干净净,衣服可换的不多,但是总是特别整洁,又是我喜欢的身材长相,所以,见了几次,我就勇敢地跟他说话了。

相处了半年,我真心爱上了他,看他什么都好,每天都去找他,总想跟他在一起,即使还要赶回去忙店里的生意,但是身已远,心还在,一天不见就空荡荡的。可是，他也是直男，我跟他表白，他明确告诉我不会干那种事，但是他也不排斥我去找他，基本上每次找他他都会出来跟我说说话，每个电话都接。所以总是给我一种我们终究会有结果的幻想，也吸引着我继续这种感情。我也告诉自己，要继续下去直到最后不容易，只是想抽身而出真是很难很难，我特别迷恋这种爱自己所爱的人的感觉，我向往这种爱上一个人的生活，因为我之前的四十年真是太缺这个了。我说过要给他养老伺候他，虽然是真心话，但是我知道基本不可能，除非单身了，没人限制了，但是他那边也没法交代啊，他也有家，都有孙子了。

这种畸形的生活状态真是让人窒息，我不敢停下忙碌的脚步，不敢处在一个人的环境下，很想他很想他，但是我会因此破坏自己的生活吗？我问我自己，为了儿子，我不会轻易舍弃家庭，更不用说他对我还不是我想要的感情呢。但是我就是爱上他了，很难自拔，所以求教知老师，你说我现在该怎么做呢？

——元

大胆爱，从现在开始，还未晚

元：

您好！

首先谢谢你对我的信任。我不歧视同性恋。我认为，一个不接纳同性恋的国家和城市算不上是开放和多元化的，但是一直以来，在中国，同性恋生存维艰。同性恋者在很多人眼里甚至是一种需要治疗的病。目前的中国，暂没有政策支持同性婚姻，我感到遗憾，但是我相信，终究有一天，中国人会接纳这已成的事实。同性恋跟异性恋的区别，只是所爱性别不同而已，没有任何肮脏与充满细菌一说。同性恋因性生活感染艾滋病的概率虽然相对较高，但是只要正确使用安全套，增加恋爱忠诚度，也不用过度自危。

所以，请不要"鄙视自己的性取向"，既然"生下来就这样了"，就要懂得接纳自己。在心底压抑了三四十年，这种无与人说的痛苦，不应该是你要承受的。爱一个自己想爱的人，这不应该是个受抑制的愿望。幸知希望你勇敢爱，大胆爱。从现在开始，还未晚。

另外说说你的家庭关系。结婚十多年了，你的妻子却对你的性取向不了解。她埋怨你，说你不会疼人，你知道作为同妻（男同性恋的妻子），她忍受了多少痛苦，她的痛苦一定不亚于你。站在她的立场，一个没有出轨的丈夫，为什么对自己的爱总是不温不火？这有多么残忍？

十多年的感情，有一个很爱的儿子，足以将你们的关系衍化成亲情。你应该跟她坦承你的性取向，可以旁敲侧击地试探她，让她谈谈看法，比如说"你对同性恋怎么看啊"，现在人群中比例有多少多少，你们可以一起看看李银河的《同性恋亚文化》，我相信你会从中找到自我。我相信爱你的妻子会学会理解你，你也应该学着去理解她。

结婚十多年，责任更重于爱情本身，我相信在小城市的你很明白。是否保持你的家庭？这个应该由你和你的妻子一起去选择。你的儿子慢慢也会长到青春期，等到合适的时候，也应该让他了解他的父亲，同时记得观察他的性取向，而不至于让他对你难以接受。这一定不是一种审判，而是家庭成员之间的彼此尊重。

另外你爱上的男人，要注意他是否对你有所求。不至于让他的索求毁掉你的家庭。如果他是真心爱你，另当别论。如果他不应该是你爱的那个人，勇敢放弃。很多女性之所以找我，是因为爱了一个不该爱的人，比如已婚男人，等等。这和异性之爱相同。在异性之爱的逻辑里，女人只有勇敢走出小圈子，广泛社交，才能找到心仪的男性。对你来说，亦是如此。你长期不肯走入同性恋者的圈子，也因此不得不恋上"直男"，这也是你痛苦的来源之一。

说了这么多，幸知对你的建议总结有三。第一，正视自己，同性之爱并不是肮脏的事情，不要压抑自己，试着去阅读与同性恋有关的书籍，比如我给你推荐的《同性恋亚文化》，想办法找到自我，从现在开始依然不晚；第二，对已有的家庭保持尊重，请在适当时候将性取向告诉你的妻子，不要让她一辈子蒙在鼓里。记得尊重妻子，去理解她的感受；对一个女人来说，知道自己的男人爱着男人会比爱上其他女人要好过很多；第三，互联网时代最伟大的发明，就是将人与人的距离拉近，希望你可以通过网络找到你的交友群，希望你早日找到两情相悦的爱情，但是记得平衡目前的关系。

另外，幸知也想恳请你，希望你的困惑可以出现在我的公开出版物中。太多小城市的同志们，一直处于婚姻或者非婚者的痛苦中。你的求助，并非孤立。我希望更多的他们，能够对此产生共鸣，我会隐匿掉地点、人物、身份信息。我希望同性恋婚姻法能够早日在中国颁布，我希望更多痛苦中的人们，可以勇敢选择自己的生活方式，因为，这是一种高贵的人权。

祝你幸福。

——你的私人情感医生 幸知

幸知：

您好！

看了你的答复，心情开朗了许多，难得找到一个认可同性恋的，很感动。这也是我爱上那个男人的原因。如果他知道了我的性取向而讨厌我远离我，也就罢了，但是他却不排斥我，始终愿意跟我交往，也愿意跟我讲一些我愿意听的话，这让我更难摆脱。而且，他又不图我的东西，我给他买点什么，他总要推托再三才收下，还开玩笑说以后会还不清的。这不，他昨天说手机坏了，我便跟他说要给他买一个手机，他死活不肯要。可能那个年纪的人，很难碰到真爱，即使现在是个男人爱自己，他也会觉得满足吧。

至于我的家庭，我是很想保留的，一方面是为了孩子的健康成长，另一方面，我也越来越觉得离不开我的妻子了，她爱我，什么好吃的都是先给我留着,可以说在她的心里我有很重要的位置。所以我不想到网络上寻找同人,我怕我把握不好那个平衡,我不知道网络上的人是不是可靠,会不会威胁到我的生活。我想交往的人,都是我熟悉的,真不习惯到网上找陌生人。我还是很在意我的家庭的。

至于你说想引用我的故事,用就用吧,如果能让更多的同志多一份欣慰,用吧。

很开心,希望以后能再次和你交流。

——元

幸知点评

对待爱情,有时候我们无意中会对自己和他人持双重标准。比如一方面痛恨成为小三,另一方面当自己成为小三的时候,会给自己很多理由,比如说这是真爱,不像其他人。在两性关系中也是如此。这个故事中的男主人公,一方面认可自己的同性恋身份,另一方面,其实并没有足够接纳它,因为他并没有因此接纳整个与他一样的群体。

Sharpshow2014年9月14日推送一篇文章《多少夫妻在婚姻竞技场上,耗尽一生做彼此的差评师》,可以订阅微信公众号Sharpshow,回复liaoshang22即可查看。

维刻：雨果说，当一个时代到来的时候，没有什么能够阻挡它。我们就处在这样一个时代，它正在变得平等、包容，并且正视自己的多元化。因此"认可同性恋"已经不再是一种"礼遇"，而是一种"习以为常"，未来它将变成"常识"的一部分。

我从来没有回避过我的取向。我跟我的同事坦承我的性取向。而这些同事，无论他们从内心上是否能够完全接受，至少我从来没有感受到歧视或者难堪。文化如同经济一样，它最先影响更加发达的地区，并最终会向其他地区传递。虽有延迟，没有壁垒，因此元先生大可不必为自己的身份懊恼。做到"不鄙视自己"并不容易，但是只要不断地说服自己，你会发现终有一天，你能得到那份"原来世界本该如此"的豁然开朗。

一个时代到来了，却没有完全带走旧时代的阴影。我能感到你心中对于妻子的亏欠构成了你苦楚的一部分，可是反过来看，你当时所处的时代并没有给你留下太多的选择。我不会为此苛责你，但也不会为你开脱。你渴望爱人的权利，你的妻子自然也渴望被爱的权利，当你向她逐步坦承之后，也请给她一个选择的机会。每个人都应拥有不被束缚的自由。

小雨：我们为了家人不痛苦，而隐瞒了自己同性恋的身份，找个看起来正常的人结婚生子，结果反而对家人造成更大的痛苦。这也就是同妻的不幸。

其实所有的爱情，同性恋也好，异性恋也好，归根结底，站在更高一层，就是两性的情感问题。未必我们非要从生理层面去界定性别，从心理层面去界定就好。

喜乐：如果不是从同性恋角度去考虑，他的个案，就是个婚外恋，单方面的好感，目前也没有影响到双方的家庭，只是当事人自己比较痛苦而已。

他的问题就是，一是爱的人不爱自己，二是爱自己的人自己不爱，三是无法正视自己的情感和真实想法。对于同性恋的不接受，来自自己内心的挣扎和社会的偏见。觉得自我不接受，世俗也不接受。

红蓝：他的痛苦来自一厢情愿，如果对方有回应，他就甜蜜了。

幸知：就像喜乐说的一样，如果他是一个异性恋者，那么这阶段的出轨，也许更容易被大家理解。我常常接触这样的案例，两个人相濡以沫，爱情成亲情了，到了40多岁的年纪，突然爱上了一个小姑娘，觉得这才是真爱，不爱就是白活了……当然这里的问题暂时不展开说。这时候到底选择离婚还是纯粹只是享受一下婚外情的乐趣？有没有伤害到家人？当事人必须学会自己做一个抉择。

影子：在中国现有的环境下，考虑他的家庭状况，他只能忍受，自己委屈自己，因为他担心和在意的太多，他都不能突破，他也不可能接受自己放肆去按自己的意志生活。如果是一个成熟开放的国度和环境，他可以选择离婚，放弃这个不是同志的人，去找一个真正可以互相爱和理解的同志。

可以给他设一个情景，做一个体验性治疗，让他在一定情境下实现自己的需求，看一下自己能否接受生活的翻天覆地的变化，那样他不单单就只陷入自己的这个小感情里面，他可以正视自己，并学会做出取舍，真正明白，如何做对于现阶段的他更重要，再做决定。可能他就会更清醒，不会如此迷茫了。

小三的爱情，就这么容易崩塌吗？

> 听了太多第三者的故事。爱与痛的纠结，全在这里。没有人愿意说自己是"小三"，没有人愿意成为一个和美家庭的介入者。她们的说辞全部是：我们是彼此相爱的。他跟不相爱的原配在一起，难道不是痛苦的折磨？我不是破坏者，从某种意义上来说，我是拯救者。

幸知：

你好！

我是一个 32 岁的离异女人，离婚有 5 个月了，离婚还不到一个月就跟另一个男性朋友同居了。其实我离婚虽然不能说全为了他，但是他的出现也是一部分原因。

我现在的这个男人非常爱我，在我没有离婚的时候，我没有完全想过要跟他在一起生活。因为从外表来看，他的条件跟我相差太远，他大我 8 岁，个子不高，很胖，外形不好。而我，虽然说不上美丽动人，也还是有一定的回头率的。而最重要的：他是有家庭的。然而在我跟我老公因为某些外界原因离婚之后，他就开始疯狂地追求我，并且在我一再地表明离婚不是为了他之后,他却一再地说要对我负责,慢慢地我也接受了跟他在一起。他把我宠得无法无天,无论做什么都为我着想,把我当作一个宝来看待。跟他在一起真的很开心很开心。而且,他也在努力地办理离婚手续。

与挑剔冷漠的老公离婚,投入已婚男的怀抱

现在回过头来说我之前的那个老公,之前的那个家庭。我跟我老公相处了 13 年,是彼此的初恋。我们有两个儿子。我的老公虽然心肠很好,为人老实且执拗,但在这 13 年的相处模式中,我的老公对我一直是非常的冷漠,挑剔,并不是说他不爱我,而是说他的性格有古怪的地方,我们之间说不了几句话就要吵架,彼此不会容忍,而每次吵架必须是我示弱和示好才会平息。我跟我老公基本就没有什么沟通,哭了他不会哄我,高兴的时候他不肯跟我一起分享,无论什么都感觉我是一个人。我老公家境以前还可以,所以他家的妈妈和姐姐都很强势,对我们之间的关系一直认为我的忍让是正常的,认为不管我老公如何对待我,我都必须无条件地对他好。在我跟他相处的这些年里,家里大大小小的事情都是我在操心,孩子一直是我带着,我自己开店,而且连换煤气罐什么的也是我在做。换句话来说,在这个家庭里,我原本已经很强势了,已经可以独当一面了,甚至我以为我没有男人可以独自一人生活了,可是我老公和他的家里人却还是不公平地对待我,所以在种种原因共同作用之下,我跟我老公离婚了。

最开始离婚的时候我的想法很简单,离婚了孩子虽然全部给了我老公,可是我还是带着，我当时就是想证明没有男人我一个人也可以很好地过日子，而且还不用受他们家人的气。

然而离婚后没有多久我就遭遇了经济困境，我娘家弟弟需要一大笔钱，而我当时手头不够，我那离了婚的老公也帮不上忙，这个时候我现在的这个男人伸出了援手，虽然一再表明是单纯地帮我，是因为爱我而不忍心看我受苦，但慢慢地我的心也开始变了。这个男人一直对我很照顾，对我是真心实意的好，所以我之前说想要带着孩子独自生活的想法就变了，而这个时候我之前老公的家里还是想着要我回去，并且威胁我说如果不回去就不把孩子给我带，我于是赌气把孩子就送给了他，并且正式跟我现在这个男人生活在了一起。

已婚男离婚受阻，感情一波三折

跟我这个男人生活在一起之后，他对我真的很好，不管是精神，还是物质方面都很好，我们之间可以说没有为这些吵过一次架，这个男人为人处世很成功，事业也很成功，各方面都让我很崇拜。他也是真心实意想跟我共同生活，一方面在努力办理离婚手续，一方面带我见他的亲人朋友，争取他们的支持。他之前的生活也确实不幸福，他跟他老婆一直是分居，只是名义上的夫妻而已。我跟他在一起的时候确实很开心，可是他一直在办离婚手续，而且他还有家族事业，所以有时候他也不可以跟我在一起。

他回那个家的时候我就会胡思乱想，并且我之前的老公一直在纠缠我，对我忏悔，并且经常利用孩子来约我。他跟我说孩子是如何如何的可怜，没有妈妈照顾会怎样怎样的惨，两个儿子原本就一直是我在照顾，所以他这样一说我心乱如麻，一方面舍不得放弃现在这个男人对我的好，一方面舍不得我自己的孩子受苦。我想过复婚，但是复婚的条件却一直不理想，因为我已经跟我现在的男人生活在一起了，担心复婚后婆家和我之前的老公会对我更加冷漠和挖苦，将来的日子更加难过；不复婚又舍不得儿子，再说婆家的意思是我不复婚就不会把儿子给我带。就这样，我在现在的男人和之前的老公之间不停地摇摆。但是随着时间的推移，我对之前的老公越来越失望，对现在的男人越来越依恋，于是我就慢慢地疏远了之前的老公，我想着还是把他当作亲人看待算了，把他当作亲弟弟一样对他好，那这样他多少会让我看看孩子，不至于让我跟孩子断绝关系。

直到今年正月，他可能是想着我真的不会跟他复婚了，于是就打电话到我现在男人的家里，把我离婚后还跟他在一起对他好的事情告诉我现在这个男人的家人，把我离婚后给他发的那些原本是安慰他的信息告诉他们，并且还告诉他们我离婚了还为他花钱买衣服。本来我现在这个男人的老婆答应离婚了，他家里人也大部分都支持我跟他在一起，可是这样一爆料，他家人包括他朋友都不支持我跟他在一起了，他们说我不是真正地爱他，而只是因为他的钱才跟他在一起。而我现在这个男人的老婆也不答应离婚了，说原本以为我们是真正相爱，反正他们也没有感情了，就愿意成全我们，谁知道我竟然是个感情骗子，所以她不但不答应离婚，还四处找我，说如果找到了就要打死我，免得我来祸害他。

我们都变成了"无情无义的人"

　　幸知，我知道是因为我的优柔寡断，一厢情愿才造成今天这个样子。原本我可以有一个好的结局，我之前的婚姻虽然不幸福，可是我离婚了遇到了一个世界上最爱我的男人，愿意为我付出一切的男人，我本来可以很幸福地生活，却因为我的左右摇摆而失去了一切。现在，我之前的老公对我恨之入骨，到处败坏我的名声；而我现在的这个男人虽然还对我不离不弃，虽然说还是很爱我，舍不得放弃我，但他也很恨我，他恨我对他不是一心一意，恨我拿着他的钱给我之前的老公花，恨我直到走投无路了才下定决心跟他在一起。他说原本我们可以成就一段佳话，他真心爱我，我已经离婚了，而他也在办理离婚手续，我们之间没有任何问题，现在被我前老公和他老婆一吵，我们俩都变成无情无义的人了。他说他很想再好好爱我，跟从前一样一心一意地爱我，可是他过不了自己那一关。他想要原谅我，但他没有办法原谅他自己。现在他还在保护我，害怕别人伤害我而一直守着我，可是我跟他之间再也不像之前一样了。从前我在他面前就是公主，我飞扬跋扈，不可一世，骄傲到极点；而现在我在他面前再也骄傲不起来了，每天小心翼翼地生活，生怕一不小心就做了让他不开心的事，我感觉我又回到了之前那段婚姻的日子。

　　他现在说我不是真正爱他，没有给他希望，没有给他一起生活的信心。幸知，我到底该怎么办？是该继续坚持这种日子，等时间来成全我们的那一天，还是要放弃？说实在话，我现在这个男人直到我这样了还是没有说过放弃,还是要对我负责,我也不想放弃,我想跟他在一起生活,但我要怎样才能给他继续的信心,要怎样才能让我们回到之前的日子?

——苏倩

温柔乡,总是短暂而不能长情

亲爱的苏倩:

我一直希望女孩子在结束一段感情后,能够独立生活一段时间。就像失去了攀附的藤蔓,是要尽快去寻找到新的依附,还是要真正从内在开始独立坚强起来?没有感情的日子,被风一吹就要倒下的脆弱,这时候滋生的选择,未必是准确的。"被宠得无法无天",也许只是一时的一叶障目。这样活在电视剧里的精彩桥段,不是说一定不能年年月月续演,而是要更加保持清醒,在这美丽的温柔乡。

我常常会提到"钟摆理论"。在你原有的夫妻生活中,你看似灶台边的灰姑娘,操心家庭里所有的事情,却只得来丈夫的冷漠挑剔。你原本希望的,哪怕只有甜言蜜语的疼爱,也许这样所有付出的辛劳才有价值感,偏偏你丈夫不是。他的不喜赞扬、他的"古怪",不能容忍,想必是他原生家庭的投射。我们每个人的付出都是希望会有对等的回报,不管是你过去的家庭,还是现在的男友,今天看似无条件的爱,明天都要有条件地赎回。

过去的你透支了你的爱，你的丈夫没有赎回，或者说赎回的方式并非你所愿，所以你们出现了问题，却并没能找到最好的解决办法。你们相互不理解对方的行为和目标索求，这些并没有因为13年的磨合而找到一个对路的方式。

在婚姻中只要付出和忍让就会获得对方的尊重和爱？这往往是很多女性婚姻的误区。在婚姻中，明确彼此的责任与义务、明确彼此的原则与立场，是尤为重要的。

情商其实是需要不断学习和提高的，这也是你过去所忽视的。而这时候，钟摆的一头把你摆向了另一个极端，你遇上了看似对你最好的王子，帮你解决金钱的燃眉之急，帮你脱离情感困境，所以，你匆匆地穿上水晶鞋，匆匆地摆脱了灶台边的生活，都没有去好好设想可预计的未来，并忽略了和过去家庭和解这一极其重要的过程。

几乎每一个"你"，都会和我强调，他是爱你的，无条件对你好的，他和他妻子是没有办法才维持婚姻关系，他在很努力地为了你们的未来而离婚，但是因为现实中种种问题，所以需要你的谅解。他会说"你要相信我，你要等我"。于是你坐在他送的南瓜车里，傻傻地等待幸福的到来。

其实幸知最怕的是你说的无条件对你好的男人。天上一定不会砸下爱的馅饼。他说的努力离婚，如果超过一定期限，那么就是努力骗你，无论每一次编出什么样不同的理由，都是需要努力不去相信的。换个角度说，你屈服于他的钱，他的情爱，这些一点点软化了你原本希望坚强的心。说句凶狠的话，这就是典型的小三关系啊，你做三他埋单，这个关系是不会久远的，这注定了你终将会被抛弃的结局。

每个人，都有可能在温柔乡里迷失自我。如果说过去你的坚强是这个家庭逼迫你形成的，那么你长出的坚硬的翅膀在一点点融化。我能理解你的犹豫和情绪的波折，把老公当成亲弟弟一样对待，还可以看看孩子，同时维持和这个男人美好的关系——看起来一举三得，其实是非常容易瓦解和崩塌的幸福。你如何把这个没有血缘关系的前夫当成亲弟弟一样对待？他能一直容忍你成为别人的情人吗？没有任何付出，只是看看孩子，你就可以真正享受作为孩子亲生母亲的幸福吗？你知道孩子这段时间的感受吗？你真的以为，你可以足够有能力驾驭这个让你崇拜的男人吗？还是只是暂时被他网罗的金丝雀？

如果他真的爱你，就有足够的能力保护你，而不是因为一件小事，因为他妻子的"感情骗子"论而让你在他们家族中处于孤立无援的境地。事实上你一直都没有真正站稳，他的家庭，他的妻子，他自己，根本就没有好好地接纳你，一切都只是你的幻境。

你回不到从前的日子。你只有靠自己。不要在到底选择前夫还是选择他中间非要做出非 A 即 B 的选择题。跳出来，好好想想你现在有什么，依靠你自己，到底能过什么样的生活，在你和你前夫之间，到底是哪些方面出了问题，他的需求点在哪里，他的软肋和底线在哪里，你的忍让和付出是不是他最在意的，他为什么成为今天的他。只有这些全部清晰了，你才可以更好地去面对可能出现的各种问题，并且很好地去化解掉它们，做出最好的选择。

——你的私人情感医生　幸知

女主好像是月亮,永远在寻找自己的太阳,如果自己的快乐和光芒全部依靠太阳给予,那她的人生,永远是由别人掌控的人生。

Sharpshow2014年3月31日推送一篇文章《姚笛之痛:女人何苦为难女人》,可以订阅微信公众号Sharpshow,回复liacshang23即可查看。

我爱巧克力: 她其实从来都没有尝试自己独立生活过,是"不要男性陪伴"那种生活。精神上没有实现真正的独立。尽管她可以自己换煤气罐,但是心理上还是把自己归为弱势的一方,需要得到男人的认可。

她在很多时候都是处于被动状态,似乎是被生活牵扯着一步步地往前走,而不是自己理性地选择,所以才会进入进退维谷的状态。

其实不管第二位男友有没有老婆,就算他们名正言顺地生活在一起,我估计女主还是得不到自己想要的幸福。她的内心还是会很迷茫,因为她自己无法和自己相处,必须要依靠外来的认同。如果第二任男友对她的好逐渐减弱,她又会陷入痛苦的状态,这就是恶性循环。

奥利弗: 女主进入新的感情时间太短太欠思考;接受经济帮助也太欠思

考；可能自己想得到的太多。男人都是很聪明的，现在付出的，总有一天要拿回来。

简拙： 女方既寻求被爱，又要在寻求被爱中享受控制权，她并没有设身处地地考虑到前任和现任的感受，一味地追求自我，这是过度自我化的一种表现。然而，她的自我并没有她以为的那么独立坚强，一旦失去"被爱"，失去那种被爱营造的虚荣，她的自我就倒塌了。她一心要找的是那个爱她的人，但是，她没有想到的是，她是否真的值得那个男人这么死心塌地地爱，恐怕她到现在也不知道，那个男人爱她的什么。所以，她只是个活得自以为是的女人。

"作"不要紧，关键是得有能力"受"。人活着，得有"自作自受"的能力。

王莹： 女主想回到曾经的公主生活里，却不得不面对众叛亲离的局面。原本在第一段婚姻中的无望再次呈现，甚至更具毁灭性，因为在第二个男友那曾经拥有了理想的呵护与包容，但似乎马上就要逝去。

为什么一个曾经看似如此爱她的男人动摇了，过不了自己那关了？她没有陈述过男友的需要。一个模糊的爱字蒙蔽了多少糊涂女孩的大脑。虽然她没太清楚对方的需求，但至少我们从男友想要离开的理由里可以看到他对忠诚的要求。女主一方面享受着现男友如对待公主般的恩宠，一方面又因为所谓心软和前夫不清不楚。人是需要为做过的事负责的。能为自己的行为负责，才有可能去寻找新的方式去建立关系。

母亲出轨,作为女儿的我该如何规劝?

> 我们遭遇爱情困惑,闺蜜也会面临爱情陷阱,可是你是否想过,你也可能会面临家庭变故?这时候,你又该如何面对?

幸知你好:

我是特别无助特别不知道怎么办才来求助你的,希望得到你的帮助。

我们家四口人,我妈我爸我妹和我。我大学,我妹正上高三。我妈四十一岁。我想求助的是,让你告诉我该怎么跟我妈交流。

就在前两个月,我妈在房地产公司某个人那里当助理。她没读什么书,也不时尚,每天的工作就是陪上司吃饭谈业务,还有跑跑腿帮忙签字什么的。甚至在背后,还会有人说她上司怎么找了这么土的一个人当助理。她天天在外面,我爸就比较孤单。

他们分床已经半年了。大事也没有,也许是我这个女儿做得不好没注意到。我妈旁敲侧击说四十岁生日很重要,但我爸都没什么表示。听说她那天只喝了一碗稀饭。她事无巨细地关心家人,但是付出却得不到相应的回报。

我妈为这个家付出了太多太多，刚来城里时没有钱，我妈经常打两份工，同时把家里收拾得很好。虽然家里条件艰苦，但她从来都没让我跟我妹在生活上落后别人太多。我爸是搞装修的，不太善于交际，所以只是做苦力。我妈经常逼他工作。以前我爸总打牌，后来不打了。后来日子慢慢好起来，我们家借了一点钱，又贷款买了一套小的二手房，现在也快还清了。我觉得家里这样已经很好了。毕竟刚来的时候租的房子连厕所都没有，现在吃的用的想买都可以买了。可是妈妈还打两份工，说存点钱找工作。

说说我爸吧，我爸这个人不是很大气，但是我觉得他很能包容我妈。我妈的脾气，有时候我跟妹妹都忍受不了，但我爸都不会发脾气。

我妈做了这份工作之后，跟那个上司有很多联系。这也是我后来才知道的。我不在本地读大学，有一天我爸打电话来说给我妈换了个智能手机。我觉得可能是因为四十岁生日没送礼物吧。后来我发现情况不对，回家了一次。我妈的手机里面还有那个上司的照片。我妈还总说我爸告状，还要我相信她。她跟上司整天待在一起，那个上司跟我爸年纪一样，我妈说他有个很好的家庭，强调他们是朋友，那个男的多好多好，多细心多体贴——我确定那些是我爸确实没有做好的地方。那个男的还跟我妈去看过我妹，还给过我妹钱，我觉得这就很过分了。后来我妈解释说那个男的没有女儿，想认我妹做干女儿。

我妈让我跟他一起吃饭，说想让我看清他不是个坏人。那人抽的是白沙烟，用的是很低端的手机。他跟我说，他对我妈没意思，说他一件衣服当我妈一身衣服还不止。他说自己衬衣七百多，皮带五百多。我不知道为什么他要强调这些。后来我问我妈一个领导怎么抽白沙,她说他喜欢。他还跟我爸一起吃过饭,我觉得很受羞辱,他说要我爸对我妈好一点,不然会被别人抢走。我脑袋也有点钝,想各种办法劝我爸对我妈好,说有人愿意帮助是好事。那人还给我妈买过五百块钱的衣服,还有各种吃的东西。我跟我妈说,天下没有免费的馅饼。我妈说她明白,她强调她是清白的,反正又没给他什么。那人还说要帮我妈租一个门面。他凭什么这么帮我妈,他自己妻子还是搞卫生的呢!

我妈每天跟那人打三四个电话,打很长时间,不知道讲些什么,我爸肯定不高兴呀!我想要我妈心甘情愿地辞掉工作,不然怕她怨我们,可是后面她越陷越深。我该怎么办?

——沉沉

把父母的问题还给他们自己

沉沉你好:

你的妈妈是个单纯善良直白的母亲。长期对家庭辛劳付出的她,没能得到充分的情感回报,一旦有个男人对她很好,未必非有床笫之欢,也会让她有很大的满足感与小幸福。即使,那是抽着白沙烟用低端手机穿七百块钱衬衣和用五百块钱皮带还要瑟瑟一下的男人。这个男人从你妈身上,找到了一种久违的谦和感。他让她当助理,陪在他身边,因为他感受到了一种善良女性的崇拜之光,这会让他突然变得容光焕发。

让你爸对你妈好一点。走过十几年的爱情,往往成了亲人间的顺其自然,有时候缺乏朴素的表达,甚至会忘记纪念日。你和妹妹要多关心她,但不要让妹妹牵扯太多精力进去,因为毕竟是高三这样的关头。

另外,看好你妈的钱,小心被骗。就像你说的,天上不会掉落免费的馅饼。男人第一步玩温柔伎俩,下一步有可能借钱,等等,不排除他用微小的利去钩住更大的鱼的可能性。40多岁,一个十足的成年人,想要爱情就要去吧,只要她能处理好她和你父亲还有那个男人的关系。人这一辈子,总是会深陷一次的。作为女儿,除了关心她,你无力去介入或者改变什么。你说的任何道理,她都比你更懂更明白。

——你的私人情感医生 幸知

再次来信

幸知姐姐你好:

上次听了你的建议,让我爸对我妈好一点,并管好家里的钱。我把管好钱跟我妈也说了。我还跟我妈说,不管怎样只要她开心就好。喜欢那份工作就继续做,喜欢那个人就这样也可以,人生很短,我们小的时候你受了很多苦,现在想干吗就干吗。可是我妈还是不向我敞开心扉,她还总是强调他们只是比朋友亲一点而已,她只是喜欢这份工作。可是我看过她给他发的短信，明显就不是呀！很亲昵。

那个男人家庭很和睦，只是跟他老婆没有共同话题，他对他老婆很好，这是我妈说的。还说，他老婆要来给我爸做思想工作。我妈说她很幸福，可就是不承认他们的关系。当然她不知道我看了她的短信。

以前我们总是无话不说，每次回家都要聊很多很久，现在虽然也聊，可是总觉得我妈说的话不那么真了。我爸很包容我妈，我们逼我妈辞职的时候她哭了好久。我妹一点都不理解，一直说不认我妈，可我爸一直安慰她。最后还是继续做了。我不知道怎么做能让我妈对我敞开心扉，其实我妈做什么我都不会怪她的，我只想她可以有处诉说。我妈也很爱这个家。有什么办法可以让我妈对我把什么都说出来呢？

——沉沉

给母亲留一个存放秘密的空间

沉沉，你好！

每个人都有自己的隐私。要尊重你妈妈，她也有维系自尊和隐私的权利。你和妹妹对待她，要保持女儿对一个母亲的爱。这样，你们多关心她，她就会信任。你们都上了大学或即将上大学，在这个城市她也孤独，记得常常给她打电话，并且不要忘记给父亲也打电话，也许他的孤独会更多一些。我相信你母亲在想说的时候一定会说。你也不会什么事情都告诉她，你说对吧？给她一个留有秘密的空间。我相信无论如何，不会影响女儿和父母之间的感情。你们永远是他们贴心的小棉袄。

祝幸福。

——你的私人情感医生　幸知

父母要尊重我们的情感隐私权，我们也同样需要尊重他们，理解他们。母女交心，并不意味着事事都要相告才叫交心。我们需要成长空间，父母也是。可以分析自己的看法，预防可能的风险，但不要强求，更不要将自己认为对的逻辑强加于他们。

我们都有一个不那么完美却真实的母亲。

Sharpshow2014年5月18日推送一篇文章《我那个没有崇高价值观的母亲，我想你》，可以订阅微信公众号Sharpshow，回复liaoshang7即可查看。

八尾猫儿： 我觉得不论男人还是女人，都是有需求的，物质上的和精神上的，一般情况下当物质生活匮乏的时候，人是想不到要有精神追求的。

而现在，这位母亲已经开始追求精神生活，父亲却不知道该怎样满足妻子的精神生活。

这时候出现一个人，既满足了母亲的精神生活，还能同时满足她的物质上的小奢侈，于是就产生了所谓的出轨。婚姻一方的需求发生了变化，而另一方跟不上这种变化，于是矛盾产生了。

这种情况下，女儿没有任何理由阻止母亲追求更高层次的需求，但同时需要注意的是，母亲在追求精神生活的时候应该注意是不是出现了偏差。父亲确实要一起改变，但母亲也要变，从前家庭是她的生活重心，那现在家庭的经济状况好起来了，她可以去适当参与自己喜欢的娱乐活动。共苦的夫妻也要能同甘，这是个考验。

天山雪莲：她母亲付出比较多而得不到相应的回报和关心，突然出现这么一个大方又贴心的男人，自然会有所比较。这正是她长期缺乏的。她的父母缺乏沟通，或者老夫老妻就那样了，懒得沟通。

母亲固然也有不对的地方，但是女儿要注意尊重母亲。不管有没有出轨，他们应该全心地接纳，争取她的心能够回归。女儿们应该帮助父亲，找到一种与母亲直接沟通的方式。

后记

亲爱的，这世界上本没有对的人

既然世界上本没有对的人，那我们是否不经过爱情就可以结婚了呢？或者我们根本就不用结婚？我们寻寻觅觅，寻找对的人，既然对的人不存在，那么是不是不用那么努力地去寻找了呢？

这世界上怎么会没有对的人？上天注定的缘分，不就是在对的时间遇到对的人吗？

请注意，我说的"本"的涵义。

如果认为只要遇到了自己觉得合适的人，婚姻就一定会幸福，那么大错特错！

一，这个世界上不存在完美爱人。所谓的完美，都是某个时间段的完美。而婚姻，永远是动态的平衡。今天的完美，如果放弃经营和制衡，就会变成明天的不完美，那么今天你眼里的"对"，也会成为明天的"错"。

二，婚姻，是亲密结合的最高形态。但是一纸结婚证书，不是意味着幸福生活的开始，而是意味着"学习幸福生活"的开始。不断学习，共同进步，才能将这个最高形态粘合得更加牢固。我往前走，你跟上，我拉你一把，你拉我一把，两人只有保持匀速同步，才会让婚姻变"对"并具备持久力。

三，好的婚姻，不是没有冲突的婚姻。在这个世上，女性都有对完美爱人的期待，什么都符合自己的要求，那是一个美好的想象，一旦蜜月期过去，发现对方不完美而生出改造之心，冲突就会出现。

有冲突不怕，关键是在冲突中学习相互关怀和配合的技巧，能够站在对方的角度看问题，在冲突中进步，在现实中成长，并且能够和谐处理婚姻中的差异，与差异化共存。

这世界上本没有对的人，只有在某个时刻合适的人。而这个"合适"，细究起来，也不是天上掉下来的所谓缘分。

有人提过"克林顿钟摆理论"，据说是他在做编辑的时候，整理克林顿情人们的资料时发现的。克林顿十几个情人里面只有两类，一类看上去像希拉里，一类看上去像莱温斯基。

当克林顿与希拉里长期相处时，她是那个陪他冲锋陷阵的同党，她就是克林顿母亲（女强人形象）的化身。而从童年生活开始就活在强势母亲下的克林顿，无疑会在"重温母亲的温暖以及对母亲的背叛和逃离"之间摇摆，于是在他厌倦、潜意识希望背叛时，莱温斯基的及时出现，那个温暖的爱慕的依赖的女孩，就成了此时此刻他眼里"对"的人。

你的前任，也许是一个温柔顾家却没有太大成就的男人，让你感觉疲乏，那么，你可能会认为这个充满野心的、事业上如鱼得水的现任，才是

"对"的人，才是你的真命天子。当你的父亲，因为暴力，曾经深深伤害过你的母亲，那么在你的择偶过程中，也许会在意识里不断寻找看似没有暴力倾向的"对"的男子——所有你所认为的"对"，都是因为家庭背景和曾经经历的塑造，它依然是一个动态变化的过程。因为今天你认为的对，可能成为明天的不对，这就是为什么你在婚前看重的他的优点，到了婚后全然不占优势，却让你不断去探索他的缺点并深深认为是自己"走眼"。

怎么办？如何成就一段婚姻？24个疗伤的对话，24段平常人失败的爱情或婚姻，每一段都平实得真实。我没有刻意选取"耸人听闻"的所谓故事，没有任何添油加醋，这更像是一段段社会学范畴内的口述实录，真实存在于你我身边。我希望它的价值，不仅仅在帮助探究情感问题的解决方式，更在于它的史料意义，因为它展现了这个年代独有的爱情、婚姻问题。

既然婚姻失败率不低，既然世界上本没有对的人，那么，如何找到最合适的他？既然合适只是暂时的合适，他还有可能找到跟自己完全不同的合适的那个人，那还结婚干什么呢？

因为此时此刻彼此相爱。爱需要盖章生效的笃定，需要携手并行的勇气。那个有潜力的、和你一起成长的、价值观婚姻观爱情观都和你匹配的男子，那个让你对话舒适的男子，有什么理由不收入囊中？然而，不要指望通过他来弥补你生命中的缺失，只有一个完好的自己，一个"对"的自己，一个不断成长的自己，才能吸引一个与你匹配的不断成长的男子，你们一起动态的相爱，有智慧地冲撞，从而修炼出美好婚姻。